Über die Verfasser

Helmut Rösing, geb. 1943, Prof. Dr. phil. habil.; Promotion 1968 (Vergleichende Musikwissenschaft), 1968–1972 Redakteur für Sinfonie und Oper beim Saarländischen Rundfunk, 1974 Habilitation im Fach Musikwissenschaft an der Universität Saarbrücken (Musikalische Stilisierung akustischer Vorbilder in der Tonmalerei, 1977), 1975–1980 Leiter der Zentralredaktion des Internationalen Quellenlexikons der Musik (RISM) in Kassel, 1978–1992 Professor für Systematische Musikwissenschaft an der Gesamthochschule Kassel, seit 1993 an der Universität Hamburg; wissenschaftlicher Beirat für das Fachgebiet Musikpsychologie der Neuausgabe von MGG, Musik in Geschichte und Gegenwart, seit Oktober 1998 Dekan des Fachbereichs Kulturgeschichte und Kulturkunde.

Wichtigste Veröffentlichungen: Musik und Massenmedien (1978); Rezeptionsforschung in der Musikwissenschaft (1983); Musik im Alltag (1985); Beiträge zur Popularmusikforschung, hg. für den Arbeitskreis Studium populärer Musik (1986 ff); Musik als Droge (1991); Musikpsychologie. Ein Handbuch (1993, hg. zus. mit H. Bruhn und R. Oerter); Musikpsychologie in der Schule (1995, hg. zus. mit H. Bruhn); Schriften zur Popularmusikforschung (1996 ff); Grundkurs Musikwissenschaft (mit H. Bruhn, 1998).

Peter Petersen, geb. 1940, Prof. Dr. phil. habil.; Promotion 1971 (Die Tonalität im Instrumentalschaffen von Béla Bartók); 1981 Habilitation (Alban Berg: Wozzeck. Eine semantische Analyse); 1985 Professor für Musikwissenschaft an der Universität Hamburg; Mitbegründer des Hamburger Jahrbuchs für Musikwissenschaft (seit 1974); Mithg. der Schriftenreihe Musik im «Dritten Reich» und im Exil (seit 1996); Leiter der «Arbeitsgruppe Exilmusik» am Musikwissenschaftlichen Institut der Universität Hamburg.

Wichtigste Veröffentlichungen: Hans Werner Henze. Ein politischer Musiker (1988); Musik im Exil (hg. zus. mit H.-W. Heister und C. M. Zenck); Berthold Goldschmidt – Komponist und Dirigent (hg. zus. mit der Arbeitsgruppe Exilmusik, 1994); Hans Werner Henze. Werke der Jahre 1984–93 (1995); Zündende Lieder – verbrannte Musik. Folgen des Nazifaschismus für Hamburger Musiker und Musikerinnen (zus. mit der Arbeitsgruppe Exilmusik, 1995); Büchner-Opern. Georg Büchner in der Musik des 20. Jahrhunderts (hg. mit H.-G. Winter, 1997).

Helmut Rösing
Peter Petersen

Orientierung

Musikwissenschaft

Was sie kann,
   was sie will

rowohlts enzyklopädie
im Rowohlt Taschenbuch Verlag

rowohlts enzyklopädie
Herausgegeben von Burghard König

Originalausgabe
Veröffentlicht im Rowohlt Taschenbuch Verlag GmbH,
Reinbek bei Hamburg, April 2000
Copyright © 2000 by Rowohlt Taschenbuch Verlag GmbH,
Reinbek bei Hamburg
Umschlaggestaltung Beate Becker
Satz Sabon und Syntax PostScript (PageOne)
Gesamtherstellung Clausen & Bosse, Leck
Printed in Germany
ISBN 3 499 55615 4

Inhalt

Vorwort 7

1. Musikwissenschaft als Kulturwissenschaft 9

2. Wege zum wissenschaftlichen Umgang mit Musik 16
Fachpraktische Voraussetzungen 17 – Vom Erleben zur
Reflexion 19 – Wissenschaftlichkeit 26 – Sprechen und Schreiben
über Musik 38

3. Musik heute – Musikleben und Musikerfahrung 48
Quantitave und qualitative Aspekte des Umgangs mit Musik 48
Was ist Musik? 50 – Wie hören wir Musik? 56 – Wer ist
musikalisch? 68 – Was bedeutet Musik für uns? 73 – Wie wird
Musik bewertet? 78 – Von sozialen Hierarchien zur kulturellen
Vielfalt 84

4. Musikforschung gestern und heute 93
Geschichte des Fachs und seiner Teildisziplinen 93 – Forschung
und Lehre nach Institutionen 98 – Anwendungsbereiche 102

5. Grundlagen – Methoden – Theorien 107
Formen der wissenschaftlichen Auseinandersetzung mit Musik 107
Musikalischer Ausdrucksmodelle 110 – Geschichte – Gesellschaft –
Person: drei Gegenstandsbereiche musikwissenschaftlicher
Forschung 112 – Theorie musikalischer Rezeption 113 – Methoden
der Musikwissenschaft: vom Umgang mit historischen
Quellen 117 – Notationskunde 120 – Instrumentenkunde 122
Hermeneutik: die Lehre von der Auslegung 125 – Musikalische
Analyse und Semantik 128 – Musikästhetik 134 – Empirie und
Experiment 136 – Methoden der Datenerhebung 141 – Methoden
der Datenauswertung 147

6. Musikwissenschaftliche Berufsfelder 155

Ausblick 167

Anhang 172
1. Einführungen in das Fach 172 – 2. Einführungen in Teilbereiche des Fachs 173 – 3. Musiklexika 175 – 4. Musikbibliographien 177
5. Zeitschriften 178 – 6. Jahrbücher 179 – 7. Internet-Adressen 179
8. Musikwissenschaftliche Institute in Deutschland, Österreich und der Schweiz 184

Vorwort

«Jeder hört Musik – aber wer versteht sie schon?»[*]

Musikwissenschaft ist ein universitäres Fach. An der Universität wurde es geboren, und hier ist es in der Nachbarschaft von Sozialwissenschaft, Psychologie, Philosophie, Literaturwissenschaft, Kunstgeschichte, Ethnologie und vielen weiteren geistes- und naturwissenschaftlichen Fächern zu Hause.

Wohl gibt es musikwissenschaftliche Abteilungen auch an Musikhochschulen bzw. Konservatorien und überall dort, wo Musikpädagogik für den Unterricht an allgemeinbildenden Schulen angeboten wird. Musikwissenschaft steht hier aber nicht im Zentrum der Ausbildung. Vorrangig geht es an Musikhochschulen um den Erwerb von praktisch-künstlerischer Kompetenz (Gesang, Instrumentalspiel, Dirigieren) und von tonsetzerischen sowie technisch-medialen Fähigkeiten (Komposition, elektronische und Computermusik); an den pädagogischen Ausbildungsstätten (in den erziehungswissenschaftlichen Fachbereichen der Universitäten oder den Schulmusikabteilungen der Musikhochschulen) werden didaktische Methoden und Konzepte der Musikvermittlung gelehrt.

Für diese künstlerischen und pädagogischen Ausbildungsgebiete ist das Universitätsfach Musikwissenschaft Grundlage eines aktuellen Wissens- bzw. Diskussionsstand in bezug auf Musik. Da Musikwissenschaft an Universitäten vor allem forschungsorientiert betrieben wird, ist sie in der Öffentlichkeit weniger präsent als die auf breites Kultur- und Bildungsgut ausgerichteten Hochschulen mit ihrem reichhaltigen kulturellen Angebot.

Der vorliegende Band befaßt sich ausschließlich mit dem Fach Musikwissenschaft, wie es an den Universitäten im kultur- oder geisteswissenschaftlichen Verbund gelehrt wird. Dabei ist Musikwissenschaft mehr als Musikgeschichte. Außer einem historischen

---

[*] Informationszeitung für Studienanfänger im Wintersemester 1998/99 am musikwissenschaftlichen Institut der Universität Hamburg

gibt es einen systematischen Ansatz, der vor allem auf das musikalische Verhalten von Menschen heutzutage gerichtet ist. Es ist letztlich immer die Gegenwart, die uns die Fragestellungen aufgibt. Auch ein Historiker denkt von der Gegenwart her, wenn er versucht, die Musikgeschichte rückwärts aufzurollen und zu rekonstruieren. Weit mehr noch der Musikpsychologe, der die Grundlagen des Musikhörens und -erlebens feststellen will, oder der Musiksoziologe, der nach den Formen und Funktionen des Umgangs mit Musik in der Gesellschaft fragt.

Das Fach Musikwissenschaft hat sich in den letzten Jahren verändert. Die Höherbewertung von Musik ‹mit Noten› gegenüber einer Musik ‹ohne Noten› dürfte eigentlich von niemandem mehr ernstlich vertreten werden. Musik als autonome Kunst und Musik als Unterhaltung oder zum Gebrauch im Alltag sind vor der Wissenschaft gleichrangig, wenngleich sie sich als kulturelle Phänomene stark unterscheiden. Auch der Eurozentrismus, der das Fach lange beherrscht hat, verliert an Boden. Musikalische Hochkultur gibt es nicht nur im Abendland, und großartige Musik findet in allen Gesellschaftsschichten und in allen Ländern statt. Deshalb plädieren wir in dem vorliegenden Band *Orientierung Musikwissenschaft* für ein integrales Fach; daß es an den verschiedenen Universitäten im In- und Ausland gleichwohl nominelle Teilfächer wie «Historische Musikwissenschaft», «Systematische Musikwissenschaft» und «Musikethnologie» gibt, ist kein Schaden. Sofern zwischen diesen Teilfächern hinreichend kommuniziert wird, können Forschung und Lehre nur davon profitieren.

Unser Versuch einer Orientierungshilfe wendet sich an alle, die sich für Musik und für Wissenschaft gleichermaßen interessieren und vielleicht sogar mit dem Gedanken an ein Universitätsstudium spielen. Wir haben uns bemüht, nicht zu vergessen, daß unsere Leser noch keine Experten sind. Fachwörter sind aber nicht immer zu vermeiden, und sie werden auch im Text erörtert – nur vielleicht nicht immer gleich zu Beginn. Darum möchten wir anregen, beim Lesen immer wieder voraus- oder zurückzublättern. Wer trotzdem in Not geraten sollte, für den bietet der Anhang mit seinem Literaturverzeichnis diverse Rettungsanker.

1. Musikwissenschaft als Kulturwissenschaft

Musik ist in unserer Gesellschaft allgegenwärtig. Sie gehört zum festen Bestandteil unserer Kultur. Die wissenschaftliche Auseinandersetzung mit ihr zählt als ein wichtiges Element zum Kanon der Kulturwissenschaften. Es geht um die Deutung der von Menschen geschaffenen musikalischen Symbole und Zeichen im gesamtkulturellen Zusammenhang. Die Verschränkung von auditiver und visueller Ebene, von Musik mit Sprache und Bildwelten ist unverkennbar. Ihren zeitgemäßen Ausdruck findet sie im Konzept der Multimedialität.

Was Kultur nun allerdings meint, bedarf der Klärung. Wie kaum ein anderer Begriff hat der Kulturbegriff in der Folge von Johann Gottfried Herders (1744–1803) Ausführungen zu Kultur und Natur häufige und tiefgreifende Bedeutungsveränderungen erfahren. Ihre umfassendste Ausformulierung fanden Herders Theorien in der Schrift über Untersuchungen «primitiver Kulturen» des englischen Philosophen und Kulturforschers Edward B. Tylor aus dem Jahr 1871: Kultur sei «jenes komplexe Ganze, welches Wissen, Glaube, Kunst, Moral, Recht, Sitte und Brauch sowie alle anderen Fähigkeiten und Gewohnheiten einschließt, welche der Mensch als Mitglied der Gesellschaft erworben hat».

Diese Auffassung geriet lange Zeit in Vergessenheit. Im traditionellen geisteswissenschaftlichen Verständnis war und ist Kultur ein Synonym für kreative Leistungen der Hochkultur. In der Bewertungshierarchie rangiert alles, was mit dem Gütesiegel Kultur ausgezeichnet worden ist, ganz oben. Kultur, Kunst und Kunstwerk bilden eine gedankliche und ideelle Einheit. Ein derart wertorientiertes Kulturverständnis führt zwangsläufig zur Unterbewertung von allen jenen sprach-, bild- und musikbezogenen Erscheinungsformen, die nur darum als trivial bezeichnet werden, weil sie nicht zur Hochkultur gehören. Musikwissenschaft als Bestandteil von Kulturwissenschaft hätte sich gemäß dieser Auffassung lediglich mit einem kleinen Teil von dem zu befassen, was gesellschaftliche Wirklichkeit ausmacht und prägt: mit der Kunstmusik des Abendlandes und der Musik außereuropäischer Hochkulturen in Geschichte und Gegenwart. Volksmusik und volkstümliche Musik wären ebenso ausgeklammert wie die Umgangs- und Gebrauchsmusik früherer Zeiten sowie die populäre Musik (Rock, Pop, Schlager, Jazz) und die funktionelle Musik unseres Jahrhunderts.

In der Tat sind Musikgeschichtsschreibung und musikwissenschaftliche Untersuchungen zu einem großen Teil der musikalischen Hochkultur verpflichtet. Was der Berliner Musik- und Kulturwissenschaftler Georg Knepler seit den 1970er Jahren einfordert, wird erst zögerlich von den Fachvertretern eingelöst – die Berücksichtigung der musikalischen Artenvielfalt aller Stile, Typen, Erscheinungsformen: «Viele musikgeschichtliche Werke [...] sparen gerade jene Typen von Musik so gut wie ganz aus, die für Millionen von Menschen allein als Musik gelten – Unterhaltungs- und Tanzmusik, Beat, Jazz» (Knepler 1982, S. 17).

Gegenüber dem an hohen Qualitätsmaßstäben ausgerichteten selektiven Kulturbegriff hat sich mittlerweile – nicht zuletzt im Gefolge von Kulturanthropologie und Cultural Studies – ein offener Kulturbegriff durchgesetzt. Er geht weit über das hinaus, was Tylor im Jahr 1871 definiert hat: Kultur umfaßt alles, was von Menschen geschaffen wurde und wird. Sie ist der von Menschen hergestellte Teil der Umwelt. Nach anthropologischer, ethnologischer, sozial- und kulturpsychologischer Auffassung wird Kultur grundsätzlich wertneutral definiert. Sie setzt sich zusammen aus dem mündlich überlieferten und schriftlich festgehaltenen Wissen sowie allen materiellen und ideellen Gütern. Kultur liefert den Rahmen für die Ausprägung bestimmter Lebenswelten und Lebensstile innerhalb einer Gesellschaft.

In bezug auf die kreativen Leistungen öffnet dieser Kulturbegriff den Blick für *alle* künstlerischen und musikalischen Erscheinungsformen, von Subkulturen über Teilkulturen und Alltagskulturen bis hin zur Hochkultur. Soziale, ökonomische, technische und räumliche Bedingungen innerhalb gesellschaftlicher Systeme fungieren als tatsächlich vorhandene objektive Figurationen. Sie verändern sich durch die ständigen, durchaus dynamischen Wechselbeziehungen mit den subjektiven Strukturen der einzelnen Individuen. Zu den subjektiven Strukturen gehören u. a. Veranlagung, psychische Sensibilität, kognitive Dispositionen, emotional-affektive Ressourcen, persönliche Vorlieben. Aus den Spannungen zwischen objektiven Figurationen und subjektiven Strukturen ergeben sich die verschiedenen Möglichkeiten kreativen Handelns. Gemäß dieser Sichtweise wird in kulturwissenschaftlicher Forschung die herkömmliche Trennung in Fächer wie Kunstgeschichte, Musikwissenschaft, Volkskunde, Sprachwissenschaften, Sozialgeschichte durch eine betont fachübergreifende Arbeit in Forschung und Lehre zumindest teilweise überwunden. Damit wird versucht, der Realität kulturellen Handelns, etwa der Verschränkung von sichtbaren und hörbaren Phänomenen, von Bilderwelten mit Sprache, Musik und Tanz besser gerecht zu werden als zuvor.

Der inhaltlichen Öffnung entspricht die Öffnung im Methodischen. Die wissenschaftliche Auseinandersetzung mit Kunstwerken als Inbegriff humaner Leistungen für wertorientiertes, nach höheren Zielen strebendes Handeln erfordert überwiegend die Anwendung historisch-philologischer Methoden (Sicherung und Bewertung von Quellen) und geisteswissenschaftlich-hermeneutischer Methoden (Analyse und Deutung). Durch die zusätzliche Beschäftigung mit Alltags- und Trivialkulturen sowie allen Formen kulturellen Handelns und Verhaltens sind nun aber auch sozialwissenschaftlich-empirische Methoden (Beobachtung und Befragung) und naturwissenschaftlich-experimentelle Methoden (Versuche) in den Untersuchungsplan einzubeziehen. Angesagt ist ein zunehmender Methodenpluralismus. Denn im Mittelpunkt des Erkenntnisinteresses stehen nicht mehr allein die Werke als verdinglichte Ergebnisse künstlerischen Handelns, die es zu deuten, erklären und bewerten gilt. Ebenso wichtig ist die Analyse der Handlungsabläufe und Verhaltensweisen von Kultur schaffenden, vermittelnden und rezipierenden Personen bzw. Instanzen. Diese Prozesse spielen sich im Zusammenhang mit den für eine bestimmte Zeit und Gesellschaft charakteristischen objektiven Gegebenheiten ab und müssen in die Untersuchung mit einbezogen werden.

Das hat Folgen für den Kunst- und Musikbegriff. Nicht allein das musikalische Produkt mit seiner formalen und inhaltlichen Struktur ist ‹die› Musik. Zur Musik gehören auch die jeweiligen Entstehungsbedingungen, die Vermittlung in den unterschiedlichsten Distributionskreisläufen und die Aneignung durch den Hörer. Damit hat aus kulturwissenschaftlicher Sicht die Differenz von Musikwerk und Musikleben eine nur noch geringe Bedeutung. Im Vergleich mit der Struktur einer Zwiebel bildet das musikalische Produkt zwar den Kern, dieser jedoch wäre bedeutungslos ohne die ihn umhüllenden Schichten.

In seinem Grundlagenbuch über *Anthropologie der Musik* von 1964 hat der amerikanische Kultursoziologe und Musikethnologe Alan P. Merriam musikalische Klänge als ein Ergebnis menschlicher Verhaltensweisen beschrieben, die von «Werten, Haltungen und Glaubensvorstellungen der Menschen geformt sind und eine bestimmte Kultur bilden» (S. 6). Das war der Auslöser für kulturwissenschaftliche Abhandlungen, in denen eine als organisches Ganzes verstandene Kultur nach verschiedenen übergeordneten Kategorien untersucht wird, und zwar nach Kategorien, die auch für Musik von großer Bedeutung sind (vgl. Erlmann 1998):

• Andersartigkeit und Differenz – hier wird Musik als ein Kultur prägendes künstlerisches Ausdrucksmedium verstanden. Dieser Ansatz berücksichtigt die Dynamik menschlichen Handelns und fragt nach der Andersartigkeit von gleichzeitig bestehenden Musikszenen, vor allem nach ihrer häufig nicht unerheblichen Verschiedenheit im Vergleich mit den etablierten kulturellen Systemen. Damit kann z. B. die Bandbreite von allen das gegenwärtige Musikleben bestimmenden Richtungen – populäre ebenso wie gehoben-elitäre – als Gefüge wechselseitiger Verschränkung erklärt oder etwa die Mischung von alten mit neuen Musikstilen als postmodernes Phänomen durchleuchtet werden.

• Präsentation und Praxis – Kultur ist Bestandteil von Inszenierungen. Diese bestimmen die soziale und künstlerische Praxis. Die Betonung des spielerischen und theatralischen Elements läßt sich überall als ein Mittel der Selbstdarstellung auf der nicht-begrifflichen und nicht-sprachlichen Ebene beobachten. Kommunikationsinhalte und Präsentationsformen bilden eine Einheit. Typische Verhaltensweisen von Musikern und typische Verhaltensrituale der Zuhörer stehen hier mehr im Mittelpunkt des wissenschaftlichen Interesses als die musikalischen Strukturen selbst.

• Urbanität und Rustikalität – Kultur in städtischen Ballungsräumen wird unter anderen Bedingungen geschaffen als in ländlichen

Gebieten. Urbanität war seit Jahrhunderten auch für die Ausprägung musikalischer Stile von großer Bedeutung. Die Entwicklung der Oper z. B. ist ohne städtischen Kontext (Opernhäuser als Aufführungsstätte) kaum denkbar, und die musikalische Klassik zwischen 1781 und 1827 ist maßgeblich an die Ressourcen der Stadt Wien gebunden. New Orleans war erster Kristallisationspunkt des Jazz, Beat entstand in Liverpool, und Disco, Dancefloor, Hip Hop, Techno, Drum 'n' Bass verdanken ihre Ausprägung jeweils spezifischen US-amerikanischen bzw. europäischen städtischen Milieus. Andererseits ist die ungarische Bauernmusik oder die Kiganda-Musik für Harfe in Buganda (Ostafrika: Süd-Uganda) nicht ohne den jeweils typischen klimatischen und ethno-kulturellen Lebensraum zu denken.

- Funktionalität – die Verlagerung des Musik-Konsums von der Live-Darbietung zur medialen Übertragung hat zu einer zunehmend stärkeren Funktionalisierung von Musik für den Alltagsgebrauch geführt. Immer weniger wird sie um ihrer selbst willen gehört, immer häufiger zur Befriedigung musikfremder Zwecke genutzt. Das betrifft den individuell-psychischen Bereich (Atmosphäre, emotionale Stimulanz, Beruhigung) ebenso wie den gesellschaftlich-kommunikativen Bereich (z. B. Auftritt der drei Tenöre zur Fußball-Weltmeisterschaft, Verehrung von Popikonen durch die Fans). Die Verzahnung von Musik mit anderen Faktoren von Kultur ist damit evident.
- Medialität – die technischen Medien sind fester Bestandteil der Kultur unseres Jahrhunderts. Die Speicherung von Musik auf und ihre Wiedergabe von Tonträgern haben nicht allein die Rezeptionserwartungen und das Rezeptionsverhalten deutlich verändert, sondern auch die Komposition und Produktion von Musik. Im Gefolge der Elektrifizierung wurden neue Musikinstrumente konstruiert und die Klänge der herkömmlichen Instrumente durch Tonabnehmer oder Mikrofonübertragung verstärkt und verändert. Synthetische Klangerzeugung und Arbeit im Tonstudio, schließlich die Digitalisierung der Musikproduktion zeigen, auf wie direkte Art Musik in den Kreislauf der Entwicklung neuer Technikkulturen eingebunden ist.
- Lokalität und Globalität – weltweite mediale Vernetzung und weltumfassend agierende Medienkonzerne bewirken eine Interna-

tionalisierung von Kultur, die das reisende Streichquartett oder den jettenden Dirigenten von heute weit in den Schatten stellt. Für den industriellen Musiksektor sind Mainstream-Pop, Ethnobeat und Worldmusic typische Beispiele. Als Gegenbewegung läßt sich eine Rückbesinnung auf lokale Traditionen beobachten, wie sie in früheren Jahrhunderten normal waren (z. B. deutsches Lied, französisches Chanson, spanischer Flamenco).

• Diskursivität und Textualität – Menschen belegen ihre Lebenswelt mit einer Fülle von Bedeutungen (Textualität), und diese wiederum bestimmen als kulturelles Gut das Handeln anderer (Diskursivität). Die Bedeutungszuweisungen lassen sich, wenn sie durch Musik erfolgen, den musikimmanenten Strukturen allein nicht entnehmen. Nur über eine Analyse des gesellschaftlichen Diskurses ist es möglich, der Mehrdeutigkeit künstlerisch-symbolhafter Botschaften gerecht zu werden. Dabei kann es zu schwerwiegenden Differenzen der Bedeutungs- und Wertzuweisung bei verschiedenen gesellschaftlichen Gruppierungen kommen. Sie drücken sich z. B. in der unterschiedlichen Einschätzung von atonaler Musik oder Techno aus.

• Korporalität – kulturelle Prozesse wirken auch auf die Bewegungsabläufe des Körpers ein. Musik und Tanz sind dafür ein bündiger Beleg. In der Oper *Don Giovanni* hat Wolfgang Amadeus Mozart das durch die gleichzeitige Darbietung von Tänzen aus der niederen, mittleren und hohen Ständegesellschaft zum Ausdruck gebracht, wobei dem brüchigen gesellschaftlichen Gefüge die Mißklänge im Tonsatz vergleichbar sind. In der verschiedenartigen Beziehung von Jazz und Rock zu Tanz und Körperlichkeit finden sich Anschauungsmodelle für die Gegenwart.

Diese Aufzählung verdeutlicht, daß Musikwissenschaft als Kulturwissenschaft sich mit einer Fülle von Fragestellungen auseinandersetzen muß, die weit über einen veralteten, rein geisteswissenschaftlichen Ansatz hinausgehen. Erst durch die Einbeziehung von geschichtlichen Prozessen, gesellschaftlichen Verhältnissen und kulturellen Dispositionen ist es möglich, musikalische Botschaften zu entschlüsseln und in ihrer Mehrdeutigkeit zu erfassen.

Literatur

Erlmann, Veith (1998). Musikkultur. In: Bruhn, Herbert u. Rösing, Helmut (Hg.), Musikwissenschaft. Ein Grundkurs (S. 71–90). Reinbek: Rowohlt.

Knepler, Georg (1982). Geschichte als Weg zum Musikverständnis. Zur Theorie, Methode und Geschichte der Musikgeschichtsschreibung. Leipzig: Reclam (2. Aufl.).

Merriam, Alan P. (1964). The anthropology of music. Evanston, Ill.: Northwestern University Press.

Tylor, Edward B. (1871). Primitive culture. Researches into the development of mythology, philosophy, language, art, and custom. London: J. Murray.

2. Wege zum wissenschaftlichen Umgang mit Musik

Musik wird weder für Musikwissenschaftler komponiert oder gespielt, noch bedarf sie eines wissenschaftlichen Kommentars, um verstanden zu werden. Als eine Kulturform ist sie in sich selbst genügsam. Musik bereichert die Menschen, die mit ihr umgehen, um Erfahrungen, die sonst wohl auf keine andere Art und Weise zu machen sind. Auch ohne wissenschaftliche Analyse wissen Komponisten, Musiker und Hörer um die Wirkung von Musik. So stellt sich die Frage: Warum brauchen wir überhaupt eine Wissenschaft von der Musik?

In der Studienberatung für Musikwissenschaft wird gern gefragt: Was hat Sie motiviert, gerade dieses Fach zu studieren? In einem Fall lautete die Antwort: Ich möchte herausfinden, warum ich mich von der Musik Bachs angezogen fühle. So eng die Antwort zu sein scheint, so genau trifft sie den Kern des Problems. Denn es gehört zu den besonderen Bedürfnissen des Menschen, wissen zu wollen, warum er zu diesem oder jenem Verhalten neigt, was der Grund seiner Vorlieben und Abneigungen ist, weshalb er lacht oder weint, obgleich doch ‹nur› Musik erklungen ist.

Aufklärung über sich selbst ist das Grundmotiv allen Fragens und damit aller Wissenschaft. Besonders in den Kulturwissenschaften, zu denen die Musikwissenschaft gehört, kann das Bedürfnis, sich selbst in Zusammenhängen zu begreifen, mit Fug und Recht als wichtigster Auslöser des Fragens und Forschens gelten. Die Erkundung und Rekonstruktion von Musikgeschichte, die Wahrnehmung von und die Annäherung an fernere Musikkulturen der Welt, die Beschreibung von Wertzuweisungen und Funktionen der Musik in Gesellschaften und Gruppen, die Beobachtung und Analyse der psychischen Vorgänge beim Erleben von Musik, die Aufdeckung der physiologischen und physikalischen Grundlagen des Musikhörens – alle diese und noch andere Herangehensweisen und

Methoden der Musikwissenschaft versprechen letztlich Aufklärung über uns selbst. Und nicht zuletzt deshalb brauchen wir die Musikwissenschaft.

Fachpraktische Voraussetzungen

Musikwissenschaft ist ein Universitätsfach. Wer die allgemeine Hochschulreife erworben hat, ist berechtigt, Musikwissenschaft zu studieren. Weitere formale Voraussetzungen gibt es nicht – nicht einmal die Fähigkeit des Notenlesens ist vorgeschrieben. Da das musikwissenschaftliche Studium aber nicht bei Null ansetzt, vielmehr den Umgang mit der Notenschrift und Erfahrungen mit praktischem Musizieren voraussetzt, sollten bereits vor dem Eintritt in die Universität musikpraktische Grundkenntnisse erworben worden sein: So kann es nur von Vorteil sein, wenn während der Kindheit und Schulzeit eine gründliche Musikübung in Gesang bzw. auf einem Instrument stattgefunden hat oder sogar schon ein Musikstudium an einer Musikhochschule, einem Konservatorium oder an einer Akademie absolviert worden ist. Die erste musikpraktische Ausbildung erfolgt oft in Form des privat finanzierten Musikunterrichts (z. B. an Musikschulen), daneben (bei glücklicher Konstellation) auch in den Leistungskursen der Gymnasien oder Gesamtschulen. Dabei zählt nicht allein – wie oft fälschlich vermutet – das Spiel von Musik nach Noten. Auch der Umgang mit Jazz, Rock, Pop und volkstümlicher Musik (z. B. Schüler-Bigband, eigene Rockformationen, Experimentieren mit Keyboard, Synthesizer, Drum-Computer) kann für ein musikwissenschaftliches Studium qualifizieren.

Ein Instrument spielen können ist wie eine fremde Sprache sprechen können. Sprachmelodie und Betonungsregeln des Polnischen oder Französischen sind aus der Schriftform nicht ersichtlich; sie müssen gehört und nachgeahmt werden. So verhält es sich auch bei Musik. Gerade weil Musik eine Vollzugskunst ist – ohne Aufführung gibt es sie nicht –, müssen die Vorgänge beim Musizieren, also besonders das Wechselspiel zwischen Tongebung und gleichzeitiger Hörkontrolle, am eigenen Leibe erfahren worden sein, will man elementare Sinnzusammenhänge musikalischer Verläufe nicht mißverstehen. Wie sich ein Auftakt oder eine Synkope oder eine Antizipation anfühlt, muß man erfahren haben, weil die dabei im Spieler frei werdenden Energien bzw. deren Imagination ein Teil des musikalischen Inhalts sind. Was ein «totes Intervall» ist, weiß jeder Musizierende; es zu definieren ist dagegen umständlich und nur teilweise einsichtig. Ziemlich kompliziert formulierte der Musiktheoretiker Hugo Riemann: «Diese Auffassung im Sinne einer geschehenden Bewegung der Tonhöhe findet dagegen nicht statt für die Grenztöne der auf einanderfolgenden [sic!] einzeln aufgefaßten Motive, vielmehr muß das Zwischenintervall geradezu als ein totes definiert werden» (1903, S. 14). Vereinfacht heißt das: Tote Intervalle sind die Intervalle *zwischen* den Motiven.

Praktische Musiziererfahrungen werden (im Gegensatz zu Fremdsprachenkursen) an der Universität so gut wie nicht vermittelt, man muß sie mitbringen. Desgleichen werden Kenntnisse in Gehörbildung und elementarer Musiklehre vorausgesetzt. Dazu gehören die Regeln der Notenschrift (z. B. Generalvorzeichen, Alterationszeichen) und Partiturgestaltung (einschließlich der Kenntnis der gebräuchlichen Schlüssel – G-, C- und F-Schlüssel –) sowie die wichtigsten transponierenden Instrumente (z. B. B-Klarinette, Englischhorn). Des weiteren müssen musiktheoretische Grundkenntnisse vorliegen aus den Bereichen Intervallehre (z. B. übermäßige Terz, blue note), Skalenlehre (z. B. Pentatonik, Diatonik, Chromatik, Ganztönigkeit, modale Spielweise im Jazz), Harmonik (z. B. Dur-, Moll-, verminderte und übermäßige Dreiklänge, Vorhalt, Durchgang und Wechselnote, einfache tonale Kadenzen), Tonsatz (z. B. Homophonie, Polyphonie, Imitation, Sequenz) und Rhythmik und Metrik (z. B. binär-ternär, Auftakt, Synkope, Phänomene des Groovens, symmetrische und asymmetrische Taktarten, Satz und Periode). Erwartet wird auch ein Grundwissen über die Geschichte der europäischen Musik (Kunst-, Unterhaltungs-, Volksmusik) sowie der nach Europa eingeflossenen außereuropäischen Musikelemente (z. B. in Jazz, Rock und Worldmusic).

Andere grundlegende Kenntnisse können während des universitären Grundstudiums erworben werden, obgleich sie eigentlich von Anfang an nötig sind. Dazu gehören Kenntnisse in Fremdsprachen (Englisch als allgemeine Wissenschaftssprache, Italienisch und Französisch z. B. wegen des großen Anteils an Vokal- und Theatermusik) sowie Latein (wegen der mittelalterlichen Musiktheorie und der liturgischen Musik für Historische Musikwissenschaft obligatorisch). Computererfahrung (Umgang mit verschiedenen Programmiersprachen), Erfahrung im Umgang mit elektronischem und digitalem Soundequipment (synthetische Klangerstellung, Homerecording) und mathematisch-physikalische Grundkenntnisse (für Klanganalyse oder zur Nutzung von Statistikprogrammen) sind ebenfalls eine gute Voraussetzung, vor allem, wenn Systematische Musikwissenschaft als Hauptfach gewählt wird.

Vom Erleben zur Reflexion

Aller gedanklichen Reflexion geht die Wahrnehmung voraus. Erst wenn wir Musik gehört und erlebt haben, können wir über sie nachdenken. Im Grunde genommen bezieht sich unsere Reflexion also immer auf das Erlebnis von Musik, die entweder real erklingt oder durch das Lesen von Noten in der Vorstellung entsteht. Denn es ist das Spezifische und für den Wissenschaftler zugleich Problematische beim Umgang mit Musik, daß diese mit dem Erklingen sogleich wieder vergeht, wir sie also erinnern müssen, um über sie nachdenken und sprechen zu können.

Wird dieselbe Musik ein zweites Mal gespielt, hat sie sich mehr oder weniger verändert. Dies gilt sogar bei Tonträgern, bei denen zwar die akustische Außenseite eines Musikstücks identisch bleibt, die Erinnerungsspur des Gehörten dagegen Unterschiede gegenüber dem ersten Hören aufweist. Man steigt nicht zweimal in denselben Fluß. Gerade auch versierte Musikhörer nehmen ein und denselben Musikausschnitt beim mehrfachen Hören immer wieder neu und anders wahr. Das hat ein Experiment mit dem Schluß der 4. Symphonie in Es-Dur von Anton Bruckner als Hörbeispiel gezeigt. Auf die Frage, welcher von den drei knapp zwei Minuten langen Ausschnitten, die in Wirklichkeit identisch waren, am besten gefallen habe, gab es höchst unterschiedliche Antworten bis hin zu dem Statement: «Jede der Einspielungen hat eine individualistische Note und ihren speziellen Reiz, darum konnte ich mich nicht für eine entscheiden» (Rösing 2000).

Sowenig dieser Sachverhalt zu leugnen ist, so sehr steht ihm die

Erfahrung entgegen, daß Musikstücke eine Identität ausbilden, die ihr Wiedererkennen ermöglicht. Ein ähnliches Verhältnis zwischen der substantiellen Gestalt einer Komposition und ihren aufführungs- und rezeptionsbedingten Varianten findet sich auch zwischen dem Schriftbild eines Musikstücks und den immer wieder variierenden Klangrealisationen. Dabei macht es keinen großen Unterschied, ob ein Komponist die Noten zuerst aufschreibt, damit dann nach ihnen gespielt werden kann, oder ob ein Musiker die Musik zuerst spielt (aus dem Kopf oder improvisiert) und später eine Transkription der Schallaufzeichnung angefertigt wird. Stets muß man zwar bedenken, daß mit der Notenschrift nur ein Teil der klingenden Realität von Musik festgehalten werden kann. Andererseits steht aber fest, daß die Noten bzw. Partituren den Kern der Sache abbilden können – zumindest soweit es die abendländische Kunstmusik betrifft. Die Entwicklung der europäischen Notenschrift seit dem 9. Jahrhundert gilt deshalb zu Recht als eine besonders bedeutende Kulturleistung der Menschheit.

Reflektieren über und Analysieren von Musik stützt sich – selbst bei nur mündlich oder medial überlieferter und dann transkribierter Musik – primär auf den Notentext. Dieser besteht aus einer Vielzahl von qualitativ unterschiedlichen Zeichen. Ihr Zweck ist es, in Klang umgesetzt zu werden. Der Analysierende deutet die Struktur von Musik nach dem Notentext und erwartet vom Leser, daß er sich beim Lesen der Analyse an den Klang der Musik erinnert.

Anhand der Partitur eines kleinen Klavierstücks von Béla Bartók (1881–1945) aus dessen Schulwerk *Mikrokosmos* seien Vorgehensweise, Sinn und Erkenntnisgewinn einer musikalischen Analyse demonstriert. Damit wird zugleich der Weg vom Ich-Urteil mit subjektiver zum Sachurteil mit objektiver Valenz (Bedeutung) aufgezeigt.

Das Stück mit dem Titel *Chromatische Invention* (Nr. 91 aus dem 3. Heft) umfaßt 17 4/4-Takte (nur einmal kommt ein einzelner 3/4-Takt vor). Das Tempo ist langsam (Lento, Viertel = 72), der Klang leise ($p \to mf \to pp$). Der Tonsatz ist zweistimmig linear bei leichter Dominanz der Oberstimme (z. B. hat die rechte Hand [r. H.] am Anfang *p*, *espressivo* vorgeschrieben, während die linke Hand [l. H.] nur *p* spielt). Die beiden Stimmen sind imitatorisch

Abb. 1: Béla Bartók, *Chromatische Invention I* aus *Mikrokosmos* (Nr. 91)

(nachahmend) aufeinander bezogen, was durch die Phrasierungsbögen auch optisch unterstützt wird.

Am Anfang steht ein Thema, das eineinhalb Takte umfaßt. Dessen zehn Anschläge lassen acht verschiedene Tonhöhen erklingen (fis und f erklingen zweimal). Alle Tonhöhen liegen innerhalb der Quinte a^1-d^1. Als Materialreihe ist ein achtstufiger Ausschnitt aus der chromatischen Tonleiter (a, gis, g, fis, f, e, es, d) zu erkennen. Die Anordnung der Töne erfolgt indessen so, daß zwischen dem zweiten und dritten Ton regelmäßig eine Quarte erscheint, die freilich fast immer als übermäßige Terz notiert wird. Sieht man von der Dauer der einzelnen Töne ab, läßt sich als Kern des Themas eine in T. 12, r. H., annähernd realisierte Acht-Achtelfolge mit den Intervallschritten −1 −5 −1 +5 −1 −1 −1 ausmachen (1 = Halbtonschritt, 5 = Quarte bzw. übermäßige Terz, − = fallend, + = steigend). Diese Intervallfolge kann man als Grundgestalt bezeichnen.

Die Melodiebildung in den beiden Stimmen beruht auf dem Prinzip der variierenden Wiederholung der Grundgestalt. Die Veränderungen resultieren aus der Dehnung einzelner Töne, aus der Verschiebung im Takt, aus der Versetzung auf andere Stufen oder in andere Oktavlagen, aus der Umkehrung der Intervallrichtung und aus der Verkürzung der Grundgestalt. Die Variabilität ist umfassend, denn keine der Varianten der Grundgestalt gleicht einer anderen genau. Dennoch liegen bestimmte Varianten näher bei der Grundgestalt als andere. Gruppen von Varianten bilden z.B. die Themenzitate, die mit a^1 beginnen: drei zu Anfang (r. H. T. 1–6) und drei am Schluß (r. H. T. 12–17). Die Verkürzungsvarianten finden sich alle im Mittelteil (T. 6–11), wobei der viertönige Kopf (−1 −5 −1) abgespalten und sequenziert (in Ganztonschritten versetzt) wird. Direkt vor der Wiederkehr der vollständigen Grundgestalt ist sogar die Verkürzung auf das Anfangsintervall (r. H. T. 10: h^1–b^1, T. 11: b^1–a^1) zu verzeichnen. Der Mittelteil (ab T. 6) beginnt mit den Verkürzungsvarianten auf dem höchsten Ton des Stücks (b^2). Genau an dieser Stelle wird auch die relativ größte Lautstärke (*mf*) erreicht. Und der Einsatzton der Grundgestalt liegt hier erstmals auf einer sehr leichten Taktzeit (T. 6: sechstes Achtel). So gesehen könnte man fast von einem kontrastierenden Mittelteil sprechen, wenn dem nicht der insgesamt sehr einheitliche Charakter der ganzen Komposition widerspräche.

Eine eigene Gestaltungskomponente bildet der Richtungswechsel der Melodien. Grundgestalt bzw. Thema weisen eine klare Abwärtstendenz (a^1–e^1) auf, die sich auch für die gesamte Komposition feststellen läßt (T. 6 r. H. Spitzenton b^2, T. 15 l. H. Tiefstton E). In T. 4 r. H. wird das Thema erstmals umgekehrt, getreu gefolgt von der l. H. Die Möglichkeit, die Recto- und Inversoform gleichzeitig zu verwenden, spart Bartók sich für den Reprisenbeginn in T. 12 auf. Der letzte Formteil gewinnt dadurch eher einen Synthesecharakter (im Sinne der Zusammenführung der Gegensätze «abwärts» und «aufwärts») als den einer Wiederholung des Anfangs. Da diese Schlußtakte (T. 12–17) durch das vorgeschriebene *diminuendo* (Abnahme der Lautstärke: *p – più p – pp – smorzando*) und das auskomponierte *ritardando* (Verzögerung durch Dehnung der Notenwerte) bzw. zusätzlich geforderte *rallentando* (langsamer werdende Zählzeiten) auch Coda-Charakter haben, erfüllen sie mehrere Formfunktionen gleichzeitig: Reprise, Synthese und Ausklang.

Ein besonderes Problem wirft die Frage nach der Tonalität des Stücks auf. Die Materialreihe aus acht Halbtönen, von der sich offenbar das Wort «chromatisch» im Titel der Komposition herleitet, scheint eher in Richtung Atonalität zu deuten, zumal schon nach wenigen Takten durch Umkehrungs- und Versetzungsvarianten das zwölftönige chromatische Total ausgeschöpft ist. Andererseits spielen die diatonischen (in der europäischen siebenstufigen Skala beheimateten) Intervalle Quinte und Quarte eine hervortretende Rolle. Die Quinte bildet den Rahmen der acht chromatischen Töne a^1–d^1, und die Quarte ist das Intervall zwischen Anfangs- und Schlußton der Grundgestalt (a^1–e^1). Bedenkt man zudem, daß die Töne der chromatischen Tonleiter in diesem Stück keineswegs gleichberechtigt sind, vielmehr die Stufe A als Anfangston der Grundgestalt eindeutig bevorzugt ist (achtmal beginnt das Thema mit A, wobei das a^1 bzw. a in T. 12 durch den Eintritt der Reprise formal besonders hervorgehoben ist), so ergibt sich als Befund der Analyse, daß hier weder eine Dur-Moll-Tonalität noch eine modale (siebenstufige) Tonalität vorliegt, wohl aber ein Zentral- oder Hauptton auszumachen ist, der es rechtfertigt, das Stück als «in A» stehend zu bestimmen (vgl. Petersen 1971, S. 220). Irritierend ist allerdings in diesem Zusammenhang der Schlußton Ais

(l. H.), der zum letzten regulären Ton der Grundgestalt (r. H. e[1]) im Tritonusverhältnis steht und wie der (absichtlich) verfehlte Hauptton klingt (die letzte Umkehrungsform der Grundgestalt, l. H. T. 15–17, hätte eigentlich ins A münden sollen). Der somit tonal offene Schluß erklärt sich aus der nachfolgenden *Chromatischen Invention 2* (Nr. 92), die mit der *Chromatischen Invention 1* ein (gegensätzliches) Paar bildet. Da Nr. 92 «in E» steht, Nr. 91 aber «in A», wird durch beide Stücke zusammen wiederum die Quartrelation verwirklicht, die schon für die Grundgestalt der ersten Invention bestimmend war.

Aus der Analyse lassen sich mehrere Folgerungen ziehen:
- Hochgradige Variabilität der melodischen Gestalten und die Tendenz zur Einheit des Materials (Grundgestalt, wenige rhythmische Werte, geringe dynamische Abstufungen) stehen in einem komplex austarierten Gleichgewicht.
- Mit der dreiteiligen Reprisenform bei polyfunktionaler Aufladung des dritten Formteils schreibt Bartók ein aus der Geschichte der «abendländischen» Musiktradition bekanntes Formmodell fort.
- Die Zentraltönigkeit in Verbindung mit Chromatik und Quint-/Quart-Konstellationen läßt die musikalische Syntax der europäischen Musik der 20er und 30er Jahre des 20. Jahrhunderts erkennen.
- Mit dem Titel *Chromatische Invention* spielt Bartók auf das 17. und 18. Jahrhundert und hier speziell auf die Klaviermusik von Johann Sebastian Bach an. Dieser hat nicht nur selbst eine «Chromatische» Fantasie und Fuge sowie zahlreiche «Inventionen» für Klavier (Cembalo, Klavichord, Orgel) geschrieben, sondern kann auch mit seinen diversen Schulwerken (*Notenbüchlein der Anna Magdalena Bach*, *Klavierbüchlein für Wilhelm Friedemann Bach*, *Das Wohltemperierte Klavier*, *Die Kunst der Fuge*, *Klavierübung I, II, III, IV*) insgesamt als Ahnherr von Bartóks *Mikrokosmos* angesehen werden.

Analyse (Zergliederung, von griech. αναλυσισ, Auflösung, Ende, Tod) ist eine wissenschaftliche Methode, die zu Aussagen über Musik führt, die einem intersubjektiven Diskurs zugänglich sind. Die Zergliederung einer Komposition ist kein Selbstzweck, sondern nur ein Mittel, um deren individuelle Beschaffenheit, Zeitbezogenheit, Kunsthaltigkeit und Ausdrucksgehalt angeben und begründen zu können. Indem die Analyse zielgerichtet und problemorientiert ist, erscheint die zwischenzeitliche Auflösung des Werks – sein vorübergehender ‹Tod› – erträglich, denn die neuerliche Wahrnehmung der Musik als Ganzes hat in der Regel den Effekt, daß sie hinterher viel genauer und intensiver gehört wird und sogar der ästhetische Genuß gesteigert werden kann.

Aus Sicht der Systematischen Musikwissenschaft umfaßt Analyse allerdings nicht allein die Auseinandersetzung mit dem Notentext. Hier könnte z. B. die Beziehung zwischen notierter Musik und ihrer klanglichen Verwirklichung durch Klavierschüler zum Gegenstand von Analyse werden. Nahezu jeder Klavierschüler hat in seinem Unterricht Stücke wie die *Chromatische Invention* von Bartók zu spielen. Wie ein Klavierschüler diese Musik aus den Fingern auf die Tasten bekommt, was sie ihm dabei sagt, ob sie zur Tortur wird oder zu Lustgewinn führt – dieses und vieles mehr müßte in Befragungen erhoben und dann – durchaus auch im Vergleich mit Stücken aus anderen Klavierschulen – analysiert werden. Auf diese Weise ließe sich etwa herausfinden, ob zwischen der kompositorischen Stringenz eines Musikstücks und seiner persönlichen Einschätzung durch Klavierspieler ein Zusammenhang besteht oder ob Etüdenklimperei es nicht genausogut täte.

Entgegen häufig geäußerter Meinung ist Analyse auch im Umgang mit Rock, Pop und Jazz eine grundlegende Voraussetzung, um fundierte Aussagen über die Musik, ihren Popularitätsgrad, ihre Wirkungen, ihre Kommerzialität u. a. m. zu machen. Die Analysekriterien sind jedoch meist andere als bei Kunstmusik; sie müssen dem musikalischen Objekt angemessen sein. Einzig von Melodielosigkeit, Simplizität der Harmonie und des Strophe-Refrain-Schemas zu sprechen, statt etwa die rhythmischen Veränderungen und Soundvarianten in Punkrock zu benennen, verbietet sich (dazu Budde 1997). Einen guten Überblick mit Beispielen aus Psychedelic Rock (Beatles), Techno, Drum 'n' Bass und Vocal Jazz (Take 6) bietet hier der Band «Erkenntniszuwachs durch Analyse. Populäre Musik auf dem Prüfstand» (Rösing u. Phleps 1999).

Wissenschaftlichkeit

Die allgemeinen Standards für wissenschaftliche Erkenntnisgewinnung und -darlegung sind Objektivität, Widerspruchsfreiheit, Überprüfbarkeit und Diskursivität.

Objektivität bedeutet zunächst einmal, sich überhaupt bewußt zu sein, daß zwischen dem Ich, das Einsichten über eine Sache und deren Struktur gewinnen will, und der Sache selbst immer eine Distanz besteht. Erkenntnissubjekt und Erkenntnisobjekt stehen sich bei einer wissenschaftlichen Herangehensweise gegenüber. Ein normaler Hörer macht sich eine Musik zu eigen, indem er sie emotional, assoziativ, motorisch oder auch kognitiv nachvollzieht und dabei ein ästhetisches Vergnügen empfindet. Ihm geht es gerade darum, die Distanz, die zwischen ihm und der Musik besteht, zu überwinden. Eine typische (und zweifellos legitime) Aussage dieses nichtwissenschaftlichen Hörers wäre etwa: Das Stück gefällt mir, ich mag es, ich möchte es immer wieder hören. Ein Musikwissenschaftler dagegen nähert sich einer Musik an, indem er sie zwar auch hört, dabei aber nicht primär auf ästhetischen Lustgewinn aus ist. Die Musik, mit der er sich beschäftigt, muß darum auch keineswegs immer nur die Musik seiner eigenen Wahl und Vorliebe sein. Er versucht, sie in ihrer Beschaffenheit zu erkennen, durch Vergleich mit anderer Musik ihr Individuelles und Typisches zu bestimmen, um sie einem nichtmusikalischen Kontext (Lebenswelt) zuordnen und in weiteren historischen, kulturellen, wirtschaftlichen, biologischen und anderen Zusammenhängen verstehen zu können. Eine typische Aussage des wissenschaftlichen Hörers bzw. Analytikers wäre etwa: Das Stück gehört der europäischen Kunstmusik des 20. Jahrhunderts an, es beruht auf einer Ästhetik der ausgewogenen Beziehung von Detail und Ganzem, es läßt einen Traditionsbezug mit barocker Klaviermusik erkennen, es ist für die Musikerziehung des Bildungsbürgertums gedacht, es bedient einen Bedarf der Musikverlage nach einfacher und guter neuer Unterrichtsliteratur, es trägt zur Sensibilisierung der musikalischen Wahrnehmung im Kindesalter bei und ist als Klavierminiatur mit geringem Schwierigkeitsgrad auch von nichtprofessionellen Spielern ausführbar.

Das hier gezeichnete Idealbild eines objektiven Wissenschaftlers muß allerdings sogleich wieder in Frage gestellt werden. In Wirklichkeit ist der Musikwissenschaftler ja auch ein Hörer wie jeder andere. Er hat bestimmte Vorlieben und Abneigungen und ist z. B. nicht zufällig auf Bartóks Musik als Gegenstand seiner Analyse gestoßen. Vielmehr wurde ihm diese Art von Musik aufgrund seiner Sozialisation als Städter westeuropäischer Provenienz und mit bürgerlichem Hintergrund nahegelegt. Er muß deshalb einsehen, daß es wirkliche Objektivität im wissenschaftlichen Umgang mit Musik nicht geben kann. Indem er aber darüber reflektiert, daß er in einem bestimmten sozio-kulturellen Erfahrungs- und Wissenshorizont befangen ist und somit seine Abhängigkeit von Vorerfahrungen und Geschmacksnormen selber problematisiert, kann er einen Schritt aus der unvermeidlichen Subjektivität seines Urteilens heraus tun und dem Anspruch auf Objektivität wenigstens teilweise gerecht werden.

Zu der unvermeidlichen Befangenheit eines jeden Wissenschaftlers gehören auch die Interessen, von denen sich sein Erkenntnisstreben mehr oder weniger unbewußt leiten läßt. Der Philosoph Jürgen Habermas hat diesem Problem einen vieldiskutierten Aufsatz mit dem Titel *Erkenntnis und Interesse* gewidmet (1968). Darin unterscheidet er drei Formen «erkenntnisleitender Interessen»: das technische, das praktische und das emanzipatorische. Dazu sind als weitere erkenntnisleitende Interessen das partikulare – es begegnet häufig bei Forschungsaufträgen von Firmen des technisch-industriellen Komplexes – und das machterhaltende zu nennen. Doch wie dem auch sei, deutlich wird, daß Habermas das Problem der Befangenheit durch sozio-kulturelle Prägungen und Interessenlagen dadurch zu lösen vorschlägt, daß der jeweilige Wissenschaftler sich ganz bewußt von der Fiktion einer wertfreien Forschungsarbeit abwendet und sein Handeln von Anfang an von der Idee der Emanzipation des Menschen bestimmen läßt.

Widerspruchsfreiheit ist ein Erfordernis, das nicht nur für wissenschaftliches Arbeiten, sondern auch für alltägliches Reden und Handeln eine normative Bedeutung hat. Wir nehmen es einem Politiker übel, wenn er vor einer Wahl etwas anderes verspricht, als er nach der Wahl in die Tat umsetzt. Erst recht machen wir einem Wissenschaftler Vorwürfe, der Widersprüche in seiner Arbeit einfach hinnimmt, also beispielsweise das Wort «Literaturoper» als Terminus technicus (wissenschaftliches Fachwort) erst ablehnt, es dann aber trotzdem weiterhin unbekümmert verwendet (Beispiele dazu in Petersen 1999). Gerade auf dem Gebiet der wissenschaftlichen Terminologie ist Widerspruchsfreiheit ein oberstes Gebot. Desgleichen müssen natürlich Sätze mit eindeutigen Aussagen und insbesondere Folgen von aufeinander bezogenen Sätzen, die den Anspruch erheben, eine Theorie zu bilden, frei von Widersprüchen sein.

In den Künsten dagegen hat die Norm der Widerspruchsfreiheit keine Geltung. Vielmehr kann es geradezu ein Anliegen des Künstlers sein, Widersprüche und überhaupt Normverletzungen darzustellen und erfahrbar zu machen (man höre daraufhin einmal den Anfang des C-Dur-Quartetts KV 464 von W. A. Mozart oder Stücke des Rockmusikers Frank Zappa). Deshalb ist es auch sehr problematisch, von der ‹Logik› eines musikalischen Geschehens zu sprechen. Dieses Wort taugt allenfalls als umgangssprachliche Metapher für die Beschreibung eines Klanggeschehens, das uns folgerichtig erscheint, weil es eine Zeitlang nach einem vorgegebenen Prinzip verläuft – z. B. dem der Intervallumkehr –, bis dann ‹ganz unlogisch› am Ende ein ‹falscher› Ton erscheint, also z. B. einer, der zum Umkehrungsgesetz in Widerspruch steht – wie z. B. der letzte Ton in Bartóks *Chromatischer Invention I*.

Als der Komponist György Ligeti dem Komponisten Pierre Boulez 1958 Systemfehler in dessen seriellem Klavierstück *Stuctures I a* vorhielt, kritisierte er den Kollegen nicht *wegen* der Fehler, sondern weil dieser versucht hatte, *keine* Fehler zu machen. Ligeti ist sich bewußt, daß Widerspruchsfreiheit eine Sache der Logik und Wissenschaft ist; dort würde er sie auch immer verteidigen. In der Kunst dagegen kann sie oder soll sie sogar mißachtet werden (bzw. soll sie keine Geltung haben), weil ein Zweck von Kunst als Ausdruck menschlichen Daseins gerade darin besteht, auch die Widersprüchlichkeit dieses Daseins aufzuzeigen (Ligeti 1958).

Überprüfbarkeit ist ein weiteres wichtiges Kriterium für Wissenschaftlichkeit. Damit ist gemeint, daß die Schritte und Operationen, die der Wissenschaftler unternimmt, um zu einer Erkenntnis zu gelangen, offengelegt und nachvollziehbar sein müssen. Das Wort eines Propheten mag wahr sein, um eine wissenschaftliche Wahrheit handelt es sich aber sicher nicht. Auch das Urteil eines Musikkritikers oder eines Essayisten kann zutreffend sein; da in solchen Aussagen aber nicht die Methode, die zu einer Einsicht geführt hat, offengelegt werden muß – und dies sogar meist als störend empfunden werden würde –, handelt es sich allenfalls um wahre, aber eben nicht wissenschaftliche Bekundungen.

Man muß allerdings zugeben, daß in wissenschaftlichen Texten über Musik nicht selten Aussagen enthalten sind, die dem Kriterium der Überprüfbarkeit keineswegs so streng genügen, wie dies in mathematischen und statistischen Wissenschaften (und durchaus auch in einigen musikwissenschaftlichen Teildisziplinen) der Fall ist. Immer wenn Musik interpretiert und gedeutet wird, befinden wir uns in einer Grauzone zwischen einfühlender Einsicht und strengem Beweis.

Selbstverständlich gibt es auch in der Musikphilologie und bei der Werkanalyse den strengen Beweis. So läßt sich z. B. nachweisen, daß Franz Schubert sein Streichquintett in seinem Todesjahr 1828 fertiggestellt hat, und dies, obgleich die originale Handschrift selbst verschollen ist. Auch können wir beweisen, daß im Finale von Beethovens 9. Symphonie das Thema der «Türkischen Musik» eine rhythmisch-metrische Variante der Freuden-Melodie ist. Beweiskräftig ist auch die Aussage, daß dem Stück «Star Spangled Banner» von Jimi Hendrix die US-amerikanische Nationalhymne (wenn auch in verzerrter Form) zugrunde liegt. Mit solchen Belegen für die Entstehungszeit und für thematische Substanzgemeinschaft, die durch widerspruchsfreie Argumentationen genauestens zu untermauern wären, nähern wir uns der Musik und ihren verschiedenen Informationsebenen allerdings nur ganz oberflächlich.

Nicht beweisbar sind dagegen Thesen der folgenden Art: Die Weigerung Schuberts, dem Hörer eine Brücke zwischen den gegensätzlichen Klangcharakteren seines Streichquintetts (es kommen mehrere schroffe Tempo-, Tonarten- und Charakterwechsel vor) zu bauen, sei der Ausdruck eines zeitbewußten Künstlers, der die eklatanten gesellschaftlichen Widersprüche im österreichischen Polizeistaat der Metternich-Zeit am eigenen und am Leib der Mitbürger erlebt hat. Oder diese These: Das Finale der 9. Symphonie beschreibe eine imaginäre Szene, an deren Anfang die feierliche Präsentation einer Idee – nämlich Schillers Hymnus über die Verbrüderung der Menschen – steht (Bariton und großer Chor), in deren weiterem Verlauf dann aber das niedere Volk («türkische Musik») herbeimarschiert, um *seinen* Tribun (Tenor) einzuführen und mit ihm zusammen eine neue Revolution einzuleiten und womöglich die Macht im Staate zu übernehmen. Oder die Behauptung: Weil Hendrix selbst als Flieger im Vietnamkrieg war und verletzt wurde, habe er mit den verzerrten Gitarrensounds, die für seine Spielweise generell typisch sind, in «Star Spangled Banner» den Angriff von Jagdbombern und die Detonationen von abgeworfenen Bomben tonmalerisch dargestellt.

Solche Thesen, mit denen versucht wird, einen Zusammenhang zwischen musikalischer Struktur und Charakteristik mit den politischen Verhältnissen zur Entstehungszeit der Werke plausibel zu machen, kann man zwar vortragen und auch begründen, nicht aber beweisen. Man muß sich damit abfinden: In den Geisteswissenschaften zählt oftmals der einleuchtende Gedanke ebensoviel wie der Beweis in den Naturwissenschaften.

Auf einer mehr praktischen Ebene des wissenschaftlichen Arbeitens betrifft das Kriterium der Überprüfbarkeit vor allem die Verwendung von wörtlichen und freien Zitaten aus der Primär- und Sekundärliteratur. Zitate müssen genau und präzise belegt sein. Veränderungen (auch hinsichtlich eigenwilliger oder altertümlicher Schreibweisen) sind nicht erlaubt. Wo immer möglich, soll aus erster Hand zitiert werden; nur im Notfall ist die Formel «zitiert nach...» erlaubt. Jegliche Hinzufügungen (darunter auch Auslassungspunkte [...]) sollten durch eckige Klammern gekennzeichnet sein. Zusammenfassungen von längeren Textpassagen dürfen nicht sinnentstellend sein und müssen, um dies überprüfen zu können, ebenfalls mit genauen Stellenbelegen versehen werden. Übersetzungen aus fremdsprachigen Texten (Ausnahme: englischsprachige Texte) sind so gut wie immer erwünscht, sollten aber durch die Anführung des Originaltextes in den Anmerkungen nachprüfbar sein. Sogar die Regeln für die korrekte Form der Titelanführung von Veröffentlichungen leiten sich von dem Kriterium der Überprüfbarkeit her. Das hat gute Gründe: So kann der Verzicht auf den voll ausgeschriebenen Vornamen das Auffinden einer Quelle erschweren oder gar unmöglich machen, oder die Auslassung von Ort und Jahr des Erscheinens kann dazu führen, daß die entsprechende Publikation unauffindbar ist. (Zur Technik des wissenschaftlichen Arbeitens vgl. Poenicke u. Wodke-Repplinger 1977.)

Diskursivität als Kriterium von Wissenschaftlichkeit meint die Beachtung und Einbeziehung von und die Auseinandersetzung mit den Forschungen anderer Wissenschaftler. Das kann, je nach Thema und Gewicht eines bestimmten Projekts, bezogen sein auf den konkreten Gegenstand einer Untersuchung, auf die allgemeine Diskussion in einem Fach oder auch auf relevante Positionen und Theorien in anderen Fächern. Im wesentlichen sind es zwei Gründe, die für das Konzept der Diskursivität sprechen: erstens die simple Überlegung, daß es nicht sinnvoll ist, einen Sachverhalt zweimal klären zu wollen – dies wäre Zeitverschwendung; zweitens die Überzeugung, daß in der Auseinandersetzung mit Positionen anderer Wissenschaftler ein Erkenntnisprozeß in Gang gesetzt wird, der zu Ergebnissen führen kann, die mehr sind als die Summe der einzelnen Forschungen.

Um sicherzustellen, daß ein bestimmtes Forschungsprojekt nicht schon bearbeitet worden ist oder gerade bearbeitet wird, stellt die Musikwissenschaft (wie jedes Fach) Hilfsmittel bereit. Für die bereits veröffentlichten Schriften (Bücher, Aufsätze, Rezensionen, Editionen) steht seit 1967 die internationale Fachbibliographie *Répertoire International de Littérature Musicale* (RILM) zur Verfügung. Ihr Vorzug besteht unter anderem darin, daß zu jedem Buch oder Aufsatztitel kurze Inhaltsangaben (abstracts in englischer Sprache) mitgeteilt werden. RILM ist auch als CD-ROM zu benutzen und über das Internet in seiner jeweils aktuellen Ausgabe anzusteuern (www.rilm.org/).

Für noch nicht abgeschlossene Projekte gibt es nationale und internationale Meldestellen. Bezogen auf den deutschsprachigen Raum erteilt die Gesellschaft für Musikforschung (Arbeitsstelle im Musikwissenschaftlichen Institut der Universität Münster) Auskünfte über musikwissenschaftliche Dissertationsvorhaben. Eine entsprechende internationale Sammelstelle (auch für Habilitationsvorhaben) hat ihren Sitz an der University of Bloomington, USA (www.music.indiana.edu/ddm/index.html). Für beide Sammelstellen gilt allerdings, daß sie nur jene Informationen weitergeben können, die ihnen auch zugehen. Da kein Musikwissenschaftler verpflichtet werden kann, sein Projekt in Münster oder Bloomington zu melden, kann es keine Gewähr dafür geben, daß die Auskünfte wirklich umfassend sind.

Mit dem vollständigen Bibliographieren wird die Voraussetzung für den Eintritt in den wissenschaftlichen Diskurs geschaffen. Die Leitidee ist dabei, daß die Musikwissenschaftler aller Länder eine ideelle Gemeinschaft bilden mit dem Ziel, das Wissen über die Musikkulturen der Welt zu vermehren und zu wahren Aussagen über Musik in ihren vielfältigen Erscheinungsformen und Funktionsweisen zu kommen. Die Kommunikation innerhalb dieser ideellen Gemeinschaft von Musikwissenschaftlern erfolgt in direktem Kontakt an Universitäten und anderen Forschungseinrichtungen sowie auf nationalen und internationalen Kongressen. Am wichtigsten ist jedoch die Kommunikation via Veröffentlichungen, in denen an die Ergebnisse vorhergehender Forschungen angeknüpft wird und diese bestätigt (rektifiziert), widerlegt (falsifiziert) oder aber ergänzt werden.

Unter Rückbezug auf die kleine Analyse der *Chromatischen Invention I* aus Bartóks *Mikrokosmos* (Nr. 91) sei eine solche diskursorientierte Vorgehensweise einmal durchgespielt.

Aller Analyse und Interpretation muß selbstverständlich die Überprüfung der Notenausgabe vorangehen, um sicher sein zu können, daß man es mit einem authentischen Text zu tun hat. Die beste Quelle für Bartóks Schaffen ist zur Zeit das Buch *Béla Bartók. Composition, Concepts, and Autograph Sources* des ungarischen Bartók-Forschers László Somfai (1996). In dem am Ende des Buchs mitgeteilten Werkverzeichnis findet sich unter BB 105 (= Béla Bartók Thematic Catalogue, neue Zählung) der Eintrag zum *Mikrokosmos* mit Angaben zur Entstehungszeit (1926, 1932–1939), zu den überlieferten Handschriften (zu unserem Stück sind keine Skizzen, wohl aber mehrere Reinschriften überliefert) und zur Erstausgabe (1940, Boosey & Hawkes). Da die Erstausgabe zu Lebzeiten (Bartók starb 1945 in New York) und unter der Aufsicht des Komponisten erfolgte, kann diese (auch heute noch im Handel erhältliche) Textfassung als authentisch gelten.

Die Literatur zu Leben und Werk von Bartók ist – gut 50 Jahre nach seinem Tod – stark angewachsen. Selbst zum *Mikrokosmos* gibt es bereits eine beträchtliche Zahl von Spezialuntersuchungen. Zu der *Chromatischen Invention I* liegen allerdings nur sechs Veröffentlichungen vor, in denen auf die Kompositionstechnik, den Stil und den musik- und kulturgeschichtlichen Kontext in nennenswertem Umfang eingegangen wird (in chronologischer Reihenfolge: Bartók 1940 [auch in Suchoff 1971], Engelmann 1953, Jakobik 1957, Hundt 1971, Frobenius 1984, Suchoff 1993).

Bartók selbst scheint sich zu dem Stück nicht schriftlich geäußert zu haben. Im Vorwort, das den *Mikrokosmos*-Heften 1 bis 4 vorangestellt ist, wird lediglich die generelle Empfehlung ausgesprochen, als Begleitprogramm im Unterricht «the easy pieces from J. S. Bach's ‹Note Book for Anna Magdalena Bach›» hinzuzuziehen (Bartók 1940). Damit ist ein expliziter Hinweis auf die Nähe der *Chromatischen Invention* zur pädagogischen Klavierliteratur Bachs gegeben. Auf der Suche nach weiteren Äußerungen Bartóks stößt man allerdings im Werkführer Benjamin Suchoffs (1971) unter Nr. 91 auf die Rubrik «Bartók's Comments». Hier werden folgende Informationen gegeben: «Patterned after the form of Bach, written in the chromatic idiom. Two-voice inventions, simple and clear. Voices in direct imitation and inversion. Teaching of it can be delayed if pupil is not ready.» (Gestaltet in der Art von Bach, in chromatischer Technik geschrieben. Zweistimmige Inventionen, einfach und klar. Die Stimmen im Verhältnis von gerader und umgekehrter Imitation. Im Unterricht möglicherweise zurückstellen, falls der Schüler noch nicht weit genug ist.) (S. 80). Leider gibt Suchoff nicht die Quelle dieses angeblich originalen Kommentars an. Die Äußerungen müssen deswegen mit Vorbehalt und Skepsis zur Kenntnis genommen werden.

Hans Ulrich Engelmann nähert sich dem Stück aus der Sicht von Schönbergs Zwölftontechnik. Er hält die «im Gesamtschaffen Bartoks [sic!] sporadisch angewandte freie Chromatik» (1953, S. 47) für problematisch. Statt die achttönige chromatische Grundgestalt als Materialbasis anzuerkennen, verfolgt er das verzögerte und erst nach zahlreichen Tonwiederholungen erreichte Eintreten der fehlenden Töne 9 bis 12. Daß am Ende in der l. H. «nur» elf Töne zusammenkommen, sieht er als Mangel an (S. 48). Über die Tonalität des Stücks bemerkt Engelmann einerseits, daß es schwerfalle, «hier tonale Zentren (von zufälligen Zusammenschlüssen abgesehen) aufzuzeigen», weist dann aber auf die «augenfälligen» Quint-/Quartverhältnisse hin, die «eine Art tonale Polaritätsspannungen in sich schließen» (S. 48). Seine Ausführungen sind in zweierlei Hinsicht zu kritisieren: Erstens wird mit der Schönbergschen

Zwölftontechnik ein Maßstab angelegt, der dem Gegenstand fremd und inadäquat ist. Und zweitens läßt es Engelmann mit der negativen Bewertung des Bartókschen Kompositionsverfahrens an der gebotenen Objektivität fehlen.

Im Gegensatz zu Engelmann liest Albert Jakobik (ohne Bezugnahme auf Engelmann) das Stück als eine diatonische Komposition, deren chromatische Außenseite durch Nebennoten zu erklären sei, die nicht zur Skala gehören (1957, S. 60–61). Bezogen auf die achttönige Grundgestalt faßt Jakobik das Pentachord a-g-f-e-d als Haupttonfolge auf, während gis halbtöniger Nebenton zu a, es halbtöniger Nebenton zu d und fis halbtöniger Nebenton zu f sei. Aus Demonstrationsgründen wird der Anfang der Komposition in einem Konstrukt des Autors (Anhang) mitgeteilt: Alle Nebennoten sind weggelassen (T. 4 l. H. steht in der c-Umkehrungsform versehentlich a statt as), und ihr Wert wird dem jeweiligen Initialton zugeschlagen. Mit einiger Befriedigung stellt Jakobik zusammenfassend fest: «Nimmt man dies, im ganzen Stück wirksame und vor allem aus a-phrygisch gebildete diatonische ‹Skelett› wahr, kommt sofort Ordnung in die zunächst verwirrende Buntheit der Chromatik: man hört sie als nebentönige Ajoutierung zu klaren diatonischen Grundverhältnissen» (S. 61). Seine Lesart hat eine gewisse Berechtigung in dem Sachverhalt, daß Quinte und Quarte als diatonische Intervalle in der Tat eine strukturbildende Rolle innerhalb dieser «chromatischen» Komposition spielen. Auch verkennt Jakobik nicht, daß durch die freie Verwendung der Nebentöne eine wirklich «neue chromatische Linienbildung» (ebenda) entsteht. Er schießt aber übers Ziel hinaus, wenn er suggeriert, daß die Nebentonfunktion von Anfang an festgeschrieben sei und über das ganze Stück hinweg gelte. In der Sequenz des Mittelteils ist z. B. eine Korrespondenz zwischen den Quarten, die aus «Nebentönen» gebildet sind, und den Quarten, die durch das Anschlußintervall zwischen den Kopfmotiven entstehen, zu beobachten (a-fes/es-as/g-d/cis-fis/eis-c/h-e/dis-b/a-d usw.). Nach Jakobik können die Distanzen zwischen den Nebentönen gar nicht als Quartintervalle wirksam werden. Im übrigen ist seine Bestimmung des diatonischen Modus als «a-phrygisch» nicht einsichtig; viel näher läge (mit Jakobik) die Annahme von Dorisch (recto-Fassung der Grundgestalt) bzw. Ionisch (inverso-Fassung der Grundgestalt). Angemessen scheint da-

gegen eine Deutung des Tonsatzes als «in A» zentriert, wofür im übrigen ja gerade auch die Spiegelungen um die Achse A sprechen.
Auch Theodor Hundt hält die *Chromatischen Inventionen* (Nr. 91 und 92) für «völlig tonal konzipiert, indem die Halbtöne sich an Zentren anlehnen oder darin eingespannt sind» (1971, S. 203). Als «Strukturintervall» bestimmt er in Nr. 91 die Quint (gemeint ist sicherlich A–D), ohne daraus allerdings Schlüsse für die Festlegung eines Zentral- oder Haupttons zu ziehen und überhaupt nach den Bedingungen tonaler Zentrierung zu fragen. Eine weitere Anmerkung betrifft den Ausdrucksgehalt des Stücks, den Hundt als «pessimistisch» und «gequält» empfindet und auf alle Themen Bartóks beziehen möchte, die auf der chromatischen Leiter basieren (S. 203). Gründe für den von ihm empfundenen Affekt führt er nicht an. Zu Hundts Ausführungen ist kritisch anzumerken: Die Aussage, daß das Stück «völlig tonal» sei, wird nicht hinreichend begründet und hat deshalb nur den Rang einer Behauptung. Desgleichen können die Anmerkungen zum «gequälten» Charakter der *Chromatischen Invention I* nur als subjektive Äußerung und somit als unwissenschaftlich eingestuft werden. Auf die Texte von Engelmann und Jakobik geht Hundt nicht ein.

Speziell dem Thema «Bartók und Bach» ist ein Aufsatz von Wolf Frobenius (1984) gewidmet. Darin wird u. a. auf die *Chromatischen Inventionen* des *Mikrokosmos* eingegangen, und zwar außer auf Nr. 91 und 92 auch auf Nr. 145a und 145b (letztere stehen im realen Umkehrungsverhältnis zueinander und können ad libitum [nach Belieben] an zwei Klavieren gleichzeitig gespielt werden). Der Autor begreift das Epitheton «chromatisch» als Anspielung auf Bachs *Chromatische Fantasie und Fuge* und stellt einen Bezug zu Bartóks Einlassungen zum Thema «Chromatik» in den *Harvard Lectures* (von 1943, s. Bartók 1976) her. Die dort beschriebenen drei Arten chromatischer Melodiebildung sind die «Alterationschromatik», die «polymodale Chromatik» und die «neue Chromatik» (S. 59–60). Alle vier *Chromatischen Inventionen* von Bartók werden von Frobenius dem Typus «neue Chromatik» zugeordnet. (Eine Auseinandersetzung mit den Thesen von Jakobik, der in Richtung einer polymodalen Chromatik argumentiert, gibt es bei Frobenius nicht.) Daß diese «neue Chromatik» etwas mit J. S. Bach zu tun habe, begründet der Autor so: Erstens falle die Entwicklung der «neuen Chromatik» mit Bartóks 1926 einsetzender Orientierung an Bach zusammen; zweitens könne die «neue Chromatik» als eine Weiterentwicklung der Bachschen Enharmonik begriffen werden; drittens seien die mit der «neuen Chromatik» verbundenen Verfahren der Intervalldehnung (chromatisch → diatonisch) bzw. Intervallverengung (diatonisch → chromatisch) von Bartók selbst als verwandt mit kontrapunktischen Techniken des 17. und 18. Jahrhunderts (z. B. Augmentation, Diminution) angesehen worden (S. 60–61). Man kann sagen, daß in diesem Aufsatz das Verhältnis Bartók/Bach ziemlich erschöpfend abgehandelt wurde. Leider geht der Autor nicht auf andere Aspekte der *Chromatischen Invention* ein, was mit Blick auf den imitatorischen, zweistimmigen Satz und das traditionelle Formkonzept nahegelegen hätte.

Benjamin Suchoff bespricht in seinem Aufsatz über Bartóks *Mikrokosmos* auch die Stücke Nr. 91 und 92 (1993, S. 199f). Das Verhältnis der beiden im Tempo gegensätzlichen Inventionen wird von ihm auf den «lassú-friss»-Typus in der ungarischen Volkstanzpraxis bezogen. Die Form der *Chromatischen Invention I* bestimmt er als dreiteilige Reprisenform mit variiertem dritten Teil. Da auch die drei Hauptteile wiederum dreiteilig untergliedert sind, besteht die ganze Komposition aus neun Phrasen annähernd gleicher Machart. Suchoff ist aber vor allem an der Intervallstruktur der beiden sich imitierenden Stimmen interessiert. Für ihn setzt sich die achttönige Grundgestalt aus zwei «Zellen» zusammen, die er als «Z-Zelle» (–1 –5 –1) und X-Zelle (–1 –1 –1) bezeichnet. Die Abweichung am Schluß (Ais in der l. H.) deutet er als auskomponierte Attacca-Aufforderung. Als übergeordnetes Tonsystem nimmt Suchoff einen «twelve-note A Phrygian/Lydian polymode» (zwölftöniger Mischmodus aus A-Phrygisch und A-Lydisch) an. Dies ist nur ein anderer Ausdruck für die Zwölftonleiter, da die Töne von A-Phrygisch (a-b-c-d-e-f-g) und A-Lydisch (a-h-cis-dis-e-fis-gis) zusammen alle zwölf Töne enthalten. Völlig unverständlich ist allerdings, wie der Autor dazu kommt, die achttönige Ganzton-/Halbtonskala (a-h-c-d-es-f-fis-gis) als kennzeichnend für dieses Stück anzunehmen. Für diese Skala (die Bartók wohlbekannt war und die z. B. in *Mikrokosmos* Nr. 109 bestimmend ist) gibt es weder in der Melodik noch in der Zweistimmigkeit den geringsten

Anhaltspunkt. Insgesamt muß zur Analyse von Suchoff kritisch angemerkt werden, daß sie nur die Oberfläche der Komposition beschreibt und dabei nicht frei von Fehlern ist. Bedenklich ist auch, daß Suchoff darauf verzichtet, die Arbeiten von Engelmann, Jakobik, Hundt und Frobenius und überhaupt europäische Bartók-Literatur in den Diskurs einzubeziehen.

Das Referat der sechs Texte über Bartóks *Chromatische Invention I* führt zunächst zu der bedauerlichen Feststellung, daß keiner der Autoren auf einen der vor ihm erschienenen Texte Bezug genommen hat. Mit der Diskursivität im Sinne einer Auseinandersetzung mit den Positionen anderer Autoren ist es also nicht weit her. Auch die übrigen Kriterien für Wissenschaftlichkeit waren nicht immer voll erfüllt (Objektivität, Überprüfbarkeit, Widerspruchsfreiheit). Es zeigt sich, daß die Ergebnisse der obigen Analyse den referierten Texten in allen Punkten standhalten. Bestimmte Details waren allerdings bereits in der älteren Literatur ermittelt worden (dreiteilige Reprisenform, achttönig-chromatische Grundgestalt, die Auffassung des Schlusses als offener Übergang zur zweiten Invention, Bezugnahme auf J. S. Bach) und können jetzt sogar noch genauer gefaßt werden: so der Hinweis auf Bartóks Ausführungen über die «neue Chromatik», die Untergliederung der Form in dreimal drei Phrasen und die Charakterisierung des Inventionen-Paars im Sinne von lassú und friss. Als bescheidener Ertrag aus dem (fiktiven) Diskurs über die Klavierminiatur Nr. 91 aus dem *Mikrokosmos* von Bartók sind drei neue Beobachtungen zu nennen: die Bestimmung der Zentraltönigkeit (in A) unter Anführung exakter Kriterien; die vergleichende Analyse von Mittel- und Außenteilen der Komposition; die Beobachtung der polyfunktionalen Ausrichtung des Reprisenteils. An diese Thesen könnte sich ein weiterführender Diskurs anschließen – wenn der Gegenstand nicht zu klein wäre, um solche ‹strategischen› Perspektiven zu rechtfertigen. Er war ja schließlich nur als ein Beispiel gedacht.

Sprechen und Schreiben über Musik

Der Soziologe und Musikphilosoph Theodor W. Adorno hat in seinem «Fragment über Musik und Sprache» 1957 geschrieben: «Sprache interpretieren heißt: Sprache verstehen; Musik interpretieren: Musik machen» (1973, S. 73). In der ihm eigenen Neigung zur Zuspitzung hat Adorno mit diesem Aperçu zugleich etwas Richtiges getroffen und etwas Falsches angedeutet. In der Tat nennt man den Musiker, der eine Sonate spielt, einen Interpreten: Musik machen heißt Musik interpretieren. Adornos Gegensatzkonstruktion, bei der die Sprache einerseits und die Musik andererseits näher bestimmt werden sollen, führt indes zu dem (von Adorno nicht explizit ausgedrückten) Schluß, daß Musik zwar gespielt, nicht aber verstanden werden könne. Gegen diese Aussage könnte aber sogleich das gesamte auf Musik bezogene Œuvre Adornos angeführt werden. Denn sein Anliegen war es ja gerade, Musik zu verstehen, an ihr mehr als ein formales Spiel mit Tönen wahrzunehmen. Wahr bleibt aber an dem Aperçu von Adorno, daß die Benennung musikbezogener Sachverhalte durch Sprache immer – im alltäglichen wie im wissenschaftlichen Diskurs über Musik – nicht die Sache selbst ist. Und wenn vielleicht auch das Wesentliche von Musik durchaus in Körperbewegung und Tanz, in Bilder oder Dichtung übertragen werden kann, so läßt sich doch die Allgemeinverständlichkeit von Sprache durch nichts anderes ersetzen.

Wissenschaft, ja das Denken überhaupt ist ohne Sprache nicht vorstellbar. Da aber Wissenschaft die gesamte Lebenswelt des Menschen zum Gegenstand hat, wird sie immer wieder von Dingen handeln müssen, die nicht Sprache sind – z. B. von Musik. Sprache beginnt mit einer Prädikation: Für einen Gegenstand, auf den gezeigt wird, wird ein Wort gebildet (z. B. wird eine Mundharmonika angeblasen, und man sagt: «Dies ist ein Akkord»). Solche Prädikationen finden ständig und überall statt, und sie können durchaus zu verschiedenen Wörtern für ein und denselben Gegenstand führen (z. B. Klang, Harmonie, Wohlklang, Dreiklang, Quartsextakkord). Sind die Gegenstände bzw. Vorgänge zwar verschieden, aber doch ähnlich (z. B. die auf dem Klavier gleichzeitig angeschlagenen oder auf der Gitarre gleichzeitig gezupften Töne g-c-e), dann kann sich die Prädikation auch auf die Merkmale beziehen, die den Akkorden bzw. Klängen usw. der Mundharmonika, des Klaviers und der Gitarre gemeinsam sind. So wird das Wort ‹Akkord› bzw. ‹Klang› usw. zum Begriff. Finden sich jetzt Menschen zusammen, die sich als Musikwissenschaftler begreifen und somit auf einer präzisen Terminologie bestehen müssen, dann verabreden sie sich, den Begriff künftig nur noch mit dem Wort ‹Akkord› zu belegen und darunter immer und nur dies zu verstehen: einen Zusammenklang von mindestens drei Tönen verschiedener Tonqualität (Eggebrecht 1984, Artikel «Akkord»). Jetzt ist aus dem Wort ‹Akkord› durch Definition (Begrenzung, Festlegung) ein Terminus, ein wissenschaftliches Fachwort geworden (mehr dazu bei Seiffert 1970, Bd. I, S. 15–51).

Wissenschaftliches Sprechen und Schreiben über Musik basiert also auf einer Fachterminologie. Man löge sich allerdings in die eigene Tasche, würde man leugnen, daß in Wirklichkeit ein Großteil eines jeden musikwissenschaftlichen Textes frei formuliert ist. Er hat außer den Fachwörtern das gesamte reiche Vokabular zur Verfügung, das eine Sprache bietet. Hier färben Gegenstand und Fragestellung der wissenschaftlichen Untersuchung auf die Sprache der Wissenschaftler ab. Kann man in der Logik oder in der Informatik vielleicht mit rein formalen Sprachen auskommen, so sind die Kunst- und Kulturwissenschaften auf die natürlichen Sprachen angewiesen, schon allein darum, weil das, was sie erhellen wollen, selbst ‹lebendig› ist, also nicht definiert und vor allem zur Zukunft hin offen ist.

Musikwissenschaftliche Texte sind – will man es ‹böse› ausdrücken – immer nur partiell wissenschaftlich. Andererseits kommt ihnen als Gewinn zu, was den exakten Wissenschaften mangelt: die lebendige Teilhabe an dem, was sie beschreiben. Musikwissenschaftliches Sprechen und Schreiben handelt also nicht nur von den Musikkulturen, sondern ist ein Teil von ihnen. Das läßt sich am besten an einer Reihe von Beispieltexten demonstrieren. Die hier ausgewählten Texte handeln alle von einem berühmten Stück Musik: das Vorspiel von Richard Wagners Oper *Tristan und Isolde* (1857–1859). Unter den Texten sind absichtlich auch solche, die nicht den Anspruch erheben, wissenschaftlich zu sein. So steht zu Beginn der Kommentar von Wagner selbst. Er hat ihn Ende 1859 verfaßt hat und zu der Aufführung des *Tristan*-Vorspiels in Paris am 25. Januar 1860 im Publikum verteilen lassen.

Richard Wagner 1859
«So liess er [der Komponist] denn nur einmal, aber im langgegliederten Zuge, das unersättliche Verlangen anschwellen, von dem schlichtesten Bekenntniss, der zartesten Hingezogenheit an, durch banges Seufzen, Hoffen und Zagen, Klagen und Wünschen, Wonnen und Qualen, bis zum mächtigsten Andrang, zur gewaltsamsten Mühe, den Durchbruch zu finden, der dem grenzenlos begehrlichen Herzen den Weg in das Meer unendlicher Liebeswonne eröffne. Umsonst! Ohnmächtig sinkt das Herz zurück, um in Sehnsucht zu verschmachten, in Sehnsucht ohne Erreichen, da jedes Erreichen nur wieder neues Sehnen ist, – bis im letzten Ermatten dem brechenden Blicke die Ahnung des Erreichens höchster Wonne aufdämmert» (1904, Anhang).

In diesem Text (der nur ein Auszug aus der etwa doppelt so langen Programmnotiz ist) gibt es *nicht einen* musikalischen Fachausdruck. Der Text ist durch und durch metaphorisch und zielt unmittelbar auf das Gefühl des Lesers bzw. Hörers ab, dem er die Richtung für das Erleben der Musik weisen will. Der Text selbst will bereits erlebt sein. Seine kaum kaschierten sexuellen Anspielungen bereiten den Boden für eine Musikwahrnehmung, bei der die Klänge direkt unter die Haut gehen und kein Auge trocken bleibt. Der Text ist (jenseits aller Wissenschaftlichkeit) der Musik insofern adäquat, als er deutlich macht, daß Wagner mit seiner Kunst eine Wirkungsabsicht verfolgte, und zwar eine psychologische.

Thomas Mann 1902
«Das Sehnsuchtsmotiv, eine einsame und irrende Stimme in der Nacht, ließ leise seine bange Frage vernehmen. Eine Stille und ein Warten. Und siehe, es antwortet: derselbe zage und einsame Klang, nur heller, nur zarter. Ein neues Schweigen. Da setzte mit jenem gedämpften und wundervollen Sforzato, das ist wie ein Sich-Aufraffen und seliges Aufbegehren der Leidenschaft, das Liebesmotiv ein, stieg aufwärts, rang sich entzückt empor bis zur süßen Verschlingung, sank, sich lösend, zurück, und mit ihrem tiefen Gesange von schwerer, schmerzlicher Wonne traten die Celli hervor und führten die Weise fort ...» (1963, S. 192).

Hier handelt es sich um einen Ausschnitt aus einer Erzählung (*Tristan* von 1902), mit der Thomas Mann seine lebenslange Liebe zur *Tristan*-Musik ein weiteres Mal verarbeitet hat. Die Musik der ersten Takte des Vorspiels, die hier geschildert wird, ist Teil der

Handlung. Herr Spinell, ein Schriftsteller geringen Rangs, bringt «Herrn Klöterjahns Gattin» Gabriele, die er insgeheim liebt, dazu, aus dem zufällig vorfindlichen Klavierauszug von *Tristan und Isolde* zu spielen. Das Erzähler-Ich scheint teilweise die Perspektive Spinells anzunehmen, der, in Erinnerung an wirkliche *Tristan*-Aufführungen, «die Celli» zu hören meint und vermutlich bei der «süßen Verschlingung» nicht nur an einen melodischen Kontrapunkt gedacht hat. Trotz des fiktionalen Textes und der perspektivischen Brechung durch die Figur liegt hier doch eine Musikbeschreibung vor, die recht präzise dem Notentext folgt und jedenfalls mehr musikalische Anteile hat als die Programmnotiz von Wagner.

Guido Adler 1903
«Die innige Verquickung, Verbindung und Assoziation der beiden Grundmotive, der Liebes- und Todessehnsucht, konnte durch die Macht der Musik hergestellt werden. Dazu hätte kein sprachlicher Ausdruck genügt; die Tonkunst allein ermöglicht die künstlerische Fassung dessen, was im Leben oder im Tode ersehnt, erstrebt wird. Das Motiv der Liebessehnsucht, die beide erfüllt, das seelische Merkzeichen der ganzen Handlung tritt am Anfang des Vorspieles in Umschlingung entgegen:

[...]. Dieses Motiv bildet Alpha und Omega des ganzen ‹Tristan›. Es steht am Anfang und Schluß.» (1904, S. 262)

Das Wagner-Buch von Guido Adler ist aus einer Vorlesungsreihe hervorgegangen, die dieser 1893 an der Universität Wien gehalten hat. Die kurze Textprobe aus der *Tristan*-Vorlesung zeigt den gelungenen Versuch, objektiv über die Musik zu reden (Identifizierung zweier Motive; Bedeutung des Sehnsuchtsmotivs für die gesamte Oper; Anführung eines Notenbeispiels) und gleichzeitig etwas von ihrem Gefühlsinhalt mitzuteilen («innige Verquickung»; «Macht der Musik»; «seelisches Merkzeichen»). Adlers Wagner-

Buch ist auch heute noch lesenswert (und verdiente endlich eine Neuauflage).

Ernst Kurth 1920
«Die Grundlinien der Alteration, die schon beim ersten Akkord des ‹Tristan› sichtbar werden, zeigen daher, daß diese in Erhöhung der Intensität, Erscheinungen der inneren Dynamik, beruht, in zweiter Linie, d. h. erst mit ihrem sichtbaren Ausdruck, in Erhöhung und Vervielfältigung der Klangreize. Technisch beruht sie also darin, daß an Stelle der reinen Akkordformen chromatische Nebentöne eindringen, welche frei eintreten, d. h. gleich mit dem Akkord selbst, ohne eines vorangehenden Zusammenhanges zu bedürfen, der sie als chromatische ‹Durchgangsbildungen› erscheinen ließe. Sie sind mit ihren Spannungen nur auf eine bestimmte Weiterführung gerichtet.» (1920, S. 44f)

Alle Schriften des Musikforschers Ernst Kurth sind von dem Gedanken bestimmt, daß im Innersten der Musik «seelische Triebkräfte» (Kurth 1920, Vorwort) walten. Der erste Satz seiner Abhandlung *Romantische Harmonik und ihre Krise in Wagners «Tristan»* lautet bezeichnenderweise: «Harmonien sind Reflexe aus dem Unbewußten» (1920, S. 1). Auch in unserer Textprobe deuten mehrere Begriffe auf die von Kurth empfundene psychische Basis der Musik: «Intensität», «Dynamik», «Klangreize», «Spannungen». Eigentlich sind diese Begriffe zwar in der Physik zu Hause, aber Kurth verwendet sie als Metaphern für seelische Bewegungen im Unbewußten. Trotz der bildhaften Sprache kommen sehr subtile technische Sachverhalte zur Sprache (z. B. frei eintretende chromatische Nebentöne), die nicht nur registriert, sondern auch in ihrer Funktion erklärt werden. Man kann dem Text Wissenschaftlichkeit keineswegs absprechen, auch wenn hier die individuelle Persönlichkeit des Wissenschaftlers durchscheint und auf die Art der Fragestellung und den Stil der Darstellung nachhaltig einwirkt.

Ernst Bloch 1923
«Nun schreiten wir so leise als tief in uns selber. Die anderen sind bewegt und führen immer wieder nach außen. Tristan und Isolde sind dem lauten Tag entronnen, handeln nicht. Es ist unser eigenes tiefinneres Träumen, dort zu finden, wo die Worte und die Schritte nicht mehr eilen. Wir sind es, die mitgehen, wir trüben uns chromatisch, wir bewegen uns in Sehnsucht und schwimmen dem Traum entgegen, der in der

vorrückenden Nacht sich bildet. Das ist schon am Vorspiel zu sehen, wie es zeitlos entführt. Denn es spinnt nur das eine geschichtslose, abstrakte Sehnsuchtsmotiv, völlig berührungslos, frei schwebend, jedoch bereit, zu fallen und sich zu verkörpern. Sein Ort wird hell, aber gleich dahinter wieder bleibt alles fern und ruhig.» (1974, S. 66)

Den Texten des Philosophen Ernst Bloch (hier aus seinem ersten Hauptwerk *Geist der Utopie* von 1918, überarbeitet 1923) sieht man es nicht sogleich an, daß sie marxistischen Denkstrategien folgen. Zudem fällt an dieser Passage über die *Tristan*-Musik von Richard Wagner eine geradezu antiwissenschaftliche Diktion auf. In nahezu lyrisch verdichteter Form schildert Bloch sein Erleben und Fühlen, das nun aber nicht wie in Wagners Text erotisch und auch nicht wie in Kurths Text energetisch, sondern utopisch, das heißt von Hoffnung («tiefinneres Träumen») bestimmt ist. Blochs Text gibt weniger Auskunft über die Musik als über eine Form ihrer Rezeption. Die Sprachmächtigkeit Blochs läßt die Passage zu einem Primärtext werden, der seinerseits interpretiert werden will.

Alfred Lorenz 1926
«Zur größeren Klarheit stelle ich nun noch den Aufriß dieser Einleitungsmusik nach ihrem formalen Aufbau zusammen.

		a-moll			
Sehnsuchtsth. (m. Leidensm. verb.) Schl.: Vrhgn. [Hth.]	a	18 t.Kad.	T	}	HS25t.
Blickthema, Vorder- und Nachsatz [Seitenthema]	C–A	7 t. "	$T+$	}	
Zwei Motivpaare, Blickthema-Vordersatz	E–d	11½t. "	S	}	
Blickmotivvariante. Schl.: Verhängnismot.	F–cis	8 t. "	$+T$	}	MS38t.
Zwei Motivpaare, Blickth.-Vordersatz zweimal	E–A^V	18½t. "	D	}	
Sehnsuchtsth. (d. Todtrotz var.) Vrhgn. } ineinander-	A–a	11½t. "	T	}	
Blickthema, Vorder- u. Nachsatz verkett.} geschoben	C–(es	7 t. "		}	HS22t.
Trughalbschlüsse, großer Halbschluß	Es)–a	4 t. "	T^V	}	
Coda	a	10 t. "	T		10t.
Übergang nach c-moll	c	17 t. "	T^V		v.c.17t.
					112t.

Man erkennt also die Form, welche ich in meiner Nibelungenarbeit ‹vollkommene Bogenform› genannt habe (m-n-o-n-m) mit Coda.» (1926, S. 23)

Alfred Lorenz verfolgt ein sehr eingeschränktes Erkenntnisziel. In affirmativer Anknüpfung an «den Meister», wie er Wagner stets nennt (S. 26), möchte er den Formenbau der Wagnerschen Musikdramen analysieren, die kleinen und großen Perioden in ihrer Wohlgestaltetheit aufzeigen und bestimmte, für alle Opern Wagners geltende Modelle herausarbeiten. Entsprechend nüchtern ist sein Darstellungsstil, der mit sensiblen Inhalten wie «Leidensm.» (Leidensmotiv) und «Vrhgn.» (Verhängnismotiv) operativ umgeht wie mit Bausteinen und Schrauben eines Stabilbaukastens. Die Formdeutung als solche hat gute Gründe für sich, sieht man einmal davon ab, daß der Hauptcharakter des Vorspiels als einer großen, asymmetrischen Steigerungsform durch das Schema m-n-o-n-m kaum abgebildet wird.

Paul Hindemith 1940
«Man kann nicht verlangen, bei einem so wunderbar aufgebauten harmonischen Organismus die gleiche melodische Vollkommenheit zu finden. Es ist unmöglich, beide Elemente in gleicher Weise zu bedenken, eines muß stets dem anderen den Vortritt lassen. Hier ist es die *Melodik*, die zugunsten der Harmonik zurücktritt. Sie beschränkt sich im wesentlichen auf Sekundschritte und Akkordbrechungen. Dadurch kann weder ein bemerkenswerter Melodiestufengang noch ein Sekundgang zustande kommen; für den Stufengang geben die fortgesetzten Sekundschritte zu wenig Harmonie her, und ihr Fortschreiten in kleinsten Intervallen ist ja selbst der Sekundgang, dem allerdings der größere Aufbau fehlt.» (1962, S. 252)

Der deutsche Komponist Paul Hindemith ist seit 1937 auch als Musiktheoretiker hervorgetreten. Er hat die Summe seiner Erfahrungen und Einsichten in einer zweibändigen *Unterweisung im Tonsatz* dargelegt und 1940 im Exil überarbeitet. Obgleich die Tonalitätstheorie, als welche das Buch im wesentlichen zu gelten hat, unverkennbar auf Hindemiths eigene Musik zugeschnitten ist, erhob er den Anspruch auf Allgemeingültigkeit. Die Textprobe über das *Tristan*-Vorspiel gibt zu erkennen, daß Wagners Harmonik vor Hindemiths Theorie bestehen kann (was vorher gründlich auseinandergesetzt wird). Andererseits fällt Wagners Melodik glatt durch, wobei die entschuldigenden Worte, daß man nicht alles zugleich verlangen könne, von unfreiwilliger Komik sind. Der Text vermag in seiner handwerklichen Beschränkung und ästhetischen Unbedarftheit weder den Ton noch den Geist von Wagners Musik zu treffen.

Werner Breig 1986
«Schon hier, bei seinem ersten Auftreten, erhält der erste Zusammenklang dadurch eigenes Gewicht, daß er in einer Instrumentengruppe [...] unaufgelöst bleibt. So wird deutlich gemacht, daß der Klang als Gebilde eigenen Rechts gehört werden will, und zugleich wird seine Verwendung in anderen funktionalen Bedeutungen vorbereitet [...]. Die Diskussion darüber, welche funktionale Bedeutung der Klang ‹eigentlich› hat, führt in die Irre, denn gerade im Changieren zwischen vielen möglichen Bedeutungen liegt seine Ausdruckskraft.» (1986, S. 444)

Diese letzte Textprobe eines Musikwissenschaftlers aus unseren Tagen widmet sich einem Detail, das aber die Theoretiker seit mehr als 100 Jahren in Atem hält: Was hat es mit dem «Tristan-Akkord» auf sich? Werner Breig akzentuiert zwei Sachverhalte, die in der Tat bedeutsam sind: die instrumentatorische Isolierung des «Klanges» (besser wäre «Akkord») noch vor seiner Auflösung und seine Vieldeutigkeit, die ein Teil seines Wesens ist. Die Sprache ist sachlich und klar. Mit dem Wort «Ausdruckskraft» läßt der Autor sogar eine Andeutung seines eigenen Erlebens in den Text eingehen.

Richard Wagners Oper *Tristan und Isolde* ist auch heute noch im Musikleben fest verankert. Die Rezeptionsweise hat sich allerdings stark verändert. Nur wenige Menschen werden die Gelegenheit haben, das Werk in Bayreuth bei den alljährlichen Wagner-Festspielen zu hören, also in jenem Theater, das Wagner selbst konstruiert hat und das unter seiner Aufsicht von 1872 bis 1876 gebaut wurde. Wahrscheinlicher ist es, daß man eine *Tristan*-Aufführung in einem der vielen Opernhäuser in Deutschland, Österreich oder der Schweiz mitbekommt. Am gebräuchlichsten ist es heute aber, sich die Musik mittels einer CD anzuhören oder sich mit Hilfe einer Videokassette einen ‹Puschen-Opernabend› zu gönnen. Von diesen und weiteren Veränderungen im heutigen Musikleben handelt das nächste Kapitel.

Literatur

Adler, Guido (1904). Richard Wagner. Vorlesungen gehalten an der Universität zu Wien. Leipzig: Breitkopf & Härtel.

Adorno, Theodor W. (1973). Fragment über Musik und Sprache (1956/57). In: Knaus, Jakob (Hg.): Sprache, Dichtung, Musik. Texte zu ihrem gegenseitigen Verständnis von Richard Wagner bis Theodor W. Adorno (S. 71–75). Tübingen: Niemeyer.

Bartók, Béla (1940). Mikrokosmos. Preface [for Vol. 1–4.]. London u. a.: Boosey & Hawkes.

Bartók, Béla (1976). Harvard Lectures. In: Béla Bartók Essays. Selected and edited by B. Suchoff (S. 354–392). London: Faber.

Bloch, Ernst (1974). Zur Philosophie der Musik. Ausgewählt und hg. v. Karola Bloch. Frankfurt am Main: Suhrkamp.

Breig, Werner (1986). Wagners kompositorisches Werk. In: Müller, Ullrich und Wapnewski, Peter (Hg.): Richard-Wagner-Handbuch (S. 353–470). Stuttgart: Kröner.

Budde, Dirk (1997). Take Three Cords – Punkrock und die Entwicklung zum American Hardcore (=Schriften zur Popularmusikforschung 2). Karben: CODA.

Eggebrecht, Hans Heinrich, (Hg.) (1984). Meyers Taschenlexikon Musik in 3 Bänden. Mannheim u. a.: Meyers.

Engelmann, Hans Ulrich (1953). Bela Bartoks [sic!] Mikrokosmos. Versuch einer Typologie «Neuer Musik». Würzburg: Triltsch.

Frobenius, Wolf (1984). Bartók und Bach. In: Archiv für Musikwissenschaft 41, S. 54–67.

Habermas, Jürgen (1968). Erkenntnis und Interesse. In: Technik und Wissenschaft als ‹Ideologie› (S. 146–168). Frankfurt am Main: Suhrkamp.

Hindemith, Paul (1962). Unterweisung im Tonsatz. I: Theoretischer Teil. Neue, erweiterte Ausgabe. Mainz: Schott.

Hundt, Theodor (1971). Bartóks Satztechnik in den Klavierwerken. Regensburg: Bosse.

Jakobik, Albert (1957). Zur Einheit der neuen Musik. Würzburg: Triltsch.

Kurth, Ernst (1920). Romantische Harmonik und ihre Krise in Wagners «Tristan». Bern: Hesse.

Ligeti, György (1958). Pierre Boulez – Entscheidung und Automatik in der Structure I a. In: die reihe 4, Wien, S. 33–63.

Lorenz, Alfred (1926, 2. Aufl. 1966). Der musikalische Aufbau von Richard Wagners «Tristan und Isolde». Berlin: Hesse; Tutzing: Schneider.

Mann, Thomas (1963). Tristan. In: Sämtliche Erzählungen (S. 170–212). Frankfurt am Main: Fischer.

Petersen, Peter (1971). Die Tonalität im Instrumentalschaffen von Béla Bartók (= Hamburger Beiträge zur Musikwissenschaft Bd. 6). Hamburg: Wagner.

Petersen, Peter (1999). Der Terminus «Literaturoper» – eine Begriffsbestimmung. In: Archiv für Musikwissenschaft 56, H. 1, S. 52–70.

Poenicke, Klaus u. Wodke-Repplinger, Ilse (1977). Wie verfaßt man wissenschaftliche Arbeiten? Systematische Materialsammlung – Bücherbenutzung – Manuskriptgestaltung. Mannheim – Wien – Zürich: Duden.

Riemann, Hugo (1903). System der musikalischen Rhythmik und Metrik. Leipzig: Breitkopf & Härtel.

Rösing, Helmut u. Phleps, Thomas (Hg.) (1999). Erkenntniszuwachs durch Analyse. Populäre Musik auf dem Prüfstand. Beiträge zur Popularmusikforschung 24. Karben: CODA.

Rösing, Helmut (2000). Musikpsychologische Aspekte von Komponistenbildern: Selbstinszenierung – Fremdinszenierung – Legendenbildung. In: Bruckner-Symposium 1998. Linz: Anton Bruckner Institut (im Druck).

Seiffert, Helmut (1970). Einführung in die Wissenschaftstheorie. 2 Bände. München: Beck.

Somfai, László (1996). Béla Bartók. Composition, Concepts, and Autograph Sources. Berkeley – Los Angeles – London: University of California Press.

Suchoff, Benjamin (1971). Guide to Bartók's Mikrokosmos. Revised Edition. London: Boosey & Hawkes.

Suchoff, Benjamin (1993). Synthesis of East and West: Mikrokosmos [of Béla Bartók]. In: Gillies, Malcolm (Hg.): The Bartók Companion (S. 189–211). London: Faber.

Wagner, Richard (1904). Vorspiel zu Tristan und Isolde. [Programmnotiz.] In: Richard Wagner an Mathilde Wesendonck. Tagebuchblätter und Briefe 1853–1871 (S. 202 und Anhang). Berlin.

3. Musik heute – Musikleben und Musikerfahrung

Quantitative und qualitative Aspekte des Umgangs mit Musik

Mit Beginn des technischen Zeitalters ist Musik mehr denn je allgegenwärtig geworden. Live-Darbietungen an den verschiedensten Orten – in Konzertsaal und Opernhaus, in Kirche, Clubs, Kulturfabriken, auf dem Sportplatz und auf Straßen – konkurrieren mit der Darbietung über die technischen Medien (Tonträger, Radio, Film, Fernsehen, Videoclip, Computer) oder gehen neuartige Verbindungen ein (Diskothek, Club). Fraglos hat die Zahl der Live-Veranstaltungen in den vergangenen Jahrzehnten zugenommen. Es haben sich immer mehr eigenständige Szenen und Zirkel herausgebildet, die spezielle Publikumsgruppen bedienen. Die Folge davon ist, daß es zunehmend schwieriger wird, die Darbietungsräume auch zu füllen. Der nachhaltig massenmedial geprägte Bekanntheitsgrad von Interpreten und modische Trends scheinen hierbei selbst im Bereich der Kunstmusik (E-Musik) oft bedeutsamer zu sein als wie auch immer geartete Qualitätskriterien.

Stärker als der kollektive ist aber der individuelle Musikkonsum angewachsen. Empirische Untersuchungen zeigen, daß Übertragungs- und Lautsprechermusik zum Ende des 20. Jahrhunderts die Live-Musik in der Publikumsgunst quantitativ überrundet hat. Die Bevölkerung Deutschlands hört pro Tag durchschnittlich mehr als drei Stunden Musik. Dabei ist – mit zunehmender Freizeit und größerem Wohlstand – der Zeitanteil kontinuierlich gestiegen, und zwar vor allem bei Jugendlichen. Jeder zehnte Jugendliche konsumiert täglich mehr als fünf Stunden Musik. In der Freizeitbeschäftigung der 14- bis 19jährigen rangiert der Umgang mit Musik vor Sport, Lesen, Spielen auf dem ersten Platz der Beliebtheitsskala.

Der überwiegende Teil der Musikrezeption erfolgt über das Radio. Zur Zeit machen seine Programme etwa 50 Prozent des Hörkontingents aus. Den Rest teilen sich Tonträger (ca. 30 %), Fernsehen, Video, Computer und Live-Musik. In den letzten fünf Jahren läßt sich ein deutlicher Trend zur Nutzung von multimedial-digitalen Angeboten feststellen. Offline-Angebote (CD-ROM) und Online-Angebote (Internet, Digital Audio Broadcast, Digitales Pay-TV) werden in Zukunft einen immer größeren Anteil am Musikkonsum ausmachen.

Gemessen an der medialen Musikrezeption ist also das Musikhören in Live-Situationen von zahlenmäßig nur noch untergeordneter Bedeutung. Der Durchschnittswert für Live-Konzert-Besuche und für DJ-moderierte Musikdarbietungen in Clubs oder Diskotheken hat in den 1990er Jahren kaum mehr als ein Prozent der gesamten Musiknutzung ausgemacht. Dabei gilt es allerdings altersabhängige, regionale (Stadt-/Landgefälle) und ausbildungsbedingte Unterschiede zu bedenken. So nutzen z.B. die 14- bis 19jährigen Clubs und Diskotheken als Ort der Musikrezeption mit vier Prozent besonders häufig. Bei jugendlichen Klassikliebhabern mit meist gehobener Schulausbildung (Gymnasiasten) in urbanen Gegenden können Besuche von Sinfoniekonzerten und Opernaufführungen, bei Jazz- oder Rockfans von Jazzacts (bzw. bundesweit veranstalteten) Rockevents bis zu zehn Prozent des gesamten Musikkonsums ausmachen – vorausgesetzt, es ist genug Geld dafür da.

Die eigene musikalische Betätigung am Instrument (einschließlich Homerecording mit Keyboard, Synthesizer, Computer) oder mit der Stimme ist nach wie vor höchst attraktiv. Sie hat – entgegen den Prognosen von Kulturpessimisten – in den vergangenen Jahrzehnten nicht abgenommen. Wohl aber haben sich die Schwerpunkte von einer traditionell-klassischen Ausbildung (Blockflöte, Klavier, Gitarre usw.) und vom Chorgesang zum autodidaktischen Umgang mit elektronischen Instrumenten und Computer verlagert.

Für die subjektive Einschätzung musikbezogenen Verhaltens läßt sich in direkter Umkehrung zur Größenordnung der quantitativen Nutzung die Rangfolge ‹Eigenes Musikmachen – Musikalisches Live-Erlebnis – Übertragungsmusik› beobachten. Durch das eigene Musikmachen und durch Konzertbesuche kann der Alltag nachhaltig überhöht und strukturiert werden. Neue neurophysiologische Untersuchungen (Hirnstrommessungen) haben dabei die hochgradige persönliche Aktivität (Involvement) und die besonders intensive Anteilnahme auf emotionaler wie kognitiver Ebene bestätigt. Übertragungsmusik dagegen gehört zum Normalfall; sie ist meist völlig in das alltägliche Leben eingebettet. Zwangsläufig (etwa im Kaufhaus) oder auf Abruf (beim Autofahren, mit dem Walkman, über Rundfunk bzw. CD-Spieler) steht sie jederzeit zur Verfügung – ob als Hintergrundmusik bei der Verrichtung anderer Tätigkeiten oder als Hinhörmusik, das entscheidet jeder nach seinem Gutdünken.

Was ist Musik?

Notenschriftliche Fixierung war ein wichtiger Schritt zur Verbreitung von Musik über den Ort und die Zeit ihrer Entstehung hinaus. Doch erst mit der Speicherung von Musik auf Tonträger ist ein alter Menschheitstraum in Erfüllung gegangen. Ihre flüchtigen Klanggestalten konnten nun – wie Bilder und Objekte im Bereich der Kunst – als klingendes Ereignis und als Aufführungsdokument ohne eine erneute Interpretation durch Musiker festgehalten und beliebig oft wiederholt werden. In den inzwischen gut 100 Jahren der Tonträgerproduktion von Walze und Schellackplatte zur CD wurde zusätzlich zur notierten Musik ein umfangreiches Repertoire an klingender Musik angelegt. Nicht schriftlich festgehaltene Musik wie Volkslied, Schlager, Jazz, Rock und Pop – also Musikrichtungen, die sonst dem Vergessen anheimgegeben waren – bilden nun gemeinsam mit den vielen Aufnahmen von außereuropäischer Musik («Musik der Welt») einen Fundus, auf den immer wieder zurückgegriffen werden kann. Die Fülle an Musik der unterschiedlichsten Stile und Ausprägungen zwingt ebenso wie die Entwicklung der abendländischen Kunstmusik im 20. Jahrhundert zu einer Auseinandersetzung mit der Frage, was denn eigentlich alles Musik ist.

Von den frühen Formen notierter Musik bis zur musikalischen Spätromantik und zum musikalischen Impressionismus existierte in Europa ein durchaus einheitlicher Musikbegriff. In bezug auf die Strukturebene war er gebunden an die Dominanz von Tönen mit definierter Tonhöhe und festgelegten Intervallen (motivisches Material, Melodie), an den Tonhöhenverlauf in klar strukturierten Zeiteinheiten (Mensur, Takt), an die Anordnung von Zusammenklängen nach bestimmten Regeln der Kompositionslehre (Tonalität, Harmonik) und an die Verwendung eines bestimmten Musikinstrumentariums. Dieses wurde zwar ständig baulich weiterentwickelt, bestand im Kern aber immer aus Saiteninstrumenten (Zupfen, Streichen) und Blasinstrumenten (Holz, Blech) sowie einer Auswahl an Schlaginstrumenten (Fell, Metall, Holz). Das abendländische Musiksystem mit seinen Hauptformen Vokal- und Instrumentalmusik und seine Abgrenzung von Geräusch und bloßer Sprache schienen derart schlüssig zu sein, daß andere Musikformen entweder als minderwertig oder sogar als nicht zur Musik gehörend abgetan wurden.

Ganz in diesem Sinn meinte z. B. der Bach-Biograph Johann Nikolaus Forkel 1788 in seiner *Allgemeinen Geschichte der Musik* (Band 1, S. 2 f), in der Musik fremder Kulturen herrsche ein großes Wohlgefallen am Geräusch lärmender Instrumente. Zu hören sei nur «Empfindung ohne Geist» und «Rhythmus ohne musikalischen Zusammenhang». Gut 60 Jahre später formulierte der Kritikerpapst und Musikprofessor an der Universität Wien, Eduard Hanslick, in seiner Musikästhetik *Vom Musikalisch-Schönen* (1854, S. 44) höchst lapidar: Das «unfaßliche Geheul» der Südseebewohner sei keine Musik. Dieser Auffassung sekundierte nur wenig später der Musikgelehrte August Wilhelm Ambros in seiner *Geschichte der Musik* von 1862 (S. 7 f): Die Musik der ‹Primitiv-Völker› sei weiter nichts als ein «einschläferndes Gesumme ohne eine Spur von Melodie oder eine Art von Takt». Der Komponist Hector Berlioz (1803–1869) konnte nicht einmal an der chinesischen und indischen Musik etwas «Musikalisches» finden. Beide Völker seien noch in der tiefsten Barbarei befangen und redeten dort von Musik, wo wir allenfalls von «Katzenmusik» sprächen (1909, S. 302).

Diese enge und eurozentristische Sichtweise gegenüber Musik wurde nicht nur von den Musikethnologen seit dem Ende des 19. Jahrhunderts aufgebrochen, sondern auch von einer neuen Komponistengeneration. So formulierte der Pianist und Komponist Ferruccio Busoni (1866–1924) in seinem *Entwurf einer neuen Ästhetik der Tonkunst* von 1907: «So eng geworden ist unser Tonkreis, so stereotyp seine Ausdrucksform, daß es zur Zeit nicht ein bekanntes Motiv gibt, auf das nicht ein anderes bekanntes Motiv paßte [...]. Plötzlich, eines Tages, schien es mir klar geworden: daß die Entfaltung der Tonkunst an unseren Musikinstrumenten scheitert. Die Erschöpftheit wartet sicher am Ende einer Bahn, deren längste Strecke bereits zurückgelegt worden ist».

Während Busoni visionär den nächsten Schritt zum «abstrakten Klange, zur hindernislosen Technik, zur tonlichen Unbegrenztheit» vorausahnte, entwickelte der Wiener Komponist Arnold Schönberg (1874–1951) nach einer kurzen Phase der Atonalität (um 1910) die Technik der Komposition mit zwölf aufeinander bezogenen Tönen in Reihenform (Dodekaphonie, Zwölftontechnik). Aus der Übertragung der Gesetze zur Bildung von Tonreihen auf weitere musikalische Parameter wie Tondauer, Lautstärke, Klangfarbe wurde die serielle Musik. Sie blieb bis in die 60er Jahre hinein die prägende Richtung der zeitgenössischen Kunstmusik. Wenn hier auch viele Grundelemente des traditionellen Musikverständnisses außer Kraft gesetzt wurden, so blieb doch der Ton und seine Organisation in Tonfolgen nach festen Regeln zentrales Element der musikalischen Gestaltung.

Die Emanzipation der abendländischen Musik vom Ton und ihre Hinwendung zu Geräusch und Geräuschklängen erfolgte im Futurismus und Dadaismus. Was der Literat Emilio Filippo Tommaso Marinetti (1876–1944) in seinem futuristischen Manifest von 1910 als Sinfonie der Geräusche einforderte, das versuchten die Brüder Antonio und Luigi Russolo mit ihrem neu geschaffenen Instrumentarium der Geräuschtöner («Intonarumori») und mit Kompositionen wie *Das Erwachen einer Stadt* (1924) einzulösen. Einen anderen Weg schlug der in Paris geborene und überwiegend in den USA wirkende Komponist Edgar Varèse (1885–1965) ein. In seinem Stück *Ionisation* von 1931 werden ausschließlich Schlaginstrumente und Sirenen eingesetzt. Das Ergebnis sind auskomponierte Geräuschfolgen.

Entscheidende Neuerungen vollzogen sich auch auf der Grundlage von Elektroakustik und Rundfunktechnik. Im Jahr 1948 stellte der Toningenieur Pierre Schaeffer (1910–1995) in einem Radiokonzert Teile seiner «Geräuschstudien» im Pariser Rundfunk vor. Verschiedene auf Tonträger (Schallplatte, später Tonband) gespeicherte Klangmaterialien, akustische Fundstücke der Soundscape, Sprache und Musik, wurden am Regiepult zusammenmontiert und übereinandergelagert. Dabei spielten Ostinatotechniken (z. B. das Erzeugen von Loops durch geschlossene Schallplattenrillen oder Bandschleifen) eine wichtige Rolle. Man kann diese Art der Klangmontage als Sampling mit den seinerzeit zur Verfügung stehenden technischen Hilfsmitteln bezeichnen.

Der Amerikaner John Cage (1912–1992), der kurze Zeit Schüler von Arnold Schönberg in dessen kalifornischem Exil war, führte nicht nur das Zufallsprinzip (Aleatorik/Alea = Würfel) in die Komposition ein. Schon 1937 äußerte er, daß für ihn die «Geräusche des Radios» Musik seien. Er realisierte dieses Credo in den 50er Jahren mit Soundcollagen wie *Williams-Mix* oder *Fontana-Mix* und erweiterte damit den traditionellen Musikbegriff bis an die Grenze des Möglichen. Auf die Frage, ob das denn noch Musik sei, antwortete er anläßlich der Uraufführung von «Fontana Mix» 1959 in Mailand: «Sie müssen das nicht Musik nennen, wenn Sie dieser Ausdruck irritiert» (s. dazu Metzger 1978, S. 97).

Einen völlig anderen Weg schlug man im elektronischen Studio des WDR ein. Im Mittelpunkt stand die reine Klangsynthese durch den Aufbau komplexer Schallereignisse aus dem Basismaterial von Sinustönen. Unter der wissenschaftlichen Anleitung des Informationstheoretikers Werner Meyer-Eppler versuchten hier vor allem Herbert Eimert (1897–1972) und der junge Karlheinz Stockhausen (* 1928) den kompositorischen Prozeß bis in die Mikrostruktur (Teiltonaufbau, Ein- und Ausschwingvorgänge, Frequenz- und Amplitudenmodulation) des Klangmaterials voranzutreiben. Obwohl serielle Abläufe anstelle von Zufallsoperationen (z. B. bei Stockhausens *Studie II* von 1956) die Komposition prägen, bleibt für den Hörer der Eindruck bestimmend, hier handele es sich um Geräuschmusik.

Die auf einem gesellschaftlichen Konsens beruhende starke Normierung des abendländischen Musikbegriffs der vergangenen Jahrhunderte wurde aber nicht nur durch derartige Entwicklungen der westlichen Kunstmusik offenbar. Auch ein vergleichender Blick auf die Musik fremder Kulturen zeigte große Unterschiede auf. Bezüglich des verwendeten Tonvorrats und dessen Organisation in Gebrauchs- bzw. Materialleitern konstatiert schon der ‹Vater› der

Vergleichenden Musikwissenschaft, der Engländer John Ellis, 1885 in seinem Grundlagenbeitrag über *Musikalische Tonleitern bei verschiedenen Nationen* unmißverständlich: «Es gibt nicht nur eine, nicht nur eine ‹natürliche›, ja nicht einmal bloß eine Leiter, die notwendig auf den Gesetzen des Klangaufbaus beruht, den [Hermann von] Helmholtz so schön ausgearbeitet hat, sondern sehr verschiedene, sehr künstliche, sehr eigenwillige.» Damit erteilt er allen europazentrierten musikalischen Theorien über die vermeintliche Naturgegebenheit unserer Dur-Tonleiter nebst ihren Moll-Ablegern eine klare Absage.

In verschiedenen Musikkulturen haben sich – vornehmlich in Abhängigkeit von gesellschaftlichen und funktionalen Aspekten – die für Musik verwendeten Materialbausteine ganz offensichtlich unterschiedlich entwickelt. Die meist körperbetonte und motorisch orientierte afrikanische Musik z. B. wird durch eine vielschichtige Rhythmik (polyrhythmische Strukturen) bestimmt. In afro-amerikanischer Vermittlung hat dieser Musiktyp die populäre Musik unseres Jahrhunderts nachhaltig beeinflußt. In den arabischen Kulturen ist Musik immer in Verbindung mit Poesie zu sehen; Sprachkunst und Tonkunst bilden eine Einheit. In dem Subkontinent Indien haben sich vor allem in der religiösen und der klassischen Musik besonders reich differenzierende melodische Strukturen herauskristallisiert. 22 Tonstufen innerhalb der Oktave stehen zumindest der Theorie nach zur Darstellung feinster Ausdrucksschattierungen bei der Gestaltung eines Ragas zur Verfügung. Die Rhythmik ist additiv-reihend mit einer Folge von 2-, 3-, 4- oder 5-zeitigen Schlägen. In vielen Kulturen, vor allem denen des ostasiatischen Raums, bilden Klangfarbe und Klangmodulation (Vibrato, Glissando) ein zentrales Element von Musik. Sie stehen symbolhaft für kosmologische und religiöse Inhalte ein.

Zusammenfassend läßt sich sagen: Die Öffnung des traditionellen Musikbegriffs ist eine Folge (1) der zunehmenden Kenntnis der Musik fremder Kulturen («Musik der Welt»), (2) der Dominanz afro-amerikanischer, rhythmus- und körperbetonter Elemente in der neueren populären Musik und (3) der Entwicklung einiger Avantgardemusik-Richtungen vom Klang zum Geräusch. Abgesehen von diesen Gegebenheiten auf der musikstrukturellen Ebene haben zudem ein offenes, nicht mehr ausschließlich kunstorientiertes Kulturverständnis und die Einbeziehung des Hörers bei der Bestimmung von Schallfolgen als Musik (statt Geräusch oder Sprache) zu einer Erweiterung des Musikbegriffs geführt. Jedes hörbare akustische Material ist musikfähig. Entscheidend ist, daß durch strukturelle und semantische Beziehungen während der Rezeption eine ästhetische Qualität entsteht, die über das gewöhnliche und sprachliche Hören hinausweist.

Das heißt nicht, daß der Musikbegriff heutzutage einzig dem Belieben des Individuums anheimgegeben ist. Auch im Zeitalter der Postmoderne hat die gesellschaftliche Prägung von Inhalten und Begriffen keineswegs ausgedient. Musik ist nicht nur klingendes Objekt. Sie wird verstanden als Resultat eines Bedingungszusammenhangs, der die Erschaffung, Vermittlung und Rezeption umfaßt. Professionelle Komponisten und Musiker machen Musik aus bestimmten, von der Auftragslage, der ökonomischen Situation, der eigenen Intention und dem persönlichen Ausdrucksbedürfnis motivierten Gründen. Die Vermittlung von Musik erfolgt in konkreten Situationen und funktionalen Zusammenhängen. Sie ist z. B. an kommerzielle Vorgaben und an bestimmte Darbietungsabsichten gebunden.

Der Hörer schließlich nimmt Musik mit vorgefaßten Erwartungen und in eindeutig definierbaren Handlungszusammenhängen auf: etwa hingebungsvoll lauschend in der Kirche, beim Tanzen auf der Techno-Party, mit ästhetischem Genuß in Konzert und Oper, zur vegetativen Stimulation beim Autofahren. Galt früher das Verdikt eines minderwertigen Musikkonsums überall dort, wo Musik nicht um ihrer selbst willen gehört wurde, so wird inzwischen jede Form von Musikhören als ein aktiver Aneignungsprozeß beschrieben. Das kann im Extremfall dazu führen, daß sich der Rezipient seine Musik selbst zu schaffen meint, z. B. wenn ihm die Sounds der städtischen Geräuschkulisse oder die Laute der Natur (Meeresbrandung, Blätterrauschen im Wald, Vogelrufe) zu Musik werden.

Musik konstituiert sich also immer erst in Handlungszusammenhängen. Die Aufführungsbedingungen im soziokulturellen Gefüge sind direkter Bestandteil von Musik und keineswegs nur außermusikalische Zutat. Die Intentionen derer, die Musik machen, und die Erfahrungen jener, die sie hören, müssen sich allerdings zumindest teilweise decken. Nur dann können die in Musik kodierten Botschaften, Gefühle, Vorstellungen der Komponisten und Musiker auch von den Rezipienten verstanden werden.

Nicht-Verstehen dagegen führt schnell zur Ablehnung. Der Mechanismus der Ausgrenzung bei Verständnislosigkeit ist typisch für die negative Beurteilung der außereuropäischen Musik im 19. Jahrhundert, für die Verdammung musikalischer Innovationen zu Beginn des 20. Jahrhunderts als Nicht-Musik bzw. Un-Musik und in jüngster Zeit z. B. für die Vorbehalte gegenüber Beat, Punk oder Techno – je nach Kenntnisstand des Hörenden.

Voraussetzung für einen wissenschaftlichen Umgang mit Musik ist ein grundsätzlich offener, nicht in irgendeiner Weise ideologisch-wertend eingeengter Musikbegriff. Wissenschaft hat mit Wissen zu tun, Vorurteile beruhen meist auf Unkenntnis. Für die Musikwissenschaft sollte daher Offenheit gegenüber welcher Musik auch immer oberstes Gebot sein. Darin eingeschlossen sind alle Formen der Erfindung, der Vermittlung und des Gebrauchs von Musik.

Wie hören wir Musik?

Fraglos haben Menschen ihre Ohren nicht primär zum Musikhören. Die entscheidende Aufgabe aller unserer Sinne besteht darin, das Überleben in einer gegebenen Situation zu sichern. Die über die Rezeptoren aus der Umwelt eintreffenden Informationen sind eine entscheidende Voraussetzung für situationsangepaßtes Reagieren, Verhalten und Handeln. Zu den auditiven Informationsträgern gehören Geräusche und Laute jeder Art, zudem Sprache und Musik als spezifisch menschliche Lautgebungen.

Beim gewöhnlichen Hören wird auf direktem Weg über die Schallereignisse selbst auf deren Bedeutung zurückgeschlossen. Das sich schnell nähernde Geräusch eines Autos und der Sprung zur Seite sind ein typisches Beispiel für diese Hörform. Ein weiteres Beispiel ist die Möglichkeit, über den Tonfall auch in fremder Sprache geäußerte Gefühlsinhalte zumindest partiell zu verstehen (Hilferuf, Beschimpfung, Liebeserklärung).

Von anderer Qualität ist dagegen der Schall von Worten. Hier, beim sprachlichen Hören, werden die Schallereignisse nahezu ausschließlich in ihrer Funktion als Zeichenträger historisch gewachsener und konventionalisierter Bedeutungsinhalte aufgefaßt. Die Schallfolgen einer fremden Sprache ergeben dagegen keinen Sinn, weil nun, wie beim gewöhnlichen Hören, die Schallgestalten gegenüber den Bedeutungsinhalten (Diskursivität der Zeichen) im Vordergrund der Wahrnehmung stehen.

Wieder anders ist es bei Musik. Musikalisches Hören beruht auf einer Verbindung von gewöhnlichem und sprachlichem Hören. Die Qualität der Schallereignisse, ihre Instrumentalfarbe, die Art ihrer Erzeugung, ihre Lautstärke, ihr Geräusch- oder Toncharakter, ihre Zusammensetzung aus verschiedenen Tönen, ihr Konsonanz- oder Dissonanzgehalt und sogar ihr Gefühlspotential werden grundsätzlich nicht anders rezipiert als beim gewöhnlichen Hören. Hinzu kommt nun aber, daß der Hörer merkt, daß sowohl die Einzelklänge als auch deren Folgen künstlich zusammengestellt sind. Hinter dem musikalischen Schall wird deshalb stets ein planvolles, das heißt ästhetisches Handeln vermutet. In der hörenden Analyse von musikalischem Spiel und in der Deutung von dessen Sinngehalt ist die Parallele zum Verstehen von Sprache zu erkennen. Daß das verstehende Hören von Musik von konventionalisierten, im Traditionszusammenhang einer Kultur gewachsenen symbolischen Codes abhängt, bestätigt diese Parallele.

Nicht alle Schallereignisse der Umwelt können von unserem Gehör wahrgenommen und in Nervensignale umgesetzt werden. Voraussetzung für eine Gehörswahrnehmung sind eine bestimmte Frequenz, ein bestimmter Schalldruck und eine Mindestdauer. Das menschliche Hörfeld mit den für Sprache und Musik vornehmlich genutzten Frequenz- und Intensitätsbereichen läßt sich Abbildung 1 entnehmen. Schall jenseits von wenigstens 16 bis etwa 16 000 Hz (mit großen altersabhängigen Unterschieden) wird schon im äußeren Gehörgang weitgehend weggefiltert. Der Schalldruck muß oberhalb der Hörschwelle liegen. Er ist deutlich frequenzabhängig und beträgt in den Randbereichen der Frequenzwahrnehmung mehr als 0,2 Mikrobar bzw. 40 dB. Im optimalen Hörbereich zwischen 1000 und 5000 Hz genügen dagegen weniger als 0,0002 Mikrobar, um einen Höreindruck auszulösen. Die Fühlgrenze (auch Schmerzschwelle genannt) liegt frequenzabhängig zwischen 120 und 130 dB. Werden derartige Intensitäten über einen längeren

Zeitraum hinweg konstant beibehalten oder sogar überschritten, kann es schnell zu bleibenden Schädigungen des Gehörs kommen.

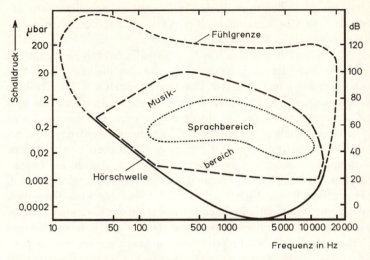

Abb. 1: Das menschliche Hörfeld mit den für Musik und Sprache vornehmlich genutzten Bereichen (nach Hesse in Altenmüller u. a. 1995, Sp. 1106)

Sprache (einschließlich ihrer Obertonstruktur) spielt sich so gut wie ausschließlich im mittleren Bereich des Hörfeldes ab. Musik nähert sich dagegen schon etwas mehr den Grenzbereichen. Die Grundtöne des modernen Flügels z. B. umfassen Frequenzen von 22,5 bis 4300 Hz. Und die Lautstärke eines Orchesters und/oder großen Chors im Fortissimo kann durchaus Werte nahe der Schmerzschwelle erreichen. Synthetisch erzeugte und elektroakustisch verstärkte Musik geht in vielen Darbietungssituationen über den in Abbildung 1 angeführten Musikbereich hinaus. Wiedergabe-Intensitäten nahe der Fühlgrenze sind keine Seltenheit.

Um ein Schallereignis hören zu können, ist bereits eine Signaldauer von acht Millisekunden ausreichend. Außerordentlich fein reagiert unser Gehör auch auf dynamische Veränderungen. Zusammen mit kleinsten Laufzeitdifferenzen (24 Mikrosekunden) zwischen den Ohren erlaubt das eine schnelle Lokalisation der Schallquelle. Dies ist für das gewöhnliche Hören und die Identifikation von Geräuschen von überlebenswichtiger Bedeutung.

Die Anatomie und Funktionsweise des Außen- und Mittelohrs sind gut erforscht; bezüglich der zentralen Verarbeitung ab dem Cortischen Organ im Innenohr gibt es jedoch noch Forschungsbedarf (dazu Altenmüller 1995; Plattig in Bruhn u.a. 1997). Äußeres Ohr, Mittelohr und Teile des Innenohrs transportieren die Schalldruckschwankungen der Außenwelt zum Cortischen Organ und den Hörzellen im inneren Ohr. Ohrmuschel und Hörgang lenken den Schall unter Verstärkung der Frequenzen des optimalen Hörbereichs auf das Trommelfell. Im Mittelohr werden die Schalldrucke um das gut 22fache (das entspricht 27 dB) verstärkt. Ein Druckausgleich bei zu starkem Schalldruck ist über die Eustachische Röhre (Verbindung vom Mittelohr zum Rachenraum) und dank zweier reflektorisch reagierender Muskeln im Mittelohr möglich. Insgesamt erfolgt im Außen- und Mittelohr eine Anpassung an den höheren Schallwellenwiderstand des mit Flüssigkeit gefüllten Innenohrs. Dieses besteht aus Hörschnecke (Cochlea) und Vestibularapparat. Die Hörschnecke weist ca. 2½ Windungen auf und ist vom Mittelohr durch das ovale und runde Fenster abgetrennt.

Auf der nur etwa 32 mm langen Basilarmembran der Scala media des Innenohres verursachen die zu Wanderwellen transformierten Druckschwankungen je nach ihrer Frequenz eine maximale Ausbauchung an einem bestimmten Ort: die längeren Wellen (tiefe Frequenzen) mehr in Nähe der Schneckenspitze (Helicotrema), die kürzeren Wellen (hohe Frequenzen) näher am ovalen Fenster zu Beginn des Innenohrs (s. Abbildung 2).

Zwischen Basilarmembran und Reißnerischer Membran liegt das nach dem Anatom Alfonso Marchese Corti (1822–1888) benannte Cortische Organ. Es setzt sich aus etwa 3500 inneren und 12 000 äußeren Haarzellen mit jeweils bis zu 100 Stereocilien (Hörhärchen) zusammen. Durch mechanische Auslenkung dieser Stereocilien an den Bauchungsmaxima der Basilarmembran werden neuronale Aktionspotentiale freigesetzt. Dies geschieht nach dem Alles-oder-nichts-Gesetz; aus qualitativ-analoger Information wird ein durch neuronale Entladungen weitergeleiteter Informationscode. Die im Außen- und Innenohr auf kleinstem Raum ablau-

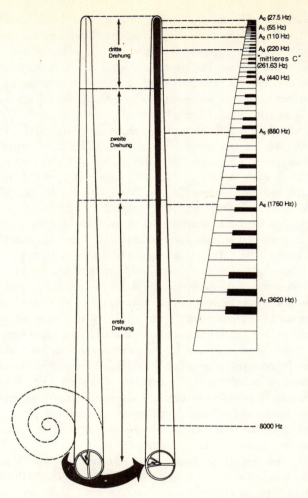

Abb. 2: Ort der maximalen Ausbauchung auf der Basilarmembran in Abhängigkeit von der Frequenz (nach Lindsay u. Norman 1981, S. 106)

fende Mechanik hat die Qualität eines Präzisionsinstruments. Durch lange und überlaute Beschallung (in Rockkonzerten, über Walkman, auf belebten Großstadtplätzen) läuft es Gefahr, überlastet werden. Die Folge sind dauerhafte Hörschäden. Wer gerne Musik hört und sich wissenschaftlich mit ihr auseinandersetzen will, sollte seinem Gehör nach Möglichkeit nicht allzuviel zumuten.

Die neuronalen Ströme kreuzen auf dem Weg von der Cochlea bis zur Hörrinde (Hörcortex) mehrere zentrale Schaltstellen (s. Abbildung 3). Die aufsteigenden (afferenten) und absteigenden (efferenten) Bahnen des Nervus acusticus sind außerordentlich komplex. Die in den verschiedenen Schaltstellen (Nuclei) stattfindenden Verarbeitungsschritte konnten bislang nur zum Teil geklärt werden. Soviel aber ist gewiß: Für das Entstehen von Wahrnehmungsinhalten sind die folgenden fünf Eigenschaften von Umweltreizen wichtig, nämlich Modalität (z.B. optisch, akustisch), Qualität (Tonhöhe, Klangfarbe), Intensität (Reizstärke), Zeitstruktur (Anfang und Ende eines Reizes) und Ort (Lokalisation im Raum). Die Verarbeitung von Umweltinformationen im Gehirn erfolgt auf dreierlei Weise: zusammenfassend (konvergent) als Mischung unterschiedlicher Informationen, parallel auf getrennten Bahnen und zerlegend (divergent) in unterschiedlichen Stationen des Gehirns durch Aufspaltung von ursprünglicher Information zur Schaffung von neuen Inhalten. Vor allem die auf Zerlegung und Ergänzung beruhenden Verarbeitungsschritte sind beeindruckend. Rein quantitativ werden sie belegt durch die Tatsache, daß den etwa 7000 inneren Haarzellen der Cortischen Organe beider Ohren gut 100 Milliarden zentrale Neuronen in der linken und rechten Hemisphäre zur Weiterverarbeitung von auditiven Signalen gegenüberstehen.

Die vorverarbeiteten akustischen Informationen werden nicht nur über den Nervus acusticus weitergeleitet. Vom Colliculus inferior (unterer Teil der Vierhügelregion) führen z.B. Verbindungen zum Kleinhirn (Auslösung von Reflexen) und zum Sehnerv. Das erlaubt die Abgleichung mit Informationen des visuellen Systems. Auch im Corpus geniculatum des Zwischenhirns treffen Signale von Auge und Ohr zusammen. Von hier aus werden die Erregungen ohnehin nicht nur in den Hörcortex projiziert, sondern auch in

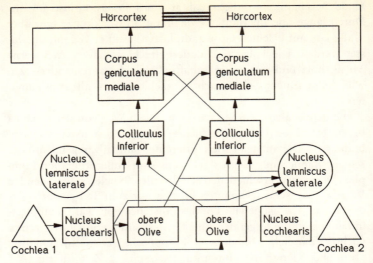

Abb. 3: Schematische Darstellung der aufsteigenden Hörbahn vom Cortischen Organ der Cochlea bis zur Hörrinde (nach Terhardt 1998, S. 54)

verschiedene Assoziationsfelder. Emotionale Bewertung, allgemeine Aufmerksamkeitsaktivierung, Steuerung von vegetativen Effekten und die Intermodalität akustischer Wahrnehmung (bildhafte Vorstellungen, Auslösung von Assoziationen und Emotionen beim Musikhören) hat in derartigen neuronalen Querverbindungen ihre physiologische Begründung.

Es zeigt sich also, daß die anatomisch und funktional eng miteinander verbundenen Teilbereiche von Hirnstamm, Mittelhirn, Zwischenhirn und Cortex wie ein wechselseitig aufeinander abgestimmtes System arbeiten. Die frühere Annahme einer Hierarchie von niederen zu höheren Verarbeitungszentren ist nicht mehr haltbar. Generell leiten nicht nur aufsteigende Nervenbahnen Signale an höhere Areale weiter, sondern umgekehrt auch absteigende Bahnen bis in die Regionen des Hirnstamms. Auf diese Weise können Gedächtnisinhalte und Gefühle die Verarbeitungsschritte in den unteren, weder bewußtseinsfähigen noch bewußtseinspflichtigen Verarbeitungszentren überlagern bzw. modellieren. Die Aufmerksamkeitslenkung oder Informationsauswahl nach Kriterien von Wichtigkeit und Bekanntheitsgrad bis hin zum Phänomen des Zurechthörens von Musik findet hier ihre Erklärung. Musikalische Wahrnehmung ist, wie Wahrnehmung generell, kein Eins-zu-eins-Abbild von Wirklichkeit, sondern immer eine aktive Konstruktionsleistung des Gehirns.

Natürlich wissen die Komponisten von der Interdependenz der verschiedenen Wahrnehmungsebenen. Im Fall des *Deutschen Miserere* von Paul Dessau (1894–1979) und Bertolt Brecht (1898–1956) wird von vornherein mit verschiedenen Codes gearbeitet: Musik, Wortsprache und Bild treten ins Verhältnis. In Nr. 9 des II. Teils (*Kriegsfibel*) wird auf einer Leinwand das Pressefoto einer Exekution gezeigt (s. Abbildung 4).

Abb. 4: Pressefoto (ca. 1940) zu Nr. 9 aus *Deutsches Miserere* von Paul Dessau und Bertolt Brecht (nach Dessau 1979, Aufführungsmaterial)

So haben *wir* ihn an die Wand gestellt:
Mensch unsresgleichen, einer Mutter Sohn
Ihn umzubringen. Und damit die Welt
Es wisse, machten *wir* ein Bild davon.

Abb. 5: Partitur von Nr. 9 aus *Deutsches Miserere*, 2. Teil, von Paul Dessau und Bertolt Brecht (nach Dessau 1979, S. 112 u. 113)

Aus der Bildlegende erfahren wir, daß der Delinquent ein Franzose war, der von Deutschen erschossen wurde. («The Germans were ‹kind› to this Frenchman. They blindfolded him before he was shot.») Der von Brecht gedichtete Vierzeiler drückt ein besonderes Verhältnis gegenüber dem Bild aus («... haben *wir* ihn...»; «... machten *wir* ein Bild...»).

Der Betrachter des Bildes fühlt sich in das ‹wir› einbezogen. Brechts Verse lassen an die typische Situation von Soldatentreffen denken, bei denen anhand von Erinnerungsfotos Kriegserlebnisse ausgetauscht werden. Dem Dichter erscheint an dem Bild die Tatsache, daß es ‹geschossen› wurde, noch ungeheuerlicher als der Tötungsakt selbst.

Die Musik (s. Abbildung 5) reagiert auf das Bild so ähnlich wie der Text. Entgegen dem handlungsintensiven Bildinhalt (die bevorstehende Erschießung) verhält sich die Musik ganz passiv. Die sechs Instrumente (zwei Trompeten, drei Posaunen und eine Baßtuba) spielen durchgängig *piano*, zeigen kaum rhythmische Bewegung und beschränken sich auf wenige Akkorde (Mischdreiklänge aus Dur und Moll mit dissonantem viertem Ton). Auch der tiefliegende Männerchor, der den Text zwar gedehnt, aber mit richtigen Betonungen realisiert, ist leise, ruhig, homorhythmisch (Note-gegen-Note-Satz) und paßt sich dem tiefen Blechbläsersatz an.

Die Wahrnehmung des Hörers wird durch das visuell vermittelte Bild insofern gelenkt, als das militärische Ambiente den immer wieder einsetzenden Ton der Trompeten (sie spielen im ganzen Stück nur den Ton *des*) als Überbleibsel eines Signals zu erkennen gibt. Schließlich ist die Trompete das konventionelle Instrument für militärische Signale; die akzentuierte Spielweise ([<]) setzt es von den tieferen Bläsern ab. Andererseits wird die Exekutionsszene durch Musik und Text in eine Gedächtnisszene trauriger Grundstimmung umgewandelt. Dem kollektiven ‹wir› kommt der Komponist durch den kollektiven Chorgesang nach, wobei durch die Wahl von tiefen Männerstimmen auf die Klasse der Soldaten angespielt wird. Die Vorgänge in der Musik, die wir hörend nachvollziehen, sind höchst subtil, aber doch ganz deutlich. Wenn sich der Hörer auf die Ebene der feinen Unterschiede einläßt, wird er die einzige dynamische Abweichung in der Stimme der Trompeten wahrnehmen, die gerade bei dem Wort «umbringen» ins *mfp* wechseln. Überhaupt hinterläßt der Trompetenton wegen seiner beharrlichen Wiederholung eine Spur im Unterbewußtsein, die dort (etwa durch tiefenpsychologische Analyse) als Angstspur vor der Gewehrkugel, die den Delinquenten treffen wird, zu identifizieren wäre.

Musikhören und Musikverstehen sind diesen neurophysiologischen Befunden zufolge keineswegs allein gekoppelt an das formal-syntaktische Zur-Kenntnis-Nehmen musikalischer Strukturen. Nur in besonderen Fällen ist der Umgang mit Musik für den Hörenden ausschließlich analytisch-kognitiv begründet. Strukturell-analytische, emotionale, assoziative, motorische und vegetative Hörweisen ergeben im direkten Zusammenspiel eine vieldimensionale Matrix von Verstehenszusammenhängen. Gerade das macht den Reiz des Musikhörens aus. Die verschiedenen Hörweisen entsprechen der Intermodalität von Wahrnehmung und der Funktionalisierung von Musik im Hinblick auf die eigene Bedürfnislage. Sie ergänzen sich zu einer Art Hörkonzept, in dem persönliche Vorlieben und musikalischer Kenntnisstand (Erfahrungsinventar) zusammenwirken. Das Hörkonzept führt zu einem Musikerleben, das der jeweiligen allgemeinen Situation und der persönlichen Befindlichkeit gerecht wird. Schon ein kleiner Versuch zeigt, was das konkret meint. Sechzig Personen, die noch nie japanische Palastmusik gehört hatten, bekamen ohne irgendeine Vorabinformation einen dreiminütigen Ausschnitt aus dieser Musik vorgespielt. Sie wurden gebeten, alles aufzuschreiben, was sie beim Anhören empfanden, assoziiert, gedacht hatten. Da stand dann zu lesen:

> Heiligen Kühen den Bauch aufschneiden – Zähes Harz fließt aus der Wunde eines Baumes – Elefant, der schwankt, denn er langweilt sich, weil er angebunden ist – Afrika und Dschungel: unheimlich – Stereo, modern: Spiel mir das Lied vom Tod – Wüste heiß und sandig, Musik nervt – Moderne Musik, wie Cage, Stockhausen, Ligeti.

Diese verschiedenen, überwiegend bildhaften Assoziationen sagen viel über den Erfahrungshorizont und das Musikkonzept einer jeden der befragten Personen aus, aber kaum etwas über die Musik und das, was sie für jemanden bedeutet, der mit der Tradition von japanischer Palastmusik vertraut ist. Palastmusik wird «Gagaku» genannt, und das heißt wörtlich: feine, elegante Musik.

Wer ist musikalisch?

Nach landläufiger Meinung gibt es musikalische und unmusikalische Menschen. Jeder glaubt zu wissen, worin das Wesen von Musikalität besteht und wer in seinem Bekanntenkreis musikalisch oder unmusikalisch ist. Bei einer Umfrage unter 100 Personen verschiedenen Alters, Geschlechts und Berufs gab es allerdings recht unterschiedliche Antworten auf die Frage: «Was verstehen Sie unter Musikalität?» Ein gutes Drittel der Befragten verband mit dem Begriff sehr allgemeine musikbezogene Verhaltensweisen wie Interesse und Freude an Musik oder ein Gefühl für bzw. Verständnis gegenüber Musik. Ein weiteres Drittel nannte die Fähigkeit, sehr genau und differenziert hören zu können und formale Strukturen, instrumentale Sounds, harmonische oder rhythmische Eigenheiten zu erfassen. Für 14 Prozent war Musikalität gleichbedeutend mit instrumentalem und vokalem Können, knapp zehn Prozent waren der Ansicht, musikalische Menschen müßten sich mit und durch Musik ausdrücken können, und acht Prozent meinten, Musikalität zeige sich in der Fähigkeit, musikalische Eindrücke in Bewegung, Bilder, Sprache umzusetzen.

Alle diese Ansichten sind richtig. Der Begriff Musikalität umfaßt sehr unterschiedliche Dimensionen. Er ist ein gedankliches Konstrukt mit einem Kontinuum an Ausprägungsgraden und Abstufungen vom Hochbegabten bis zum Unmusikalischen. Vor allem aber ist er gebunden an die jeweiligen, in einer Kultur und historischen Zeit vorherrschenden Auffassungen darüber, was gute Musik sei. Wer nach den Maßstäben von westeuropäischer Hochkultur als musikalisch gilt, muß dies nicht auch zwangsläufig im Hinblick auf eine andere Musikkultur sein. Grundlegende Unterschiede bezüglich der Tonsysteme, der Melodiebildung, der rhythmischen und harmonischen Strukturen, der Klangfarben und Spielweisen lassen den innerhalb einer Gesellschaft sanktionierten Musikalitätsbegriff in einem jeweils anderen Licht erscheinen.

Musikverständnis und Musikalität sind zwei voneinander abhängige und aufeinander bezogene Größen. Sie werden zusätzlich relativiert durch die Rolle, die eine Person in der musikalischen Praxis übernimmt. Hat man den professionellen Konzertmusiker im Sinn, so sind hier zum Teil durchaus andere Komponenten von

Musikalität entscheidend als bei einem Rockmusiker oder Jazzer oder gar bei einem Musikkritiker, ganz zu schweigen von dem Mitglied eines Laienchors und dem Drummer einer Schülerband.

Das läßt sich beispielhaft an der Differenz zwischen dem abendländischen und dem schwarzafrikanischen Musikidiom verdeutlichen. Ist die abendländische, seit dem 12. Jahrhundert in zunehmendem Umfang notenschriftlich festgehaltene Musik geprägt durch rational begründbare Kompositionsregeln, die dem Melodieverlauf, den Harmoniefolgen und der Strukturierung von Zeitgestalten in Takteinheiten zugrunde liegen, so beruht das Wesen der ausschließlich mündlich überlieferten schwarzafrikanischen Musik auf spontaner Kundgabe und Improvisation unter Berücksichtigung von rhythmischen und motivischen Einheiten (Patterns). Spontaneität zeigt sich natürlich auch in der abendländischen (komponierten) Musik, wo sie als unverzichtbare Komponente einer guten Interpretation gefordert wird. Die Komponisten der sogenannten E-Musik rechnen bei aller Konzept- und Theoriehaltigkeit ihrer Werke mit ausführenden Musikern, die durch agogisch freies Spiel, sensible Anschlags- oder Ansatzdifferenzierung und sogar Modifikationen der (temperierten) Tonhöhen die Partituren beleben und damit jeder neuen Aufführung eines Stücks unverwechselbare Individualität verleihen.

Tendiert die abendländische Musik in ihren hochkulturellen Segmenten zur Normierung und Standardisierung von Klängen, Rhythmen und formalen Strukturen (wobei ‹große› Musik sich durch Verletzung und Innovation der Normen auszeichnet), so sind in schwarzafrikanischer Musik persönlicher, emotional aufgeladener Ausdruck und ein körperbezogener, tanznaher Rhythmus von entscheidender Bedeutung. In Blues, Gospel und Spiritual als Prototypen dieser anderen Musiksprache der Afrikaner im weißen Amerika finden sich Spontaneität und Individualität des Ausdrucks, rhythmisch-motorische Direktheit und emotionale Kundgabe wieder, und von dort haben diese musikalischen Merkmale den Rhythm and Blues, den Jazz und Rock 'n' Roll, den Beat, Rock und Pop beinflußt. Aus diesen unterschiedlichen Musikstilen ergeben sich geradezu zwangsläufig verschiedene Anforderungen an alle diejenigen, die Musik ausüben, mit ihr umgehen und sie rezipieren. Diese Anforderungen werden, sobald sie in einer Gesellschaft akzeptiert sind, zu Bestandteilen des jeweils gültigen und für die Musikausbildung verbindlichen Musikalitätsbegriffs.

Zu fragen bleibt allerdings, ob es nicht aller soziokulturellen Relativität zum Trotz auch interkulturell konstante Aspekte des Musikalitätsbegriffs gibt. Hier sind vor allem gestaltpsychologische Prinzipien der Wahrnehmung zu nennen, die beim Musikhören – gleich welchen Stils und welcher Herkunft – von universeller Bedeutung sind. Dazu zählen das Gesetz der Nähe (räumlich bzw. zeitlich benachbarte Töne ergeben ein Motiv), der Geschlossenheit (Kontinuität eines Motivs), der Ähnlichkeit (Schallereignisse mit vergleichbaren Merkmalen wie z. B. gezupfte Töne eines Kontrabasses oder Schläge auf eine Pauke werden zu einer Gruppe zusammengeschlossen), der guten Fortschreitung (erwartete Veränderung von Tonhöhen oder Akkorden) sowie des gemeinsamen ‹Schicksals› (gleichzeitiger Einsatz bzw. gleichzeitiges Verklingen führt zu einem Gruppierungseffekt). Der Weg zum beziehenden Hören, wie es der Musiktheoretiker Hugo Riemann wiederholt beschrieben hat, ist von diesen als biogene Universalien geltenden Gesetzen der Gestaltpsychologie nicht weit. Allerdings müssen derartige Gesetzmäßigkeiten durchaus in Bezug zu den kulturspezifischen Regeln musikstruktureller Gestaltung gesehen werden.

Universalien der Gestaltung und Wahrnehmung von Schallereignissen geben dem Musikalitätsbegriff jenseits aller Relativität eine interkulturelle Tiefendimension. Zudem korreliert er mit dem in der Psychologie gängigen Begabungsbegriff. Er besagt, daß bei begabten Personen Leistungen in einem speziellen Handlungsfeld auffallend früher, schneller und ausdauernder erbracht werden als beim Durchschnitt der Bevölkerung. Langzeitstudien mit Hochbegabten haben ergeben, daß neben musikspezifischen Fähigkeiten auch allgemeine Eigenschaften wie Beharrlichkeit bei der Durchführung von Aufgaben und ein starkes Selbstbewußtsein von entscheidender Bedeutung für außergewöhnlichen Erfolg sind. Alle diese Fähigkeiten kulminieren in der Motivation zu musikbezogenem Handeln.

Neuere, sogenannte interaktionistische Ansätze betonen die Vieldimensionalität des Begabungskonzepts. Personabhängige Anlagen wie Intelligenz, Kreativitätspotential, Operationalisierungsvermögen bei der Lösung von komplexen Aufgaben, aber auch

Körperbau und feinmotorische Veranlagung (wichtig für Gesang und Instrumentalspiel) führen in Interaktion mit Familie, Schule, Freundeskreis zum Erfolg. War man früher der Ansicht, daß das Individuum den sozialisatorischen Instanzen seiner Umwelt hochgradig ausgeliefert ist und seine Handlungsstrategien primär auf Umweltanpassung ausgerichtet sind, so geht man jetzt davon aus, daß Individuum und Umwelt in einem «interaktiven Passungsverhältnis» zueinander stehen (s. dazu Scarr u. McCartney 1983). Dabei unterschiedet man entsprechend der unterschiedlichen Veranlagungshöhen zwischen drei Arten der Person-Umwelt-Interaktion: der passiven (Übernahme eines von Eltern oder Lehrern bereitgestellten Angebots), der evokativen (Lenkung von Umweltangeboten durch eigenes Verhalten) und der aktiven (Individuen suchen sich selbst die zu ihnen passenden Umwelten aus). Gerade das Ausmaß aktiver Selektion und Umgestaltung von Umweltangeboten ist ein wichtiger Indikator für genetisch vorgegebene Begabungshöhe. Wie der Entwicklungspsychologe Rolf Oerter (1992) am Beispiel des musikalischen Werdegangs von Johann Sebastian Bach überzeugend nachgewiesen hat, verarbeiten Hochbegabte Informationen aus ihrer Umwelt in anderer und effizienterer Weise als weniger Begabte. Auch das Wunderkind-Phänomen hat hierin seinen Ursprung.

Musikalität und musikalische Hochbegabung werden gern mit dem Begriff der Kreativität in Verbindung gebracht. Der Versuch, kreativitätsfördernde Komponenten systematisch zu erfassen, erbrachte eine Fülle von Variablen. Neben Kognition (Aktualisierung von Wissen) und Gedächtnis (dauerhafte Speicherung vergangener Wahrnehmung) gelten divergentes Denken (vor allem durch das Oszillieren zwischen bewußten und nicht-bewußten Bereichen der Psyche) und allgemeine Problemsensitivität als wichtige Voraussetzungen für kreatives Handeln. Die weitverbreitete Ansicht, kreative Begabung und Musikalität seien angeboren, entspricht nicht den Tatsachen. Nur in Verbindung mit harter und kontinuierlicher Arbeit führt eine schöpferische Veranlagung auch zum Erfolg.

Sicher wäre es verfehlt, Musikalität als Synonym für musikalische Hochbegabung zu verstehen. Sonderbegabungen wie Komponisten von der Bedeutung eines Bach, Mozart, Beethoven, Mahler oder Musiker wie Elvis Presley, die Beatles und Miles Davis entziehen sich einer Definition durch den allgemeinen Musikalitätsbegriff. Was nun aber mit einer normalen musikalischen Veranlagung geschieht, ob sie verkümmert oder zu Musikalität führt, ist vor allem eine Frage der persönlichen Biographie. Ob Musik im Elternhaus eine Rolle spielt oder nicht, ob Musikhören und Musikmachen mit Prestigegewinn belohnt werden oder nicht, ob das Interesse für Musik und der Umgang mit Musik durch allgemeinschulischen und privaten Unterricht gefördert werden oder nicht – das sind nur einige von vielen musikbezogenen und lernabhängigen Sozialisationsfaktoren auf dem Weg zur Musikalität.

Bekannt ist, daß bestimmte musikalische Fähigkeiten besonders gut in der Kindheit erlernt werden können. Dazu gehören Gesang und Grundlagen des Instrumentalspiels ebenso wie die Ausbildung des absoluten Gehörs. Wichtiger als das absolute Gehör ist jedoch die Fähigkeit, Relationen zwischen Klängen und Tönen (Intervalle) zu erfassen und ein musikalisches Gedächtnis (Melodie- und Rhythmusgedächtnis) zu entwickeln. Wer nicht zeitig mit dem Training beginnt, hat häufig Schwierigkeiten, derartige Grundlagen im fortgeschrittenen Alter nachzuholen. Die Situation ist hier durchaus mit der im Leistungssport vergleichbar.

Die Ergebnisse der zu Beginn dieses Abschnitts erwähnten Umfrage bestätigen aus alltagspsychologischer Sicht, daß sich zumindest ein offener und umfassender Musikalitätsbegriff der wissenschaftlichen Operationalisierung nach wie vor weitgehend widersetzt. Entscheidend für einen offenen Musikalitätsbegriff ist der kreativ-aktive Umgang mit Musik: das Entwickeln von Gefühl und Verständnis für Musik und die Neugier auf immer wieder neue musikalische Klänge, die Fähigkeit, Musik in Bilder, Sprache oder Bewegung umzusetzen und vor allem das eigene Musikmachen mit der Stimme, am Instrument oder am Computer. In bezug auf einen derart umfassenden Musikalitätsbegriff kann es dann sogar zu der paradoxen Situation kommen, daß jemand, der ein Musikinstrument technisch virtuos zu spielen gelernt hat, dennoch von den Fachkollegen als unmusikalisch bezeichnet wird.

Was bedeutet Musik für uns?

Zu allen Zeiten und in allen Ethnien ist Musik von besonderer Bedeutung für die Menschen gewesen. Übermenschliche Kraft und menschliche Faszination werden der Musik in den vielen antiken Entstehungsmythen zugeordnet. So war es z. B. bei den Sumerern der Wanderer Gilgamesch, der mit seinen Trommeln Ober- und Unterwelt zu erreichen suchte, bei den Griechen Orpheus mit seiner Leier und bei den Chinesen Gu Pa mit seiner Zither. Deren Musik übte magische Gewalt nicht nur auf Mensch und Tier, sondern auch auf die Seelen der Verstorbenen und sogar auf die Götter aus.

Menschliches Zusammenleben ohne Musik gibt es nicht und scheint es auch nie gegeben zu haben. Zu jeder Zeit hat Musik für die kulturelle Evolution gesellschaftsschaffende und -begleitende Funktion gehabt. Der Musikforscher Wolfgang Suppan hat das in seinem Buch *Der musizierende Mensch. Eine Anthropologie der Musik* (1984) folgendermaßen zusammengefaßt: «Die biologische Disposition zum Musikgebrauch in entscheidenden Phasen des menschlichen Zusammenlebens ist in allen Gesellschaften dieser Erde [...] in derselben Weise gegeben, doch hat die Fülle unterschiedlicher kultureller Evolutionen diese Disposition jeweils anders genutzt» (S. 180). Man kann also Musik der verschiedensten Erscheinungsformen durchaus als klingendes Alphabet der Gesellschaft bezeichnen – vorausgesetzt, man ist in der Lage, die vielschichtig-komplexen Bedeutungsebenen dieses klingenden Alphabets zu entschlüsseln.

Der Musikwissenschaftler Georg Knepler hat in den 1970er Jahren darauf aufmerksam gemacht, daß die Menschheitsgeschichte durch zwei entscheidende Entwicklungszüge geprägt ist: die Ausbildung interner kognitiver Strukturen, um dem Ansturm neuer, unbekannter Objekte, Situationen und Handlungen gewachsen zu sein, und die Schaffung interner emotionaler Strukturen, um den sich daraus ergebenden psychischen Anforderungen standhalten zu können. Damit Verständigung und Austausch über diese internen kognitiven sowie emotionalen Strukturen möglich sind, gibt es zwei zwar unterschiedliche, einander aber durchaus ergänzende akustische Kommunikationssysteme. Erstens die Sprache, die relativ frei von Emotionalität als brauchbares Verständigungssystem für den kognitiven Bereich zur Verfügung steht, und zweitens die Musik, von der vor allem die durch Sprache nicht zu leistenden Mitteilungen über emotionale Zustände hörbar gemacht werden können (vgl. Knepler 1982, S. 36f).

Alles deutet darauf hin, daß Musik ein (über-)lebensnotwendiger Gebrauchsgegenstand des menschlichen Daseins ist. Sie kann sehr wohl Luxus sein, hat aber nur in besonderen Fällen ausschließlich Luxusfunktion. Aus vergleichend-musikethnologischer Sicht benennt Alan P. Merriam in seiner Musikanthropologie zehn Gründe dafür, warum Menschen Musik brauchen: emotionaler Ausdruck – ästhetischer Genuß – Unterhaltung – Kommunikation – symbolische Repräsentation – physische Reaktion – soziale Normierung – rituelle und institutionelle Überhöhung – kulturelle Stabilität und Kontinuität – Integration in gesellschaftliche Gruppenprozesse.

Einige dieser von Merriam als Hauptfunktionen bezeichneten Kriterien decken sich mit den verschiedenen wissenschaftlich ausgerichteten Ursprungstheorien zur Musik, die im 19. und zu Beginn des 20. Jahrhunderts formuliert worden sind. Der englische Philosoph und Sprachforscher Herbert Spencer (1820–1903) vertrat die Ansicht, Musik habe sich aus der Sprache entwickelt. Mit zunehmender emotionaler Erregung verändere sich der Sprachton und führe zur Ausbildung von unterschiedlichen Tonhöhen und Tondauern im Sinne von Musik. Der Evolutionsbiologe Charles Darwin (1809–1882) engte die Theorie auf die Funktion der Lieseswerbung ein: Töne und Rhythmen seien ursprünglich verwendet worden, um einen Reiz auf das andere Geschlecht auszuüben (1871, II, S. 358). Karl Groos (1861–1946) modifizierte die ‹Überschußtheorie› Herbert Spencers und begründete damit eine heute wieder zunehmend aktuell gewordene Spieltheorie: Musik sei ein Ergebnis des menschlichen Spieltriebs und seines Verlangens nach spielerischer Gestaltung. In der Urschreitheorie des Wiener Musikwissenschaftlers Robert Lach (1874–1958) wurde der Aspekt der Gestaltung zum tragenden Moment. Durch Gestaltung werde ein emotionales Schlüsselerlebnis für den einzelnen erträglich und für die anderen mitteilbar gemacht. In vielen Ursprungstheorien wird darüber hinaus sehr dezidiert auf Magie, Kult und Ritual als auslösendes Moment für Musik verwiesen. Daß Musik aus dem Arbeitsrhythmus entstanden sei, glaubte der Ökonom Karl Bücher (1847–1930) belegen zu können.

Eine Bündelung der verschiedenen Theorien, Bedürfnisse und Funktionen mit Blick auf die soziokulturellen Gegebenheiten im Europa der Neuzeit hat der Soziologe Max Weber (1864–1920) vorgeschlagen. Er unterscheidet zwischen vier Primärfunktionen: affektbestimmten, emotionalen Funktionen (psychische Resonanz, Projektion oder Abreaktion von Gefühlen), traditionsbezogenen Funktionen (rituell, geschichtsbezogen, überliefernd), wertabhängigen Funktionen (gute – schlechte, anspruchsvolle – triviale, unterhaltende – ernste Musik) und zweckrationalen Funktionen (politisch, wirtschaftlich, erzieherisch, ideologisch).

Jede Musik, die erklingt, hat Funktionen und erfüllt Funktionen, auch die sogenannte absolute Kunstmusik. Unterschieden werden muß aber zwischen drei Ebenen der Funktionalität. Die hat der Musikhistoriker Hans-Heinrich Eggebrecht 1973 folgendermaßen umschrieben: musikimmanente Funktionsebene, d. h. das Funktionieren der musikalischen Strukturen; Ebene der intendierten Funktionen, d. h. ihre Zweckbestimmung durch die Produzenten (Komponisten, Musiker) und Vermarkter bzw. Vermittler; schließlich die Ebene der Rezeption: Hier geht es um die beim Musikhören nun tatsächlich verwirklichten Funktionen. Betrachtet man allein diese dritte, rezeptionspsychologische Funktionsebene, dann bietet sich die Unterteilung in einen gesellschaftlich-kommunikativen und einen individuell-psychischen Funktionsfächer an. Ausschlaggebend für die gesellschaftlich-kommunikativen Funktionen sind soziale Normen und Traditionen; die individuelle Aneignung von Musik erfolgt hier im Kontext eines gesellschaftlich sanktionierten Regelsystems. Die individuell-psychischen Funktionen dagegen werden primär durch die Aneignung im Hinblick auf die eigene psychische Bedürfnislage geprägt.

Zum gesellschaftlich-kommunikativen Fächer gehören vor allem die folgenden Funktionen: Ausdruck der religiösen Transzendenz (Kirchenmusik); Repräsentation und Glorifizierung (Militärmusik); Gestaltung von Festen (Musik als akustisches Ornament für die besonderen Ereignisse des Lebens); Bewegungsaktivierung und -koordination (Tanz); Gruppenstabilisierung (Nationalhymne als Symbol einer Nation); Erziehung (Schulkantaten, Etüden); Gesellschaftskritik (Musik als Bollwerk gegen Krieg); Verständigung (Musik als Metasprache und als Vorschein des Friedens); Kontaktsuche (sich mit Musik näher kommen) und schließlich die Selbstverwirklichung innerhalb einer Gruppe von Gleichgesinnten.

Der individuell-psychische Funktionsfächer setzt sich vornehmlich aus den folgenden Teilaspekten zusammen: emotionale Kompensation (Projektion oder Abreaktion von Gefühlen); Einsamkeitsüberbrückung; Konfliktbewältigung (Streßabbau durch Musik); Entspannung (Musik zum Einschlafen); Aktivierung (Musik als psychisches Stimulanzmittel); Unterhaltung (Spaß bzw. Lustgewinn durch Musik) und ästhetische Befriedigung.

Die zwangsweisen und geheimen Wirkungen von Musik – bis hin zum Topos von Musik als Droge – werden meist überschätzt. Die Wirksamkeit von funktionaler Musik z. B. (Musik im Kaufhaus, am Arbeitsplatz, in der Werbung, beim Autofahren) läßt sich in wissenschaftlichen Untersuchungen nur sehr bedingt nachweisen, wie man den neueren und neuesten Arbeiten zur Angewandten Musikpsychologie bündig entnehmen kann (im Überblick: Rösing in Rösing und Bruhn 1997). In der Musiktherapie als einer weiteren wichtigen Disziplin der Angewandten Musikpsychologie hat diese Einsicht zu einer Schwerpunktverlagerung von den rezeptiven zu aktiven Behandlungsmethoden geführt.

Allgemeine Aussagen über Bedeutung und Funktion von Musik können notgedrungen nur abstrakt und modellhaft sein. Ihre Konkretion ist immer gebunden an reale musikalische Situationen und Handlungen. Eine Präzisierung im Hinblick auf Rockmusik-Liebhaber bringen die Untersuchungen des Musikpädagogen Roland Hafen (zuletzt: 1998). Hier wird – ebenfalls auf der Grundlage von umfangreichen Befragungen vor und nach dem Rockevent – eine Analyse des Rezeptionsverhaltens vorgenommen. Dabei stellt sich heraus, daß es sowohl psychophysiologische wie sozialpsychologische Wirkungen sind, die zum Besuch eines Rockkonzerts motivieren. Sie decken sich im wesentlichen mit den zuvor erwähnten individuell-psychischen und gesellschaftlich-kommunikativen Funktionen. Zum psychophysiologischen Funktionsfeld gehören vor allem Qualität und Intensität des Körpergefühls gemäß der Maxime «Das Glück ist körperlich». Es umfaßt das Verlangen nach Rhythmus, Sound und Lautstärke, das Spiel mit dem Körper, den Wunsch nach Nähe («ein Bad in der Menge nehmen») und die körperliche Verausgabung bis zur Erschöpfung. Das sozialpsychologische Funktionsfeld wird abgesteckt durch die Demonstration von Haltungen (u. a. durch Bekleidung und Accessoires), das Artikulieren von Einstellungen (Rock als Lebensgefühl) und das Verlangen nach Atmosphäre und Authentizität (Echtheit der Botschaft). Derartige Ergebnisse zeigen, daß die Funktionen und Wirkungen von Musik abhängig sind von der Art der Musik, von dem Darbietungsrahmen bzw. der Situation, in der sie erklingt, und von der Bedürfnislage der Personen, die die Musik immer schon mit bestimmten Erwartungen hören.

Bei Befragungen über Funktionen von Lautsprechermusik rücken die individuell-psychischen gegenüber den gesellschaftlich-kommunikativen Faktoren nachweislich in den Vordergrund. Musik wird hier z. B. zur Stimulation und Aktivation während der Verrichtung anderer Tätigkeiten (Funktionalitätsaspekt) genutzt, zur Überbrückung von Gefühlen der Einsamkeit und Leere (parasozialer Kontakt), zur emotionalen Kompensation (Stimmungskontrolle), zur Unterhaltung und Entspannung (Evozieren von Assoziationen und Bildwelten) oder auch einfach nur als akustische Hintergrundkulisse zum Übertönen von Störgeräuschen.

Bewußte und auf die eigenen Bedürfnisse zugeschnittene Funktionalisierungen von Musik sind ein typisches Merkmal der gegenwärtigen Erlebnisgesellschaft. Diesen Bedürfnissen kommen die technischen Medien mit ihrem Überangebot an Musik sehr entgegen. Generell wird mit Musik und musikbezogenen Aktivitäten, vor allem mit dem Bekenntnis zur Lieblingsmusik, ein Bereich von individueller Lebensweltkonstruktion verwirklicht.

Der Soziologe Gerhard Schulze hat die kaum noch überschaubaren (musikalischen) Teil- und Subkulturen der westlichen Welt in drei alltagsästhetischen Schemata zusammengefaßt, die sich – so seine Interpretation – nach wie vor hinter einer «immer chaotischer wirkenden Oberfläche von ständig neuen Erlebnisangeboten verbergen» (1992, S. 69). Jedes Schema wird definiert durch die Kategorien Genuß, Distinktion (Abgrenzung) und Lebensphilosophie. Das Hochkulturschema mit der Vorliebe für Oper, klassische Musik und gemäßigte Moderne wird bestimmt von ästhetischem

Genuß, Vergeistigung und Zurücknahme des Körpers. Das Trivialschema spielt mit dem Reiz der schönen Illusionen. Volkstümliche Musik, Schlager und Mainstream-Pop schaffen eine Atmosphäre des Vertrauten; Konflikte bleiben ausgespart, Ängste werden abgebaut. Das Spannungsschema als historisch jüngstes Schema steht in Bezug zu so unterschiedlichen Musikstilen wie Jazz, Rock, Oldies, Blues, Folk, Reggae, HipHop, Techno. Typisch sind die Artikulation von Dynamik, eine expressive Körperlichkeit und das Ausleben von Spannungen.

Hieß es früher noch, jede Gesellschaft habe die Musik, die sie verdient, so kann man inzwischen sagen, jede Person nutzt die Musik, die sie braucht. Inwieweit das Bedürfnis nach Musik allerdings wirklich ein individuelles und nicht letztlich doch gesellschafts- und mediengemachtes ist, läßt sich schwer sagen. Wohl aber gilt: Würde Musik nicht gebraucht werden, dann gäbe es sie auch nicht.

Wie wird Musik bewertet?

Wahrnehmung und Bewertung sind untrennbar miteinander verbunden. Meist erfolgt eine erste Bewertung ohne bewußte Verstandesleistung. Rationale, über das Medium Sprache geäußerte Begründungen werden spontanen Bewertungen wie ‹Finde ich gut›/‹Mag ich nicht› in der Regel erst nachträglich zugeordnet. Das geschieht bei uns üblicherweise in Anlehnung an ästhetische Kriterien. Diese können je nach Musikstil und individuellem Standpunkt des Rezipienten erheblich voneinander abweichen. Für die strukturell anspruchsvolle Kunstmusik hat sich im Verlauf der Geschichte ein differenziertes Bewertungsraster mit durchaus normativem Charakter herauskristallisiert. Wichtigste Kriterien sind hier die musikimmanenten Merkmale einer Komposition, zudem ihre Ausdruckskraft, ihre ‹Schönheit›, ihre Eigenständigkeit, ihr Zeitbezug und ihr Wahrheitsgehalt.

Für volkstümliche Musik, Gebrauchsmusik, populäre Musik und Jazz fehlen dagegen größtenteils derartige allgemeinverbindliche Bewertungskriterien. Legt man an diese Musikrichtungen die für Kunstmusik geltenden Maßstäbe an, so ist meist Ablehnung die

Folge. Die musikstrukturell-formalen Kennzeichen erscheinen als allzu einfach, simpel, dürftig. Wichtige Fragen zur Intention (z. B.: zur Unterhaltung) und Funktion (z. B.: zum Tanzen) dieser Musikrichtungen bleiben ausgeklammert. Dabei stehen grundsätzlich Intention, Funktion und formale Struktur von Musik in einem direkten Wechselverhältnis. Versucht man bei den populären und funktionalen Musikrichtungen an Kunstmusik entwickelte Qualitätskriterien der formalen Gestaltung anzuwenden, dann verfehlt man damit zwangsläufig das musikalische Objekt.

Die Bewertung von Musik beruht auf Meinungs- und Urteilsbildung. Hierbei handelt es sich um einen hochkomplexen Vorgang mit einer Fülle von Variablen. Sie umfassen, wie in Abbildung 6 dargestellt, den sozialen Kontext, die Struktur der Musik und ihre mediale Vermittlung, vor allem aber die rezipierende Person selbst. In groben Zügen kann musikalische Urteilsbildung als ein Ergebnis von lebensalterbezogener Entwicklung und allgemeiner sowie musikbezogener Sozialisation beschrieben werden. Das Hereinwachsen einer Person in die Gesellschaft und ihre Kultur erfolgt auf der Grundlage von bestimmten Entwicklungsschritten. Sie werden – nach der Stufentheorie des Schweizer Psychologen Jean Piaget (1896–1980) – charakterisiert durch verschiedene Stadien der Reifung im physischen, physiologischen und psychischen Bereich. Die Entwicklungsschritte sind im wesentlichen intersubjektiv und in ihrer zeitlichen Folge unumkehrbar.

Diesen Vorgang nennt man Enkulturation. Enkulturation ist im ständigen Wechselspiel mit der persönlichen Sozialisation zu sehen. Jedes Individuum durchläuft als Mitglied der Gesellschaft einen Sozialisationsprozeß, der musikbezogene Handlungen und Verhaltensweisen ebenso beeinflußt wie die ästhetischen Bewertungsgrundlagen und persönlichen Vorlieben. Die allgemeinen und die für Musik relevanten Kennzeichen der objektiven Lebensbedingungen wirken auf die Lernvorgänge des Individuums ein. Wieviel Zeit z. B. für Musik verwendet, wieviel Geld für sie ausgegeben werden kann, in welchen Situationen sich Musik überhaupt machen oder lautstark hören läßt, wie nachhaltig musikalisches Handeln von Eltern, Peergruppen, Schule, Medien beeinflußt, d. h. gefördert oder gehemmt wird – das alles und noch vieles mehr ist entscheidend für jede Art von Lernen.

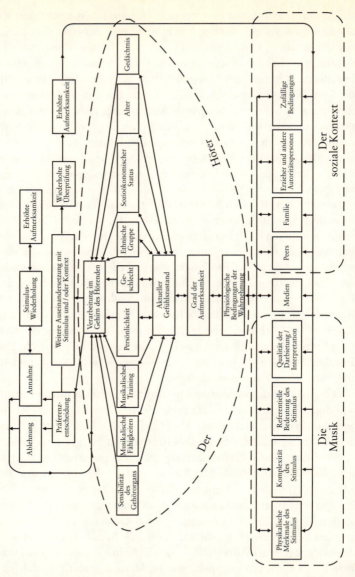

Abb. 6: Variablen, die für die Bewertung von Musik bedeutsam sind (nach LeBlanc 1982)

Lernen erfolgt auf verschiedene Weise. Soziales Lernen beruht auf der Anpassung an bzw. Abgrenzung von bestimmten Geschmackskulturen und deren ideologischen Überbau. Beim assoziativen Lernen werden bestimmte Typen von Musik – Marsch, Choral, Streichquartett, Techno – mit bestimmten Wirkungen in Verbindung gebracht, weil sie in bestimmten Situationen zu erklingen pflegen. Instrumentelles Lernen ist eine Folge von Akzeptanz oder Ablehnung musikbezogenen Handelns durch ‹Autoritäten›, und kognitives Lernen umfaßt jede Art der Information über Musik und ihre Interpreten. Durch derartige Lernprozesse eignet sich das Individuum Musikkultur an und entwickelt Formen musikalischen Handelns und Bewertens.

Enkulturation und Sozialisation führen zur Bildung eines Musikkonzepts. Es enthält alle im bisherigen Verlauf des Lebens zusammengekommenen musikbezogenen Erlebnisse und Erfahrungen und damit auch alle für die eigene Bewertung von Musik maßgeblichen Kriterien. Die im Gehirn als Wissen abgespeicherten und zum Musikkonzept bzw. zu mentalen Musikbildern verdichteten Erfahrungsinventare bilden die Folie, vor der sich jede Art des aktuellen Hörens und Bewertens von Musik abspielt.

Werturteile gründen auf Musikkonzepten und spielen sich in einem dreidimensionalen Gefüge ab. Dimension 1 wird als Ich-Urteil bezeichnet: Hier handelt es sich um vornehmlich affektiv-emotionale Kriterien, die personenabhängig sind und den subjektiv wahrgenommenen Wert von Musik umschreiben. Dimension 2 kann als Sachurteil gelten: Sie steht für die intellektuelle Bewertungsebene, ist direkt objektbezogen und beschreibt die musikimmanente bzw. die künstlerische Qualität von Musik. Dimension 3 meint das Man-Urteil: Es ist situativ und funktional begründet, beruht überwiegend auf gesellschaftlich geprägten, stereotypen Bewertungsnormen und unterliegt musikexternen Faktoren wie z. B. modischen Trends.

Die Bewertung von Musik beim aktuellen Hören läßt sich modellhaft folgendermaßen erklären: Ein externer Reiz (Musik) führt zu einer internen Repräsentation (Wahrnehmung) und bewirkt eine Reaktion (das Fällen eines Werturteils). Interne Repräsentation und Reaktion sind keineswegs ausschließlich reizabhängig. Sie werden mitgeprägt von den durch Enkulturation, Sozialisation und

Lernprozesse erworbenen Musikkonzepten. Diese existieren als Skript, Schema, Prototyp bereits im Gedächtnis. Durch sie erfolgt der Vergleich und die Einordnung der gerade zu hörenden Musik nach bereits vertrauten Kriterien. Das kann etwa dazu führen, daß Musik nicht so wahrgenommen wird, wie sie erklingt, sondern so, wie jemand aufgrund seiner Vorkenntnisse meint, daß sie erklingen müßte. In diesem Fall beruhen Wahrnehmung und Reaktion auf einem «Vor»-Urteil. Externer Reiz und interne Repräsentation werden verfälscht. Die Musik wird zurechtgehört, in vertraute Schemata (‹die› Fuge, ‹der› Rockrefrain, ‹die› Freejazzimprovisation) integriert oder sogar – im Extremfall – gar nicht mehr wahrgenommen. Gerade negative Werturteile führen häufig zur Blockade.

Wünschenswert ist natürlich nicht die Blockade, sondern neugieriges, interessiertes, vorurteilsfreies Hinhören. Nur so ist es möglich, dem Man-Urteil zu entkommen. Und nur so läßt sich erfahren, daß Zwölftonmusik an sich ebensowenig Unmusik ist wie Techno, und daß andererseits auch nicht jede frühklassische Sinfonie gleich ein Meisterwerk sein muß. Jede unangemessene Verfestigung eines Musikkonzepts führt letztlich zur Verstärkung von Vorurteilen und Bewertungsstereotypen, wie sie der Sozialwissenschaftler und Musiksoziologe Theodor W. Adorno höchst prägnant am Beispiel des Ressentimenthörers beschrieben hat.

Betrachtet man das Musikkonzept in Bezug zum Lebensalter, so läßt sich sagen, daß es bis etwa zum 10. Lebensjahr vornehmlich von Modellpersonen (Eltern, Lehrer) mitgeprägt wird, dann zunehmend mehr unter Peergruppeneinfluß (gleichaltrige Freunde) gerät und ab dem 15./16. Lebensjahr immer stärker von dem Individuum selbst mitbestimmt wird. Unabhängig vom Lebensalter ist der Einfluß der musikalischen Distributionsmedien ab der frühen Kindheit kontinuierlich gegeben.

Um ideologischen und normativen Festschreibungen von Musikkonzepten und Bewertungskriterien zu entgehen, bietet sich die ständige kritische Reflexion über die eigenen Bewertungsvorgänge an. Musikerfahrung und Musikerleben können um so intensiver und faszinierender werden, je offener und zugleich reichhaltiger die individuellen Musikkonzepte sind. Das hat nichts mit der Relativierung von Bewertungsmaßstäben im Sinne von reiner Beliebigkeit zu tun. Es gibt gute (z. B. Brian Eno: Ambient Music) und schlechte Hintergrundmusik, intelligente (Udo Jürgens: Siebzehn Jahr') und dümmliche Deutsche Schlager, bildgewaltige (György Ligeti: Atmosphères) und bildarme Avantgardemusik. Wohl aber dürfte die Öffnung traditioneller Musikkonzepte deutlich machen, daß eine aus der Kunstmusik-Ästhetik abgeleitete Werkhierarchie eben doch wesentliche Aspekte eines großen Teils der heutzutage zu hörenden Musik außer acht läßt.

Musik ist und bleibt ein Handlungsgegenstand in einem auf Traditionen beruhenden kulturellen Umfeld. Sie erfüllt Funktionen im Bedingungsgefüge von Person und Gesellschaft. Darum kann es nicht ausreichen, ein Musikstück einzig von seiner Gestalt her zu beurteilen. Man muß es aus seinem historischen, gesellschaftlichen und funktionalen Zusammenhang heraus zu verstehen und zu beurteilen versuchen. Die primäre Frage lautet dann nicht, ob ein Musikstück an sich gut ist. Entscheidend ist, wofür und in welchem Zusammenhang es gut ist.

Eindrucksvoll belegt das schon in anderem Zusammenhang (S. 19) erwähnte WDR-Experiment von 1977, wie nachhaltig Musikkonzepte bzw. mentale Musikbilder die Bewertung von Musik beeinflussen können, sogar dann, wenn sie auf Fehlinformation beruhen. Dreimal wurde aus der 4. Sinfonie in Es-Dur, der sogenannten «Romantischen» von Anton Bruckner, der Schluß aus dem Finalsatz («bewegt, doch nicht zu schnell») in ein und derselben Platteneinspielung gesendet. Dem Beispiel vorangestellt war jeweils ein kurzer Einführungstext. In ihm wurden für Version 1 Karl Böhm und die Wiener Philharmoniker angesagt, für Version 2 Leonard Bernstein und das New York Philharmonic Orchestra und für Version 3 Herbert von Karajan mit den Berliner Philharmonikern. Die Aufgabe der Hörerinnen und Hörer bestand darin mitzuteilen, welche der drei Einspielungen am besten gefallen habe. Außerdem wurde darum gebeten, die Entscheidung zu begründen. Obwohl es auch die Rubrik «Keine Unterschiede gehört» gab, haben nur 18,3 Prozent der 563 Versuchsteilnehmer für diese Rubrik votiert. Vor allem die Liebhaber und Kenner der klassischen Musik wußten sehr differenziert über ihre verschiedenen Höreindrücke zu berichten und ihr Gefallensurteil zu begründen. Die Dirigentennamen waren offensichtlich Auslöser für unterschiedliche mentale Musikbilder. Diese auf «Vor»-Urteilen beruhenden Musikbilder und die ihnen zugrunde liegenden Musikkonzepte sind derart stark gewesen, daß sie den wirklichen Sachverhalt – die Identität der drei Beispiele – verschleiert haben.

Von sozialen Hierarchien zur kulturellen Vielfalt

Die Art des Umgangs mit Musik und die durch musikalisches Handeln ausgelösten Erlebnisqualitäten sind nachhaltig an die soziokulturellen Charakteristika einer Epoche (historische Zeit) gebunden. Jede Form von Musikerleben und Musikbewertung enthält eine kulturgeschichtliche Tiefendimension. Es bietet sich an, hier zwischen mehreren aufeinander aufbauenden und ineinander greifenden Schichten zu unterscheiden, wie sie der Musiksoziologe Vladimir Karbusicky 1986 in einem «Schichtenmodell kultureller Erscheinungen» zusammengefaßt hat.

Schicht 1 stellt die biologische Basis dar. Physiologische Bedingungen des Menschen fungieren als Grundlage einer jeden musikbezogenen Aktivität und sind verantwortlich für musikalische Universalien bei der Herstellung und Rezeption von Musik. Schicht 2 umfaßt die elementar-anthropologischen Formen musikalischer Betätigung und ist wie Schicht 1 als mehr oder weniger ahistorisch zu verstehen: Strukturierungsprozesse von Verhaltensabläufen zur Überlebenssicherung stehen im Vordergrund. Der Musik werden hier primär gesellschaftskonstituierende und -erhaltende Aufgaben (z. B. im Ritus) zugewiesen. Schicht 3 beinhaltet den Zeitstrom der Kulturleistungen, d. h. die Überführung des musiktauglichen Materials (Töne, Geräusche) in musikalische Kulturformen. Diese verfestigen sich in Stil- und Gattungstraditionen, in Kompositionsregeln (Musiktheorie) und Bewertungsnormen (Musikästhetik). Schicht 4 ist sozial bedingt. Sie enthält die in einer historischen Zeit verbindlichen ökonomischen, technischen, institutionellen, weltanschaulichen und topographisch-räumlichen Figurationen. Schicht 5 schließlich bildet eine Klammer zur biologischen Basis. Sie bezieht sich auf aktuelle Alltagsformen, vor allem auf die psychische Befindlichkeit von Individuen im Kontext von konkret stattfindenden musikalischen und musikbezogenen Handlungen.

Dieses Modell besagt, daß die fünf Schichten kultureller Erscheinungen in jeder Gesellschaft und Epoche gleichzeitig vorhanden sind. Betrachtet man gemäß diesem Schichtenmodell die Entwicklung der abendländischen Musik, so wird deutlich, daß z. B. der Übergang von mündlicher zu schriftlicher Tradierung im Hinblick auf die Schichten 3 und 4 sowohl kulturell wie sozial bedingt war. Ausgangspunkt einer eigenständigen Entwicklung der abendländischen Musik ist der durch die christliche Kirche und ihre Bildungsinstitution Kloster maßgeblich initiierte Anstoß zur schriftlichen Aufzeichnung von Musik. Die Schwerpunktverlagerung von mündlicher Überlieferung und Gedächnisspeicherung zur personunabhängigen schriftlichen Fixierung stellt einen folgenreichen Eingriff in das System der musikalischen Kommunikation dar. Notenschrift wird zu einer immer wichtigeren Voraussetzung für die Aktivierung musikalischer Produktivkraft. Dies führte im Verlauf der abendländischen Musikgeschichte zu komplexer Strukturbildung und Mehrstimmigkeit, zu Motivverarbeitung und Themenentwicklung, -variation, -umgestaltung, zur Formulierung von rational begründeten Kompositionsregeln und zur Hervorbringung von immer wieder neuartigen musikalischen Formen und Gestalten. Notenschrift ermöglichte die Befreiung aus den Fesseln der musikalischen Stereotype mündlicher Tradierung und die Vermischung von zuvor streng voneinander getrennten Musiksphären wie sakraler, weltlicher oder volkstümlicher Musik. Notation war und ist grundlegende Voraussetzung für das Entstehen von anspruchsvollen Kompositionstechniken. Durch sie wurde die Kategorie des Neuen, Originellen anstelle von überlieferten Melodien, Rhythmen, Formen und Zusammenklängen zum Synonym für Qualität.

Die Verschriftlichung von Musik führte nicht nur zu anderen Zirkulationsbedingungen von Musik im Vermittlungsprozeß – etwa zur Arbeitsteilung von Komponist, Interpret und Dirigent –, sondern auch zur Trennung der Musik in zwei immer weiter auseinanderdriftende Bereiche: die Sphäre der gehobenen ‹Ernsten Musik› und die Sphäre der ‹Gebrauchs- und Unterhaltungs-Musik›. Die zunehmende strukturelle Komplexität der ‹E-Musik› bewirkte eine Entfremdung vom Publikum. Zeitgenössische Musik seit Arnold Schönberg und der 2. Wiener Schule wird nur noch von einer kleinen Minderheit rezipiert und – wie Umfragen belegen –

auch von dieser Minderheit eher als interessant denn emotional-affektiv ansprechend bezeichnet.

Seit dem Zeitalter der Aufklärung und der Französischen Revolution haben die kulturellen Bedürfnisse der Mittelstandsgesellschaft in den Städten zu einem neuen Musiktyp geführt: der populären Musik. Die populäre und unterhaltende Musik hat mit der Industrialisierung im 19. Jahrhundert immer mehr an Attraktivität gewonnen. Mit Beginn des 20. Jahrhunderts ist sie, wie der Soziologe Arnold Hauser konstatiert (1974), zur eigentlich repräsentativen Musikrichtung geworden. In der Verschmelzung mit afro-amerikanischen Elementen (Blues) und mit ständig neuen Musikrichtungen (HipHop, Techno, Drum 'n' Bass, Gothic, Crossover) dominiert die populäre Musik inzwischen das nicht subventionierte öffentliche Musikleben.

Zu dieser Entwicklung hat nachhaltig die durch die technischen Medien möglich gewordene Allverfügbarkeit von Musik beigetragen. Jeder kann sich Musik leisten, auch solche, die vor dem technischen Zeitalter als Privileg gehobener Stände galt. Die Demokratisierung des Musikangebots wurde zu Beginn des Schallplatten- und Rundfunkzeitalters überschwenglich begrüßt. Man hoffte auf eine Anhebung des allgemeinen musikalischen Geschmacksniveaus, ohne vorauszusehen, daß sich mit den technischen Medien auch völlig neue Musikformen herausbilden werden. Mittlerweile gehören die elektronischen und digitalen Medien nicht nur zum Arbeitsalltag der westlichen Industriegesellschaften, sie sind auch entscheidend an der Produktion von neuer Musik beteiligt. Das Potential der Speicherung von bereits vorhandenen Schallereignissen (Geräusch, Sprache, Musik) und die Neuerzeugung von Sounds ist praktisch grenzenlos. Diese ungeahnten klanglichen Möglichkeiten werden aber nur begrenzt für ästhetische Experimente genutzt. Sie dienen überwiegend der Wirkungsoptimierung kommerzieller Musikprodukte. Im Vordergrund des Interesses stehen massenmediale Verbreitung und multimediale Vermarktung.

Das läßt sich deutlich verfolgen im Bereich der sogenannten Weltmusik. Seit längerem sind Fusion, Crossover und Ethnobeat in der populären Musik angesagt. Ob es sich dabei um authentische Klänge von Musik fremder Kulturen, um Bearbeitungen, Montagen, Simultancollagen oder Neuschöpfungen im Stil anderer Musikrichtungen handelt, scheint kaum noch von Bedeutung zu sein. Hauptsache, die bunte Vielfalt eines weltumspannenden musikalischen Warenangebots steht zur Verfügung. Die Welt ist kleiner geworden, und zudem vermischen sich Vergangenheit und Gegenwart. Mediale Vernetzung, Massentourismus und Globalisierung finden ihren Ausdruck in einer Musik der stilistisch unbegrenzten Vielstimmigkeit. Der Topos von Musik als einer weltweiten Sprache ist spätestens Anfang der 1980er Jahre aktuell geworden, als David Byrne und Brian Eno das Album *My Life in the Bush of Ghosts* herausbrachten, Peter Gabriel sein «Real World Label» eingerichtet hat und das Kronos-Quartett anfing, Musik aus aller Welt in sein Programm aufzunehmen.

Durch die technischen Medien wird jedem Musikhörer eine in dieser Art zuvor nicht dagewesene Entscheidungsfreiheit und die Realisierung individueller Geschmackskultur versprochen. Die neuen Möglichkeiten einer schnellen Produktion und Distribution von Musik erlauben eine immer größere Ausdifferenzierung nach verschiedenen, vor allem nach alters- und bildungsabhängigen Geschmacksgruppierungen. Die Spannbreite reicht von den Boy-Groups für zehn- bis 14jährige Mädchen bis zum volkstümlichen Schlager für ältere Musikhörer, von stereotypen Musikformen wie bei *Modern Talking* für musikalisch kaum vorgebildete Hörerkreise bis zu den experimentellen Klängen eines Fred Frith oder Bob Ostertag für musikgeübte Hörer. Diese Geschmacksdifferenzierungen sind Abbild einer zunehmenden Segmentierung von Gesellschaft. Sie führen zum Abbau von übergeordneten kulturellen Symbolen; es scheint heutzutage weniger denn je noch einen Kanon musikalischer Standardwerke und Wertvorstellungen zu geben, der allgemeine Gültigkeit besitzt.

Nicht allein aus diesem Grund wird die Beschallung des Alltags mit Musik immer häufiger kritisiert. Die Rede ist von der Vertreibung der Stille, und vor allem urbane Zentren werden als gnadenloser kollektiver Walkman bezeichnet: Ob im Kaufhaus, im Bankfoyer, in U-Bahn-Schächten oder auf der Straße – überall kann Musik zwangsverordnet werden. Angesichts dieser Situation stellt sich die Frage, wieviel Musik ein Individuum eigentlich zur Optimierung seines Lebensgefühls benötigt. Anliegen von kommerzieller Musikverwertung ist es fraglos, Bedürfnisse auch dort zu wekken, wo es eigentlich keine gibt. Die musikalische Unterhaltungsindustrie kann als Musterbeispiel immer neuer Bedürfnisstimulierung bezeichnet werden. Zugleich läßt sich aber beobachten, wie deren Überangebot nicht nur zur Kurzlebigkeit musikalischer Produkte führt, sondern darüber hinaus zur Entwertung von Musik. Empirische Untersuchungen zur Musik in Nebenbeihörsituationen – etwa beim Autofahren, während der Hausarbeit oder beim Einkauf – verweisen darauf, daß es fast schon gleichgültig ist, welche Art von Musik erklingt. Wichtig ist nur noch, daß sie überhaupt als Klangkulisse vorhanden ist und sich nicht progressiv gibt. Denn strukturell progressive Musik entzieht sich nach wie vor einer musikfremden Nutzung und fordert zum intensiven Hinhören auf – um den Preis, daß sie nur von Minderheiten rezipiert und von der Mehrheit ignoriert wird.

Befragungen über Musikvorlieben aus den letzten zwei Jahrzehnten ergeben ein relativ klares Bild bezüglich der Zusammenhänge von person- und gesellschaftsabhängigen Variablen mit Musikkonzepten, Geschmackskulturen und musikalischen Lebenswelten. Geschlecht, Lebensalter und Persönlichkeitsstruktur sowie sozialer Status, Grad der Ausbildung und historische Zeit zählen nach wie vor zu den wichtigsten Größen bei der Schaffung von Musikpräferenzen. Obwohl das derzeitige Kulturmuster dadurch gekennzeichnet zu sein scheint, daß Geschmackskulturen nicht mehr horizontal zur sozialen Schichtung, sondern vertikal durch alle Bevölkerungsschichten verlaufen, greifen nach wie vor die traditionellen Sozialisationsvariablen: Der Gebildete und Begüterte wählt eher anspruchsvolle Musik, der Ungebildete und weniger Begüterte eher Trivialmusik, und die Heranwachsenden suchen provokative Musiksounds. Das belegen Hochkultur-, Trivial- und Spannungsschema als zentrale Kategorien alltagsästhetischer Musikaneignung.

Zudem ist bekannt, daß eine besonders nachhaltige Prägung von Musikgeschmack und Musikvorlieben gegen Ende der Adoleszenzzeit erfolgt. Zum Teil mit dem Abschluß der regulären Schulzeit (Hauptschule) und dem Übergang in die berufliche Ausbildung (Lehrling), zum Teil mit dem Abitur und dem Beginn des Studiums verfestigen sich individuelle Musikvorlieben. Sie bleiben meist
– unbeschadet ständiger Geschmacksveränderungen und -weiter-

bildungen – bestimmend bis in das hohe Alter hinein. Wie dabei Lebensalter, Epoche (historische Zeit) und Generationseffekt ineinandergreifen, läßt sich den Daten einer Hörerbefragung für den WDR aus dem Jahr 1984 entnehmen. In Anlehnung an die jeweils in einer historischen Zeit herrschenden Musiktrends verschiebt sich der Schwerpunkt von der Vorliebe für aktuelle Pop- und Rockproduktionen bei den Jugendlichen der 80er Jahre zu Rock 'n' Roll und Deutschem Schlager, zu Tanzmusik, Wiener Walzer und volkstümlicher Musik bei Personengruppen mit höherem Lebensalter. Abbildung 7 gibt darüber Aufschluß.

Alter	14–19 Jahre	20–29 Jahre	30–39 Jahre	40–49 Jahre	50–59 Jahre	60–69 Jahre
Aktuelle Musikproduktion	70	63	62	52	30	3
Rock 'n' Roll	54	55	64	46	10	4
Deutscher Schlager	28	31	44	50	44	37
Tanzmusik	7	21	31	50	49	40
Blasmusik	4	11	15	43	47	60
Volkstümliche Musik	3	4	15	41	50	74
In dieser Zeitspanne waren die Vpn jeweils 16 Jahre alt	1981–84	1971–80	1961–70	1951–60	1941–50	1936–40

Abb. 7: Zustimmung für bestimmte Musikstile, aufgeschlüsselt nach Altersgruppen (Angaben in Prozent; Darstellung in Anlehnung an Bruhn in Bruhn u. Rösing 1995, S. 33)

Der Versuch, zwischen verschiedenen Musikrichtungen und den Musikvorlieben von Hörern eine direkte Beziehung herzustellen, wurde für den deutschsprachigen Raum wohl erstmals 1979 von der Schweizerischen Radio- und Fernsehgesellschaft unternommen. Faktoren- und Clusteranalysen des über einen klingenden Fragebogen ermittelten Datenmaterials führten zu fünf Hörertypen: dem Vielhörer, dem volkstümlichen Typ, dem Rock-Pop-Typ, dem progressiven Typ und dem Klassiktyp. Die Befragung von Konzertgängern im Großraum Köln in den 80er Jahren ergab auf der Grundlage einer Diskriminanzanalyse (Musik, die gemocht wird, und Musik, die verboten werden sollte) fünf Kulturinseln: die Insel der leichten Muse (volkstümliche Musik, Schlager, Mainstream Pop), das Rock-Eiland (einschließlich rockverwandter Stile wie Disco, Folk, Jazzrock), die Insel der Protesthörer (Liedermacher, Progressiver Rock, Free Jazz), den Klassik-Kontinent (Kunstmusik vom Barock bis zur Spätromantik) und den Felsen der zeitgenössischen Avantgardemusik («Stockhausica»; vgl. Dollase, Rüsenberg u. Stollenwerk 1986, S. 124). Zwischen den verschiedenen Inseln bestehen selbstverständlich Verbindungen. Diese werden aber in Abhängigkeit von persönlicher Biographie und musikalischem Erfahrungsinventar unterschiedlich genutzt.

In neuen Marktforschungsstudien versucht man, Hörertypen weniger nach musikalischen als vielmehr gesellschaftlich relevanten Lebensmustern zu erfassen. So wird z. B. in einem progressiven Segment zwischen Entdeckern und Puristen unterschieden, in einem konservativen Segment zwischen Kulturerben und Groupies, während die Mitmacher sich in beiden Segmenten wohl fühlen können, sofern das durch ihren Freundes- und Bekanntenkreis gestützt wird. Oder es wird unterschieden zwischen Introvertierten und Extravertierten, Situationshörern, Technikfreaks und Berieselern. Mit Recht hat Andreas C. Lehmann in seiner Studie über *Habituelle und situative Rezeptionsweisen beim Musikhören* aus dem Jahr 1994 kritisch angemerkt, daß es sich hierbei keineswegs um in sich stimmige und vergleichbare Gruppierungskriterien handelt. Zu konkreten Ergebnissen führt demgegenüber die Auswertung von Daten zum Tonträger-Kaufverhalten und zu Einschaltquoten von Radio- und Fernsehprogrammen. Die Ergebnisse spiegeln sich in den musikalischen Inhalten der Formatprogramme wider. Diese sind – soweit es die Stilrichtungen der populären Musik betrifft – primär nach Altersgruppen als den anzusprechenden Zielgruppen ausgerichtet.

Mit derartigen Typologien kann musikalische Wirklichkeit nur sehr bedingt erfaßt werden. Häufig ist deren Konstruktion ohnehin nicht auf Wahrheit aus. Ihr Zweck besteht vielmehr in einer Operationalisierung der Ware Musik im Hinblick auf wirtschaftliche Interessen. Aber selbst die wissenschaftlich motivierten, kultur- und musiksoziologischen Beschreibungen von Hörertypen und Lebenswelten sind kaum mehr als Konstruktionen mit Modellcharakter. Das liegt daran, daß musikalisches Erleben das Ergebnis des Zusammenspiels einer Fülle von Variablen ist, die auch mit Begriffen wie Musikerfahrung und Musikleben nur ungenau beschrieben werden können. Diese Variablen betreffen drei grundlegende Bereiche: die Person mit ihrer biologischen Grundausstattung, die Musik mit ihren geschichtlich gewachsenen strukturellen Merkmalen und das gesellschaftliche Umfeld mit seinen für eine bestimmte historische Zeit bzw. die Gegenwart gegebenen spezifischen Figurationen. In Zusammenschau mit dem Schichtenmodell kultureller Erscheinungen ergibt sich daraus eine höchst komplexe Matrix aller musikalischen und musikbezogenen Zirkulationsprozesse. Diese im Hinblick auf gezielte Fragestellungen zu durchschauen und zu erklären ist ein Hauptanliegen von musikwissenschaftlicher Forschung, sofern sie sich als Bestandteil von Kulturwissenschaft versteht.

Literatur
Altenmüller, Eckart u.a. (1995). Gehör. In: Finscher, Ludwig (Hg.), Die Musik in Geschichte und Gegenwart, Sachteil Bd. 3 (Sp. 1076–1139). Kassel–Stuttgart: Bärenreiter–Metzler.
Ambros, August Wilhelm (1862). Geschichte der Musik I. Breslau: Leukkart.
Berlioz, Hector (1909). Literarische Werke Band 8. Abendunterhaltungen im Orchester. Leipzig: Breitkopf & Härtel.
Bruhn, Herbert u. Rösing, Helmut (1995). Musikpsychologie in der Schule. Augsburg: Wißner.
Bruhn, Herbert, Oerter, Rolf u. Rösing, Helmut (Hg.) (1997). Musikpsychologie. Ein Handbuch. Reinbek: Rowohlt (3. Aufl.).
Busoni, Ferruccio (1907). Entwurf einer neuen Ästhetik der Tonkunst. Neudruck Wiesbaden 1954: Insel.
Darwin, Charles (1871). The descent of man and selection in relation to sex. London (dt. Leipzig: Reclam 1932).
Dessau, Paul (1979). Deutsches Miserere. Text von Bertolt Brecht. (1944–1947). Partitur u. Aufführungsmaterial. Leipzig: Peters.
Dollase, Rainer, Rüsenberg, Michael u. Stollenwerk, Hans J. (1986). Demoskopie im Konzertsaal. Mainz: Schott.
Eggebrecht, Hans Heinrich (1973). Funktionale Musik. Archiv für Musikwissenschaft 3, S. 1–25.
Ellis, Alexander John (1885). On the musical scales of various nations. Journal of the Society of Arts 33, S. 485–527 (dt. E. M. v. Hornbostel, Sammelbände für Musikwissenschaft 1, 1922).

Forkel, Johann Nikolaus (1788). Allgemeine Geschichte der Musik, Band 1. Leipzig: Schwickert.

Hafen, Roland (1998). Rockmusik-Rezeption in Live-Konzerten. In: Baacke, Dieter (Hg.): Handbuch Jugend und Musik (S. 369–380). Opladen: Leske und Budrich.

Hanslick, Eduard (1854). Vom Musikalisch-Schönen. Ein Beitrag zur Revision der Ästhetik der Tonkunst. Leipzig: Breitkopf & Härtel.

Hauser, Arnold (1974). Soziologie der Kunst. München: Beck.

Karbusicky, Vladimir (1986). Gegenwartsprobleme der Musiksoziologie. Acta Musicologica 58, S. 35–91.

Knepler, Georg (1982). Geschichte als Weg zum Musikverständnis. Zur Theorie, Methode und Geschichte der Musikgeschichtsschreibung. Leipzig: Reclam (2. Aufl.).

LeBlanc, Albert (1982). An interactive theory of music preference. Journal of Music Therapy 19. S. 28–45.

Lehmann, Andreas C. (1994). Habituelle und situative Rezeptionsweisen beim Musikhören. Eine einstellungstheoretische Untersuchung. Frankfurt am Main: Lang.

Lindsay, Peter H. u. Norman, Donald A. (1981). Einführung in die Psychologie. Informationsaufnahme und -verarbeitung beim Menschen. Berlin: Springer.

Merriam, Alan P. (1964). The anthropology of music. Evanston, Ill.: Northwestern University Press.

Metzger, Heinz-Klaus (1978). John Cage oder Die freigelassene Musik. Musik-Konzepte, Sonderband John Cage (S. 5–17). München: Edition Text + Kritik.

Oerter, Rolf (1992). Ökologische Perspektiven der Entwicklung von Hochbegabten. In: Hany, E. A. u. Nickel, H. (Hg.), Begabung und Hochbegabung (S. 23–38). Bern.

Rösing, Helmut u. Bruhn, Herbert (1997). Musikpsychologie. In: Finscher, Ludwig (Hg.): Die Musik in Geschichte und Gegenwart, Sachteil Bd. 7 (Sp. 1551–1601). Kassel–Stuttgart: Bärenreiter–Metzler.

Scarr, S. u. McCartney, K. (1983). How people make their own environments: A theory of genotype-environment effects. Child Development 54, S. 424–435.

Schulze, Gerhard (1992). Die Erlebnisgesellschaft. Kultursoziologie der Gegenwart. Frankfurt am Main: Campus.

SRG Schweizerische Radio- und Fernsehgesellschaft (1979). Musik und Publikum (deutschsprachige Schweiz). Bern: Studie der Abteilung Forschungsdienst.

Suppan, Wolfgang (1984). Der musizierende Mensch. Eine Anthropologie der Musik. Mainz: Schott.

Terhardt, Ernst (1998). Akustische Kommunikation. Berlin: Springer.

Weber, Max (1921). Die rationalen und soziologischen Grundlagen der Musik. München: Drei Masken.

4. Musikforschung gestern und heute

Musikwissenschaft, verstanden als Lehr- und Forschungsfach, ist heute ein selbstverständlicher Bestandteil des universitären Fächerkanons überall auf der Welt. Je nach Größe und Wohlstand der einzelnen Länder wurden nationale Gesellschaften für Musikwissenschaft gegründet (besonders in Europa, aber auch in Nord- und Südamerika, in Australien, Japan und Korea, in Rußland, Israel und Südafrika), die in der 1927 gebildeten Internationalen Gesellschaft für Musikwissenschaft (mit Sitz in Basel) vertreten sind. Anfänglich hatten die Länder die Musik ihrer Region zum natürlichen Forschungsschwerpunkt gewählt – mit Ausnahme der USA, deren Musikwissenschaftler immer schon auf die europäische Musik ‹rückbezogen› waren (siehe die in den USA erstellten großen Denkmäler- und Gesamtausgaben zur Musik des 15. und 16. Jahrhunderts). Heute, im Zuge der immer weiter fortschreitenden Internationalisierung, löst sich die regionale Spezialisierung auf, so daß praktisch *an* jedem Ort der Welt über Musik *von* jedem Ort der Welt geforscht werden kann und wird.

Geschichte des Fachs und seiner Teildisziplinen

Die Wiege der Musikwissenschaft stand im europäisch-deutschsprachigen Raum. Die ersten Lehrstühle für Musikgeschichte bzw. -wissenschaft wurden 1861 für Eduard Hanslick in Wien, 1866 für Heinrich Bellermann in Berlin, 1869 für August Wilhelm Ambros in Prag und 1875 für Gustav Jacobsthal in Straßburg errichtet. Gegenstand des Fachs war zunächst die Geschichte der Musik im Sinne einer europäischen Hochkulturgeschichte. Dabei konnte an die außeruniversitäre Musikgeschichtsschreibung angeknüpft werden, die es bereits früher gegeben hatte (z. B. Hawkins 1776, Burney 1789, Forkel 1788 und 1801). Allgemeinere Fragen nach den

Grundlagen und Bedingungen musikalischen Verhaltens oder nach Musik in Alltagskulturen oder ferneren, außereuropäischen Kulturen drangen erst allmählich in das Fachgebiet ein.

Wichtige naturwissenschaftliche Erkenntnisse (z. B. Ohmsches Gesetz und Fourier-Analyse von Schallschwingungen, Entdeckung des Cortischen Organs im Innenohr) gaben zudem den Anstoß zu naturwissenschaftlich ausgerichteter Forschung im Bereich der Musik. Hier ist vor allem das Buch des Mediziners, Physiologen und Akustikers Hermann von Helmholtz *Die Lehre von den Tonempfindungen als physiologische Grundlage für die Theorie der Musik* (1863) zu nennen: Seine physikalischen, psychoakustischen und physiologischen Untersuchungen sind eine entscheidende Grundlage für alle musikpsychologische Forschung des 20. Jahrhunderts.

Auch die Musik fremder Völker und Kulturen hatte schon seit langem eine faszinierende Kraft für viele Europäer. Reiseberichte und Gesamtdarstellungen über «außereuropäische Musik» erfreuten sich seit der Aufklärung zunehmender Beliebtheit. Doch erst mit der Erfindung des Phonographen und der Möglichkeit von Feldaufnahmen ab dem Ende des 19. Jahrhunderts war die Voraussetzung dafür geschaffen, um diese Musik nach wissenschaftlichen Kriterien zu analysieren.

Vor diesem Hintergrund bedeutete die programmatische Schrift von Guido Adler (1855–1941) über *Umfang, Methode und Ziel der Musikwissenschaft*, die 1885 zur Eröffnung der «Vierteljahrsschrift für Musikwissenschaft» erschien, nichts weniger als eine bereits überfällige Neubestimmung des Fachs Musik*geschichte* als Musik*wissenschaft*. Nicht allein der Vorschlag, die (bisher meist normative) Musikästhetik durch psychologische Fragestellungen und Untersuchungen zu fundieren, und auch nicht nur die Einbeziehung von «Hilfswissenschaften» wie Akustik und Mathematik, Physiologie und Ethnographie, sondern vor allem der Hinweis auf die gesellschaftliche Bedingtheit von Musik jeder Art lassen Adlers Konzept heute noch als fortschrittlich erscheinen. Für ihn war das Kunstwerk alles andere als ein frei im geistigen Raum schwebendes Artefakt (vgl. besonders seine spätere Schrift *Methode der Musikgeschichte* von 1919). Vielmehr hielt er es für geboten, die Entstehungsbedingungen und den Zweck der Kunstwerke in jede Untersuchung einzubeziehen:

> «Die ganze Umgebung des Künstlers und des Werkes ist in Erwägung zu ziehen, die physischen, psychischen und allgemein kulturellen Um- und Zustände sind in ihren Verschlingungen zu verfolgen. Alle subjektiven und alle objektiven Entstehungsmomente sind aufzudecken. Alles, was den Schaffenden betrifft, seine Abstammung, seine Disposition, sein Vorgehen, der Schaffensakt, die zeitliche und örtliche Schaffenslage und Bedingtheit. Neben der Individualpsyche ist die Sozialpsyche seiner Umgebung, das Differenzierende und das Gemeinsame klarzulegen.» (1919, S. 36)

Die von Guido Adler eingeführte Aufteilung des Fachs in einen historischen und einen systematischen Bereich wirkt noch heute bis in die Namensgebung der Fächer und die entsprechenden Lehrstuhldefinitionen fort. Im Artikel «Musikwissenschaft» der 2. Auflage von *Die Musik in Geschichte und Gegenwart* (Cadenbach, Jaschinski u. Loesch 1997) wird von den drei Teilfächern Historische Musikwissenschaft, Systematische Musikwissenschaft und Musikethnologie ausgegangen. Gleichzeitig nehmen die Herausgeber aber eine weitere Unterteilung des immer mehr ausufernden Forschungsgebiets Musik vor, weshalb neben dem Hauptartikel «Musikwissenschaft» folgende weitere Artikel über musikwissenschaftliche Teildisziplinen vertreten sind: «Akustik», «Instrumentenkunde», «Musikanthropologie», «Musikarchäologie», «Musikästhetik», «Musikethnologie», «Musikgeschichtsschreibung», «Musikpädagogik», «Musikpsychologie», «Musiksoziologie», «Musiktheorie», «Musiktherapie».

Angesichts dieser Fülle an Teildisziplinen erscheint die Gruppenbildung in den Kategorien Historie, Systematik und Ethnologie heute eigentlich überholt. Zwar sind alle Gebiete nach ihren Gegenständen und den bevorzugten Methoden durchaus zu unterscheiden. Jedoch gibt es kein Gebiet, das sich nicht mit anderen überschnitte. Die Musikgeschichte etwa, die sich als musikalische Kunstgeschichte versteht, hat es gleichwohl mit funktionaler Musik zu tun, die weder einem neuzeitlichen Kunstanspruch genügt noch einen solchen erhebt (z.B. der «Gregorianische Choral»). Und auch der Gegenstand Musik fügt sich kaum einmal in das Raster der musikwissenschaftlichen Teilfächer. Der Überblick über die wichtigsten Typen der Musikentwicklung in unserer Zeit von

Herbert Bruhn und Helmut Rösing (1998, S. 13) mündet in dem Sammelbecken «Fusion – Crossover – Weltmusik», in dem sich die Klassen «Kunstmusik», «Populäre Musik (Rock, Pop, Jazz)» und «Volksmusik, volkstümliche Musik, Schlager» wiederfinden. An einer Untersuchung der Musik der Gegenwart müßten folglich die meisten der oben genannten Teildisziplinen beteiligt sein.

Gelegentlich wird behauptet, die Musikwissenschaft sei 3000 Jahre alt. Dahinter steht der Gedanke an die Musik der alten Griechen. In der Tat war die Musik bei Pythagoras (6. Jh. v. u. Z.), Platon (5. Jh.), Aristoteles und Aristoxenos (4. Jh.) Gegenstand philosophischer Erörterungen. Die seit dem 4. Jahrhundert v. u. Z. entwickelte Musiktheorie wurde im christlichen Mittelalter (Boethius, um 480 bis 524) aufgenommen und wirkte vor allem in ihrer Begrifflichkeit bis in die Neuzeit hinein (die Wörter Musik, Harmonie, Melodie, Rhythmus sind Lehnwörter aus dem Altgriechischen). Dennoch läßt sich weder in der Antike noch im Mittelalter ernstlich von Musikwissenschaft reden. Nicht jede Anhäufung von Wissen ist Wissenschaft. Pythagoras' Spekulationen über die «Sphärenharmonie» (Entsprechung von kosmischer und musikalischer Ordnung), die auch im Mittelalter fortlebten («Musica Mundana»), tragen deutliche Spuren eines philosophisch-mystischen Weltbildes. Die altgriechische Tonleiterlehre (mit drei Tongeschlechtern mit jeweils anderer Aufteilung einer Quarte in absteigender Tonfolge: diatonisch = $1-1-1/2$, chromatisch = $3/2-1/2-1/2$, enharmonisch = $2-1/4-1/4$) und Rhythmuslehre (eigentlich eine Verslehre) sind der Praxis des Singens, Tanzens und Musizierens eng verbunden und ähneln somit eher einer Handwerkslehre als wissenschaftlicher Theoriebildung. Dies gilt im großen und ganzen auch für das gesamte Gebiet der Musiktheorie vom Mittelalter bis zur Gegenwart, sofern darunter Regelsysteme für den mehrstimmigen Tonsatz (Harmonielehre, Kontrapunkt, Rhythmik und Metrik sowie Formenlehre) verstanden werden. Seit Aufkommen der Mehrstimmigkeit gibt es die kompositorische Praxis begleitenden musiktheoretischen Schriften mit ihren Geboten und Verboten, die freilich von Epoche zu Epoche neu gefaßt wurden (z. B. «Musica enchiriades», 9. Jh.; Philippe de Vitry, 14. Jh.; Gioseffo Zarlino, 16. Jh.; Johann Joseph Fux, 18. Jh.; Simon Sechter, 19. Jh.; Heinrich Schenker, 20. Jh.). Während noch heute «Musiktheorie» ein Lehrfach an Musikhochschulen und Konservatorien ist, wird an den Universitäten über die Geschichte der Musiktheorie geforscht. Nicht was an einer Komposition «richtig» oder «falsch» ist, sondern warum etwas als «richtig» oder «falsch» gegolten hat, ist eine der Fragestellungen in der Musikwissenschaft.

Auch die Musikkritik verhält sich zur Musikwissenschaft eher wie ein Gegenstand zur Untersuchung als wie ein Teil zum Ganzen. Seit dem 18. Jahrhundert, als sich die Musikkritik institutionalisierte, kennen wir die Berichterstattung über das öffentliche Musikleben in der Tagespresse oder in Fachzeitschriften, wozu im 20. Jahrhundert Rundfunk und Fernsehen hinzukamen. Mit den Elementen Nachricht, Reportage, Rezension und Werturteil übt Musikkritik eine vermittelnde Funktion zwischen Komponisten, Musikern, Veranstaltern und Verlegern (einschließlich Schallplatten-Labels) auf der einen Seite und Publikum im Sinne von Nutzern des Musikangebots im weitesten Sinn auf der anderen Seite aus. Gefragt ist nicht nur die verläßliche Information über ein ‹Event› des Musiklebens, sondern das prägnante, durchaus subjektive, allerdings von Kennerschaft gestützte Werturteil, das sich übernehmen oder dem sich widersprechen läßt. In dem Maß, wie die sprachliche Form einer Musikkritik literarische, nicht selten auch unterhaltende Qualitäten entwickelt, rücken die Texte in die Nähe von Kunst (Essayistik). So schrieb der Komponist Robert Schumann (1810–1856) unter anderem Kritiken über Musik und Musiker seiner Zeit, die in einer poetischen Sprache abgefaßt und sogar von fiktiven Figuren (Florestan und Eusebius) durchzogen sind und ohne Bedenken zur Literaturgeschichte der Romantik gezählt werden können. Aus alldem folgt, daß Musikkritik nicht selbst Musikwissenschaft, wohl aber Gegenstand musikwissenschaftlicher Forschung in den Bereichen Musikästhetik und Musiksoziologie ist. Daß die Zeitschriften und Periodika (besonders der älteren Zeit) einen hohen Quellenwert für die Musikgeschichte haben, versteht sich von selbst (z. B. die 1722 eröffnete erste deutsche Musikzeitschrift *Critica Musica* von Johann Mattheson, die seit 1798 in Leipzig erscheinende *Allgemeine musikalische Zeitung* oder die 1833 von Robert Schumann gegründete und bis heute fortgeführte *Neue Zeitschrift für Musik*).

Forschung und Lehre nach Institutionen

Musikwissenschaft ist ein Fach, das – jedenfalls in den deutschsprachigen Ländern – primär an der Universität angeboten wird. Die Namen der in Musikwissenschaft möglichen akademischen Abschlüsse, Magister Artium (M. A.) und Doctor philosophiae (Dr. phil.), weisen noch heute auf die einstige philosophische Universitätsfakultät hin (sie wurde Ende der 1960er Jahre zugunsten neuer Fächerkonstellationen fast überall aufgelöst) bzw. auf das im Mittelalter geltende System der «artes liberales» (Grammatik, Rhetorik, Dialektik; Arithmetik, Geometrie, Musik, Astronomie). Die institutionelle Trennung von Wissenschaft und Kunst, also auch von Musikwissenschaft und Musikausübung, ist eine spezifisch deutsche Angelegenheit; in den anglo-amerikanischen Ländern, in Rußland und Japan finden künstlerische und wissenschaftliche Ausbildung unter einem Dach statt. Neuerdings gibt es auch in den deutschsprachigen Ländern Bestrebungen, die aus dem 19. Jahrhundert stammende Teilung im Hochschulwesen aufzuheben. Seit 1999 heißen die Musik- und Kunst*hochschulen* in Österreich Musik- und Kunst*universitäten*. In Deutschland erhalten immer mehr Musikhochschulen das Promotionsrecht für Musikwissenschaft, sei es nun mit dem akademischen Grad Dr. mus. sc. (Doctor musicae scientiae) oder Dr. phil. (siehe dazu das Verzeichnis der Universitäten und Hochschulen mit musikwissenschaftlichen Studiengängen im Anhang).

An sich könnte es ja gleichgültig sein, an welcher Art von Hochschule Musikwissenschaft gelehrt wird – Hauptsache, die Lehre beruht auf eigener Forschung und unterhält den Kontakt mit wichtigen Schwesterdisziplinen wie Philosophie, Psychologie, Geschichte, Soziologie, Erziehungswissenschaft, Literatur- und Sprachwissenschaft, Kunstgeschichte, Ethnologie, Volkskunde, Informatik usw. Die gebotene Einheit von Forschung und Lehre zu wahren und Interdisziplinarität zu realisieren, ist an der Universität allerdings besser möglich als an der Musikhochschule. Dies liegt zu einem großen Teil wohl einfach daran, daß in Deutschland für die Professoren und Professorinnen an den Musikhochschulen höhere Lehrdeputate vorgesehen sind als für die entsprechenden Stelleninhaber an Universitäten. Darin kommt zum Ausdruck, daß für die Universitätslehrer die eigene Forschung neben der Lehre hoch veranschlagt wird. Durchaus in diesem Sinn dürfen sie sich nach jeweils sechs bis acht Semestern ein Semester lang ganz der Forschung widmen, müssen also keine Lehrveranstaltungen abhalten. Demgegenüber legen die Musikhochschulen ein stärkeres Gewicht auf die Vermittlung von musikwissenschaftlichem Basiswissen an Studierende, die ja ganz überwiegend künstlerische Hauptfächer haben. Gleichwohl werden auch an Musikhochschulen bedeutende Forschungsvorhaben durchgeführt, aber, wie gesagt, unter strukturell schlechteren Bedingungen. Bis auf weiteres ist daher die Einheit von musikwissenschaftlicher Forschung und Lehre am besten an den Universitäten zu verwirklichen.

Musikwissenschaftliche Forschung ist nicht auf Universitäten und Hochschulen beschränkt. Zahlreiche Projekte werden außerhalb der Lehrinstitute in privater, gemeinnütziger oder staatlicher Trägerschaft durchgeführt. So gibt es in Berlin das Staatliche Institut für Musikforschung Preußischer Kulturbesitz (SIM), das mit keinem der fünf musikwissenschaftlichen Institute bzw. Abteilungen der Berliner Universitäten und Hochschulen verbunden ist. Zu den größeren Projekten des SIM gehören die auf 15 Bände konzipierte und von mehr als 50 Musikwissenschaftlern geschriebene *Geschichte der Musiktheorie*, sodann die Edition des *Briefwechsels der Wiener Schule* (Schönberg, Webern, Berg) in zehn Bänden und nicht zuletzt die Unterhaltung und der Ausbau des Musikinstrumenten-Museums samt Forschungen über die Klangspektren historischer Musikinstrumente. Ein ebenfalls frei arbeitendes, wenngleich von der Universität Bayreuth getragenes Forschungsinstitut befindet sich in Thurnau. Es ist ausschließlich der Theorie und Geschichte des Musiktheaters gewidmet. Eine besondere Bewandtnis hat es mit dem Deutschen Historischen Institut in Rom. Getragen vom Auswärtigen Amt der BRD, soll das Institut ausschließlich der Erforschung der interkulturellen Musikbeziehungen zwischen Deutschland und Italien dienen, und zwar für alle Epochen. Jedes Jahr wird ein einjähriges Stipendium für Nachwuchswissenschaftler ausgeschrieben, das einen Forschungsaufenthalt in Rom ermöglicht.

Auch vier große, international angelegte bibliographische Projekte werden unabhängig von Universitäts- oder Hochschulinstituten durchgeführt. Diese Projekte sind: RISM (Répertoire International des Sources Musicales) mit Sitz in Frankfurt am Main, RILM (Répertoire International de Littérature Musicale) mit Sitz in New York, RIPM (Répertoire International de la Presse Musicale) mit Sitz in London und RIdIM (Répertoire International d'Iconographie Musicale) mit Sitz in New York. Diese internationalen Projekte werden an einer zentralen Stelle koordiniert, basieren aber auf nationalen Dependancen. Bei den Quellennachweisen (alte Notenhandschriften, RISM) und Bildmotivsammlungen (RIdIM) steht meistens echte Forschung im Hintergrund, die Sammlungen von historischen Druckwerken (RIPM) und musikwissenschaftlicher Sekundärliteratur (RILM) stellen eher Service- als Forschungsleistungen für das Fach dar.

Weitere Forschungsprojekte sind dem Werk bedeutender Komponisten gewidmet. Auch wenn deren Musik schon gedruckt vorliegt, will man das Gesamtwerk noch einmal publizieren, um alle etwaigen Fehler auszumerzen und unsichere Lesarten als solche zu kennzeichnen, Daten über Anlaß und Entstehungszeit zu ermitteln und zweifelhafte oder bewußt falsch zugeschriebene Werke auszuscheiden («Kritischer Bericht»). In derartigen historisch-kritischen Gesamtausgaben werden auch unvollendete Kompositionen sowie Skizzen und Entwürfe ediert, um der weiterführenden Forschung eine möglichst breite Quellenbasis bieten zu können. Nicht selten entstehen umfangreiche Werkverzeichnisse im Zusammenhang mit Gesamtausgaben. An solchen über viele Jahre sich erstreckenden Editionsvorhaben sind zahlreiche Musikwissenschaftler beteiligt. Es werden eigens gemeinnützige Vereinigungen gebildet, um bei Stiftungen oder staatlichen Stellen die notwendigen Gelder einzuwerben. Die größten Projekte für Gesamtausgaben, die zur Zeit in Deutschland betrieben werden, sind folgenden Komponisten gewidmet: Orlando di Lasso, Georg Friedrich Händel, Christoph Willibald Gluck, Joseph Haydn, Wolfgang Amadeus Mozart, Franz Schubert, Carl Maria von Weber, Felix Mendelssohn Bartholdy, Robert Schumann, Richard Wagner, Johannes Brahms, Arnold Schönberg, Paul Hindemith, Hanns Eisler. Für die meisten der ‹großen› Komponisten existieren auch Gedenkstätten, Archive oder Institute, in denen geforscht wird oder Forschungen von Gastwissenschaftlern ermöglicht werden (z. B. das Beethoven-Haus in

Bonn, das Richard-Wagner-Museum in Bayreuth, das Richard-Strauss-Institut in Garmisch-Partenkirchen oder das Internationale Arnold Schönberg Center in Wien).

Eine große Bedeutung für die Forschung haben auch die wissenschaftlichen Bibliotheken, die sich in allen Universitätsstädten finden und oft über Musikabteilungen mit bemerkenswerten Handschriftensammlungen verfügen (in Deutschland sind Berlin und München hervorzuheben). Daneben haben sich Spezialarchive herausgebildet, in denen von Mitarbeiterstäben eigene Forschungen betrieben oder die Bestände für die Forschung vorbereitet werden. Die Paul Sacher Stiftung in Basel (die übrigens auch Stipendien für Magistranden und Doktoranden vergibt) hat sich auf die Musik des 20. Jahrhunderts spezialisiert und gilt inzwischen wegen der umfangreichen Autographensammlungen als die wichtigste Anlaufstelle für entsprechend interessierte Forscher aus aller Welt. Vergleichbar ist vielleicht das Internationale Musikinstitut in Darmstadt, das die Erinnerung an die heroische Phase der Nachkriegsavantgarde pflegt. Weitere, speziellen Themenbereichen gewidmete Archive sind das Deutsche Volksliedarchiv in Freiburg i. Br., das Jazz-Institut in Darmstadt, die Stiftung Deutsches Kabarettarchiv in Mainz, das Deutsche Tanzarchiv in Köln und die Internationale Komponistinnen-Bibliothek in Unna bei Detmold. Ganz auf neue Speichermedien eingestellt ist das IDEAMA (Internationales Digitales Elektroakustisches Musikarchiv) in Karlsruhe und das Dokumentationszentrum für Pop-Musik MUSIK KOMM. in Köln. In diesem Zusammenhang muß das Deutsche Rundfunkarchiv (DRA) in Frankfurt am Main erwähnt werden, in dem zwar nicht geforscht wird, das aber Aufnahmen und Materialien zur deutschen Rundfunkgeschichte bis zurück an die Wende vom 19. zum 20. Jahrhundert für die Wissenschaft bereitstellt. Auch das Deutsche Musikarchiv Berlin als Teil der Deutschen Bibliothek verfügt nicht nur über eine große Sammlung von historischen Aufnahmen; seit 1945 werden hier zudem alle Musikproduktionen in Deutschland (Noten, Tonträger) erfaßt und dokumentiert (siehe zu den wissenschaftlichen Bibliotheken und Archiven den Musik-Almanach 1999/2000).

Zu nennen sind zudem die Akademien der Wissenschaften (und/oder Künste), die es in Deutschland in Berlin, Göttingen,

Leipzig, Mainz, Heidelberg und München gibt. Ihr Zweck ist es, wissenschaftliche Kommunikation auf höchster Ebene zu ermöglichen. «Ordentliches» oder «korrespondierendes» Mitglied einer Akademie zu sein, gilt als besondere Auszeichnung. In den einzelnen Akademien werden Fächerkommissionen gebildet. Diese entscheiden darüber, welche Forschungsprojekte besonders unterstützt bzw. eingeleitet werden sollen. So ist in Berlin die Stiftung Archiv der Akademie der Künste errichtet worden, in der u.a. bedeutende Nachlässe von Musikern gesammelt werden, die nach 1933 ins Exil gehen mußten. An der Akademie der Wissenschaften und Literatur in Mainz werden die Gesamtausgaben von Christoph Willibald Gluck und Ferruccio Busoni vorbereitet sowie das in Freiburg i. Br. erstellte Handwörterbuch der musikalischen Terminologie unterstützt.

Anwendungsbereiche

Musikwissenschaftliche Lehre und Forschung hat zunächst keinen anderen Zweck als den, methodisch gewonnene Erkenntnisse über Musik und den Umgang mit Musik zu formulieren und in die fachwissenschaftliche Diskussion einzubringen. Die Anwendung der Ergebnisse in der musikkulturellen Lebenswelt kann der Musikwissenschaft zwar nicht gleichgültig sein; die fachbezogene Arbeit wird aber nicht unmittelbar von Gesichtspunkten der Brauchbarkeit bestimmt. Es gibt nicht *den* Beruf des «Musikwissenschaftlers», auf den hin an der Universität ausgebildet wird, im Gegensatz etwa zu den Berufen des «Musikbibliothekars» oder des «Musikalienhändlers», für die eigene Ausbildungsgänge an Fachhochschulen vorgesehen sind (vgl. auch das Kapitel 6 über Musikwissenschaftliche Berufsfelder). Andererseits wird Musikwissenschaft (wie jede Wissenschaft) von der Allgemeinheit gewünscht und mit Steuergeldern finanziert. Die Gesellschaft geht davon aus, daß die Ergebnisse musikwissenschaftlichen Studierens und Forschens ihr letztlich wieder zugute kommen werden – und dies zu Recht! Auf welchen Wegen das geschieht, sei an einigen Beispielen erläutert.

Ein weites Anwendungsgebiet sind die *praktischen Notenausga-*

ben für Profi- oder Hobbymusiker. Hier liegt es in der Verantwortung der Musikwissenschaft, zunächst verläßliche Ausgaben (z. B. Urtextausgaben) vorzulegen und mit gesicherten Daten über Komponist, Werktitel, Entstehungszeit, Uraufführungsort und zeitgenössische Aufführungsstile zu versehen. Ein Musikverlag, der eine praktische Ausgabe des betreffenden Werks plant, wird von dieser wissenschaftlichen Edition ausgehen. Je nach den Bedürfnissen der Zielgruppe, die mit der praktischen Ausgabe angesprochen werden soll, beauftragt der Verleger seinen (womöglich musikwissenschaftlich gebildeten) Lektor, die Noten ‹einzurichten›, also ein für den praktischen Gebrauch geeignetes Notenformat (samt bequemem Seitenwechsel) auszuwählen, Fingersätze und Stricharten einzutragen, gegebenenfalls einen Klavierauszug oder eine Studienpartitur zu erstellen oder gar eine Bearbeitung für reduzierte oder ganz abweichende Besetzungen vornehmen zu lassen. Wie weit auch immer sich die praktische Ausgabe am Ende vom Original entfernt hat: Ihr liegt doch immerhin ein als authentisch gesicherter Ursprungstext zugrunde, der von Musikwissenschaftlern überhaupt erst erarbeitet werden mußte.

Analog dazu gibt es praktische Notenausgaben von ursprünglich nicht notierter, also improvisierter oder im Studio experimentell entwickelter Musik. Die Transkription eines Titels der Beatles etwa, die ein Musikwissenschaftler machen muß, ist notgedrungen voller Sonderzeichen und Anmerkungen, die den einfachen Nutzer, der das Lied zum Hausgebrauch nachspielen möchte, nur verwirren würden. Die praktische Ausgabe, in der vermutlich Akkordsymbole nachgetragen und Nebenstimmen weggelassen werden, hätte aber immer noch eine gewisse Gültigkeit, weil sie auf einer wissenschaftlich begründeten Transkription beruht.

Ein weiteres, noch größeres Anwendungsgebiet stellt die Musikwissenschaft mit dem von ihr erarbeiteten *lexikalischen* *Wissen* bereit. Es wird von vielen Instanzen des musikkulturellen Lebens genutzt. Die ältesten Sachwörterverzeichnisse der Musik stammen aus dem Mittelalter (7. Jh.). 1471 wurde das «Terminorum musicae diffinitorium» von Johannes Tinctoris gedruckt, das noch heute eine bedeutende Quelle für die Musiktheorie und Musikanschauung des 15. Jahrhunderts ist. 1882 erschien der berühmte «Riemann» zum ersten Mal; dieses Musiklexikon mit der vielleicht weitesten Verbreitung wurde immer wieder überarbeitet und aktualisiert, so daß heute keine Zeile mehr von dem ursprünglichen Verfasser Hugo Riemann (1849–1919) stammt. Die Benutzer von Musiklexika finden sich nicht nur unter den Berufsmusikern und in allen mit Musik befaßten Institutionen, sondern auch in der allgemeinen musikinteressierten Öffentlichkeit. Daß die Arbeit der Musikwissenschaft von allgemeinem Nutzen ist, wird somit nirgends so deutlich wie in dem Bereich der Lexikographie (siehe dazu das Verzeichnis wichtiger Musiklexika im Anhang).

Musiklexika erteilen auch Auskunft über den richtigen Gebrauch der *musikalischen Fachwörter*. Es gibt in der Musikwissenschaft einen besonderen Forschungszweig, der sich der Geschichte, Herkunft und heutigen Bedeutung der Termini technici in der Musik widmet (*Handwörterbuch der musikalischen Terminologie*, 1971 ff). Wer professionell über Musik schreibt oder spricht (vom Journalisten über den Operndramaturgen bis zum Autor eines CD-Booklet-Textes), ist darauf angewiesen, daß die Fachwörter von der Musikwissenschaft eindeutig definiert worden sind. Beispielsweise geht die Auffassung, daß im Instrumentalkonzert die Gruppen eine Art Wettstreit miteinander durchführen, auf eine einseitige deutsche Lesart des Wortes «concerto» zurück. Seit Michael Praetorius (ca. 1571–1621) leitete man das Wort von lateinisch concertare = wetteifern ab. Dagegen verstand man darunter in Italien – dem Geburtsland des Instrumentalkonzerts – schon im 16. Jahrhundert einfach das abgestimmte Zusammenspiel, weil man das Wort auf mittellateinisch-italienisch concertare = zusammenwirken zurückführte. Ein Rest dieser Bedeutung klingt noch in dem Wort *Konzert*veranstaltung (und sogar in dem politischen Modewort *konzertierte* Aktion) nach. Ein anderes Beispiel bietet der Fachausdruck «Musiktheater». Zeitweise als eine Sonderentwicklung der Operngeschichte des 20. Jahrhunderts verstanden, daneben auch zur Kennzeichnung eines Inszenierungsstils benutzt, der Elemente der Schauspielregie aufgreift, hat sich heute in der Musikwissenschaft die Auffassung durchgesetzt, daß unter Musiktheater alle Formen der Bühnenkunst zu verstehen sind, bei der Musik eine strukturell entscheidende Rolle spielt: Oper und Musikdrama, Singspiel und Musical, Operette, Ballett, Modern Dance usw. (vgl. Pipers Enzyklopädie des Musiktheaters 1997).

Bei editorischer und lexikographischer Arbeit liegen die Anwendungsmöglichkeiten auf der Hand. Man darf darüber hinaus aber davon ausgehen, daß prinzipiell jedes musikwissenschaftliche Ergebnis auf die musikkulturelle Praxis einwirken kann. Künstler, Dramaturgen, Journalisten, Therapeuten und Pädagogen brauchen sich nur zu bedienen; die Umsetzung allerdings müssen sie schon selber leisten – ein Umstand, der z. B. in der Musikpädagogik durchaus schon zu Verwerfungen geführt hat.

Ganz deutlich ist der musikwissenschaftliche Mehrwert bei der sogenannten «historischen Aufführungspraxis» gegeben. Ohne die musikhistorischen Forschungen über Instrumente, Gesangs- und Darstellungskultur, räumliche und soziale Gegebenheiten für Musik- bzw. Operndarbietungen in den vergangenen Jahrhunderten hätte z. B. die Wiederentdeckung Händels als Opernkomponist nicht stattgefunden. Es gab ja vor 30 Jahren nicht einmal die Sängerinnen und Sänger (Kontratenöre), die den Partien überhaupt gewachsen waren. Wahr ist allerdings auch, daß rein ‹philologisches› Musizieren zu sehr sterilen Ergebnissen führen kann. Erst wenn sich Musiker vom Rang eines Nikolaus Harnoncourt der historischen Befunde annehmen und ihr künstlerisches Vermögen in die Aufführung einbringen, kommt es zu dem Erlebnis des Alten als für heutige Ohren ganz Neuem. Daneben bleibt es selbstverständlich legitim, in durchaus subjektiver, zeitgenössischer Weise mit der historisch überkommenen Musik umzugehen, wie das Beispiel Glenn Goulds zeigt, dessen Interpretationen der Werke Johann Sebastian Bachs nichts von ihrer Gültigkeit verlieren, weil sie auf einem modernen Steinway-Flügel statt auf einem Cembalo gespielt werden. Auch diese Einsicht in die prinzipielle Offenheit der musikalischen Rezeptionsgeschichte kann als ein Ergebnis musikwissenschaftlicher Reflexion verbucht werden, von dem eine Wirkung auf die heutige Interpretationskultur ausgeht.

Große Bedeutung kommt auch den Ergebnissen der musikpsychologischen Forschung für verschiedene Anwendungsgebiete zu. Die Musiktherapie profitiert von ihnen ebenso wie die Musikpädagogik und – als deren Gegenwelt – die Werbeindustrie. Die Musikpädagogik ist im übrigen besonders an den Ergebnissen musiksoziologischer Forschung interessiert, weil diese sich u.a. auf das Verhalten von Jugendlichen im komplexen Beziehungsgeflecht von Normenbildung, Identitätsfindung, Protesthaltung, Konsumverhalten und Verkaufsstrategien der Musikwirtschaft beziehen (siehe dazu das folgende Kapitel).

Literatur

Adler, Guido (1919). Methode der Musikgeschichte. Leipzig: Breitkopf & Härtel.

Bruhn, Herbert u. Rösing, Helmut (Hg.) (1998). Musikwissenschaft. Ein Grundkurs. Reinbek: Rowohlt.

Burney, Charles (1789). A general history of music. 4 Bde. London (Nachdruck 1958).

Cadenbach, Rainer, Jaschinski, Andreas u. Loesch, Heinz von (1997). Musikwissenschaft. In: Finscher, Ludwig (Hg.): Die Musik in Geschichte und Gegenwart. Neue Ausgabe Sachteil Bd. 6 (Sp.1789–1827). Kassel–Stuttgart: Bärenreiter–Metzler.

Forkel, Johann Nikolaus (1788 und 1801). Allgemeine Geschichte der Musik. 2 Bde. Leipzig: Schwickert.

Handwörterbuch der musikalischen Terminologie (1971 ff). Hg. v. Hans Heinrich Eggebrecht. Wiesbaden: Steiner.

Hawkins, John (1776). A general history of the science and practice of music. 5 Bde. London: Payne.

Musik-Almanach 1999/2000. Daten und Fakten zum Musikleben in Deutschland, hg. v. Deutschen Musikrat. Kassel: Bärenreiter.

Pipers Enzyklopädie des Musiktheaters (1986–1997). Oper – Operette – Musical – Ballett. Hg. v. Forschungsinstitut f. Musiktheater der Universität Bayreuth. 6 Bde u. Register. München–Zürich: Piper.

5. Grundlagen – Methoden – Theorien

Formen der wissenschaftlichen Auseinandersetzung mit Musik

Die wissenschaftliche Auseinandersetzung mit Musik kann auf sehr unterschiedliche Weise erfolgen. Musik als klingendes Ereignis und psychisches Phänomen läßt sich über Noten, über die akustische Struktur oder über das Musikerleben analysieren und interpretieren. In den Aufgabengebieten der Historischen Musikwissenschaft dominiert der Umgang mit der schriftlichen Existenzform von Musik. Die Noten bilden das Ausgangsmaterial für musikimmanente Analysen. Formale Strukturen, Melodie- und Harmonieverläufe, rhythmische Gestaltung, Instrumentation und Klangfarbe werden im Zusammenhang mit historischen Kompositionslehren und -regeln betrachtet, unter Berücksichtigung von Faktoren wie Zeit- und Personalstil bzw. Aspekten der Gattung erklärt, mit Blick auf die zeit- und geistesgeschichtlichen Befunde interpretiert und schließlich bewertet. Die Bewertung geht also nicht vorrangig vom heutigen Musikverständnis aus, sondern ist überwiegend historisch legitimiert. Durch die Aufarbeitung der Rezeptionsgeschichte von Musik kann zudem die Abhängigkeit musikalischer Werturteile im Verlauf der verschiedenen geschichtlichen Epochen dokumentiert werden.

Allgemein gesagt dient der *Notentext* als Auslöser für Klangvorstellungen. Die Aufgabe von Musikern besteht darin, diese Klangvorstellungen am Instrument oder mit der eigenen Stimme hörbar zu machen; die Aufgabe von Musikwissenschaftlern ist es, die Klangvorstellungen in Abhängigkeit von den Bedingungen der historischen Zeit und den individuellen Gegebenheiten eines Komponisten (biographischer Aspekt, kompositorisches Anliegen) zu präzisieren. Zwischen der Interpretation und Hörbarmachung von Musik durch die reproduzierenden Künstler und der analytischen

Interpretation durch Musikwissenschaftler ergeben sich häufig gravierende Unterschiede. Die als Ergebnis von wissenschaftlich-analytischer Arbeit rekonstruierten Klangvorstellungen sind keineswegs immer deckungsgleich mit den von ausübenden Musikern realisierten Klängen – wenn aber doch, dann durchaus mit Gewinn, wie sich am Beispiel der Umsetzung historischer Aufführungspraktiken in der Gegenwart zeigt.

Da Noten immer nur ein verschlüsseltes Abbild von Musik darstellen, erlauben sie einen durchaus großen Freiraum hinsichtlich ihrer Interpretation und klingenden Reproduktion. Das betrifft insbesondere die Gestaltung des Zeitverlaufs (Tempo, rhythmische Akzentuierung), der Dynamik (Lautstärkegrad, Gewichtung einzelner Tonfolgen in Zusammenklängen) und der Klangfarbe (u. a. bedingt durch die klanglichen Charakteristika eines Instruments und durch die Spielweise). Wegen dieses in Notenschrift nicht festgehaltenen Mehrwerts von Musik ist in den letzten Jahrzehnten die Beschäftigung mit ihrer *akustischen Struktur* immer wichtiger geworden. Seit Musik auf Tonträger gespeichert werden kann und Geräte zur Klanganalyse entwickelt worden sind, wird Klanganalyse auf wissenschaftlicher Grundlage betrieben. Bei notierter Musik hat sich hier vor allem der Interpretationsvergleich als lohnendes Untersuchungsgebiet erwiesen. Unterschiede, die sich teilweise durchaus auch mit dem Gehör wahrnehmen lassen, können durch Klanganalyse überprüft und objektiviert werden. Vor allem können Erklärungen zum Höreindruck gegeben werden, die auf spezifischen physikalisch-akustischen Merkmalen des Teiltonspektrums von Klängen (Stärke einzelner Teiltöne, Formantbereiche, feinmodulatorische Veränderungen) beruhen und einen Gesamtklang prägen, ohne im einzelnen wahrnehmbar zu sein.

Bei nicht-notierter, nur mündlich oder medial auf Tonträger überlieferter Musik bedeutet die Klanganalyse einen wichtigen Schritt auf dem Weg zur Transkription (notenschriftliche Übertragung) und formalen wie inhaltlichen Beschreibung von Musik. Ein Großteil aller Musik, vor allem die Gebrauchs-, Umgangs- und Unterhaltungsmusik, ist nie in Notenschrift festgehalten worden. Sofern nicht in früherer Zeit Notate nach dem Gehör vorgenommen wurden (z. B. für Liederbücher), war diese Musik dem Vergessen anheimgegeben, sobald die Kontinuität der mündlichen Überlieferung aufhörte. Ab dem Ende des 19. Jahrhunderts konnte derartige, nicht notenschriftlich fixierte Musik aufgenommen und auf Tonträger gespeichert werden. Sehr bald schon, nämlich zu Beginn des 20. Jahrhunderts, wurden Phonogrammarchive eingerichtet, in denen die Aufnahmen gesammelt und archiviert worden sind. Inzwischen gibt es umfangreiche musikalische Datenbanken, die nicht nur die frühen Feldaufnahmen aus aller Welt enthalten, sondern auch die Produktionen aus dem Rock-, Pop- und Jazzbereich. Damit steht der Musikwissenschaft zusätzlich zur notierten Musik ein reichhaltiges Repertoire an medial überlieferter Musik für die wissenschaftliche Aufarbeitung zur Verfügung. Eine Musikform wie der Jazz z. B. wäre mit ihren vielfältigen Stilfacetten ohne mediale Überlieferung heute wohl kaum noch präsent, und eine Musikerpersönlichkeit vom Rang des Jazztrompeters und Sängers Louis Armstrong wäre vielleicht schon nahezu vergessen, ganz zu schweigen von seinen legendären Sessions mit der Bluessängerin Bessie Smith (1925: Columbia), mit den Hot Five und Hot Seven (1926–1928), mit dem Pianisten Earl Hines (1928) oder den Mills-Brothers (1938–1940: MCA Corporal).

Weder Noten noch der physikalisch meßbare Schall können das Phänomen Musik in seiner Gesamtheit erfassen. Denn letztlich entsteht Musik als Objekt der Wahrnehmung in der inneren Vorstellung des Hörenden. Die Rezeption der Schallfolgen durch das Gehör und deren interne Verarbeitung im Gehirn führen zum *Musikerleben*. Emotionale und kognitive Interpretationsmuster geben den Schallfolgen ihren Sinn als Musik. Decken sich die vom Komponisten bzw. Musiker in das Medium Musik übertragenen Gestaltungsmuster mit den Interpretationsmustern der Hörer, dann ergibt sich daraus das Verstehen von Musik. Der besondere Reiz von Musik liegt nun allerdings – und das durchaus im Gegensatz zur Sprache – darin, daß sie verschiedene Deutungsmöglichkeiten auf unterschiedlichen Bedeutungsebenen – der emotionalen, assoziativen, imaginativen, motorischen und intellektuell-kognitiven – zuläßt. Gestus und Symbolik von Musik als eines nichtbegrifflichen Kommunikationsmediums sind, sieht man einmal von den plurimedialen Gattungen (Oper, Vokalmusik, Programmusik) und vom Sonderfall der Tonmalerei ab, bis zu einem gewissen Grad bedeutungsambivalent.

Musikalische Ausdrucksmodelle

Ambivalenz darf nicht mit Beliebigkeit verwechselt werden. Denn im Hinblick auf die biologisch-anthropologische Schicht der Musikwahrnehmung sind die interpersonellen, überindividuellen Gemeinsamkeiten größer als die intrapersonell-persönlichen Unterschiede. Der Grund dafür liegt in der durchaus vergleichbaren Ausstattung aller Menschen mit Sinnesorganen und den sich daraus erklärenden identischen Verarbeitungsschritten im Gehirn. So gibt es einen Bestand an archetypischem Wissen, das in grundlegenden und interkulturell wirksamen sprachlichen und musikalischen Ausdrucksmodellen seine Bestätigung findet.

Entwicklungspsychologische Untersuchungen bieten dafür Erklärungsansätze. Sie stehen im Einklang mit den neurophysiologischen Gegebenheiten der Vielschichtigkeit (Intermodalität) von Wahrnehmung. Bereits in den ersten Lebenswochen sind Säuglinge in der Lage, Entsprechungen zwischen auditiven, visuellen und haptischen Reizen zu registrieren. In Experimenten konnte nachgewiesen werden, daß drei bis vier Monate alte Säuglinge anders reagieren, wenn die Stimme zu einem im Film gezeigten sprechenden Gesicht synchron verläuft, als wenn dies nicht der Fall ist. Der Säugling empfindet also eine Übereinstimmung zwischen den Reizen unterschiedlicher Sinnesorgane (dazu Stern 1984, S. 83f). Auch die akustisch-musikalischen Eigenschaften der mütterlichen Stimme werden in direkter Beziehung zu visuellen Eindrücken, sensorischen Wahrnehmungen und motorischen Bewegungen der Mutter erlebt. Eine besonders enge kommunikative Verknüpfung ergibt sich beim Mutter-Kind-Gesang. Wie Mechthild Papousek (1994, S. 132f) nachgewiesen hat, passen Mütter die Wahl ihrer Gesänge zwar dem Zustand des Kindes und seinem stimmlichen Ausdruck an. Der engste Zusammenhang zeigt sich jedoch zwischen einzelnen prototypischen Melodien und dem jeweiligen Anliegen der elterlichen Fürsorge:

«Mütter wählen den Kuckucksruf oder vergleichbare Rufkonturen, wenn sie sich um Blickkontakt mit dem Kind bemühen. Sie benutzen bevorzugt steigende Melodien, wenn sie die Aufmerksamkeit oder einen Beitrag zum Dialog anzuregen suchen. Sie benutzen niederfrequente, langsam fallende Melodien, um einen übererregten oder verdrießlichen Säugling zu beruhigen.»

Untersuchungen über Sprache und emotionale Kundgabe bei Erwachsenen weisen in eine vergleichbare Richtung. So korrelieren relativ hohe Grundfrequenz, starke Variation der Stimmtonhöhe, schnelles Sprechtempo, große Lautstärke und obertonreiche (helle) Klangfarbe mit der emotionalen Qualität von Freude, tiefe Grundfrequenz, geringe Variation der Stimmtonhöhe, langsames Sprechtempo, niedrige Lautstärke und obertonarme Klangfarbe dagegen mit der emotionalen Qualität von Trauer.

Freude und Trauer stellen offensichtlich ein Gegensatzpaar dar, das sich nicht nur innerhalb einer Gesellschaft, sondern durchaus auch im interkulturellen Vergleich durch typische Verhaltensweisen, Aktionen, Gesten und hörbare Äußerungen beschreiben läßt. Die genannten Kategorien können mit den Klängen der Musik in ihrer Verlaufsform imitiert und zugleich vielfältig variiert werden. Musikalisch entsprechen der emotionalen Kundgabe von Freude schnelle Stücke (Allegro, Presto), der Kundgabe von Trauer langsame (Andante, Adagio). Der Prestotyp ist durch Vitalität, vorwärtstreibende Kraft, abwechslungsreich-sprunghafte Aktion und die entsprechenden musikalischen Merkmale gekennzeichnet, der Adagiotyp durch monochrome, in sich kreisende Bewegungsabläufe mit großer Beharrungstendenz und ohne nachhaltige Stoßkraft. In klassischen Sinfonien, Konzerten, Sonaten wird die Differenz zwischen Freude und Trauer im Gegensatz von langsamem Satz und tänzerischem Scherzo bzw. schnellem Finalsatz auf mustergültige Weise und in einer beeindruckenden Vielzahl unterschiedlicher Facetten gegeneinander ausgespielt bzw. miteinander verbunden. In Filmmusik nutzt man diese musikalischen Prototypen gern zur Stimmungsuntermalung (mood-music), in Musik zur Werbung dagegen dominiert eher eindimensional der Freude-Typ. Ein weiteres, interkulturell nachweisbares Ausdruckspaar gründet auf den Verhaltensweisen von Imponiergehabe und Zärtlichkeitsbekundung. Für Imponiergehabe steht klangstarke Militärmusik, vor allem der Marsch als musikalischer Prototyp, für Zärtlichkeitsbekundung sind es Schlaf-, Wiegen- und Liebeslieder.

Geschichte – Gesellschaft – Person: drei Gegenstandsbereiche musikwissenschaftlicher Forschung

Den verschiedenen Zugangsweisen zur Musik im Rahmen wissenschaftlicher Auseinandersetzung entsprechen verschiedene musikbezogene Gegenstandsbereiche, Forschungsrichtungen und methodische Schwerpunkte. Am meisten im Bewußtsein von kultur- und musikinteressierten Menschen befindet sich der Gegenstandsbereich Musik und Geschichte. Er kann als das Kernstück der Historischen Musikwissenschaft bezeichnet werden. Direkte Verbindungslinien bestehen zur Biographik mit dem Versuch, Person und Werk als Einheit zu erfassen, zur Musiktheorie, verstanden als musikalische Handwerkslehre im historischen Diskurs, und zur Musikästhetik bzw. Musikphilosophie mit der Bewertung von Musik nach Kriterien des Schönen und Häßlichen, Alten und Neuen, Banalen und Originellen. Um zu objektiven und überprüfbaren Aussagen zu gelangen, kommen geisteswissenschaftlich-philologische Methoden wie Quellenforschung, Notenkunde, Notentextanalyse und -auslegung (hermeneutische Interpretation) zur Anwendung.

Der Gegenstandsbereich Musik und Gesellschaft verweist auf Systematische Musikwissenschaft als Forschungsdisziplin. Schwerpunktmäßig geht es um die Arbeitsbereiche Musiksoziologie, Musikethnologie, Vergleichende Musikwissenschaft und Popularmusikforschung. Verwendung finden neben den geisteswissenschaftlich-philologischen vor allem sozialwissenschaftlich-empirische Methoden wie Feldforschung, Verhaltensbeobachtung, Befragung und Interview. Durch die Bevorzugung empirischer Methoden ist der Gegenstandsbereich Musik und Gesellschaft deutlich gegenwartsorientiert.

Das gilt auch für den Gegenstandsbereich Musik und Person. Zentral für diesen Aufgabensektor der Systematischen Musikwissenschaft ist die Musikpsychologie. Sie umfaßt die Teilgebiete Psychoakustik, Hörphysiologie, Rezeptionsforschung und Sozialpsychologie bzw. angewandte Musikpsychologie. Zu den empirischen und – seltener – philologischen Untersuchungsmethoden kommen verschiedene naturwissenschaftliche Methoden: Experiment, physiologische Messung, physikalisch-akustische Analyse und, seit neuestem, die Computersimulation.

Zu nennen sind schließlich die Bereiche, in denen die Anwendung bzw. weitere Vermittlung der Forschungsergebnisse erfolgt. Die Editionen von kritischen Gesamtausgaben und jede Art von historischer Aufführungspraxis z. B. beruhen auf Ergebnissen der Musikgeschichtsforschung. Musikpädagogik bezieht ihr Grundlagenwissen aus allen Bereichen musikwissenschaftlicher Arbeit und betreibt deren zielgerichtete Vermittlung nach didaktischen Methoden und Techniken einer altersgruppenspezifischen Umsetzung. Die Ergebnisse musikpsychologischer und -soziologischer Forschung gelangen in Musiktherapie und funktioneller Musik (Musik am Arbeitsplatz, im Geschäft, zur Optimierung von Lernleistung) zum Einsatz; Ergebnisse aus psychoakustischen Untersuchungen und Computersimulation fließen in die Entwicklung neuer analoger bzw. digitaler Musikinstrumente (Synthesizer, Drumcomputer, E-Gitarre), neuer Produktions- und Speichersysteme (Homerecording, Mini-CD) und neuer Übertragungssysteme (Internet) ein.

Die verschiedenen Zugangsweisen zur Musik und ihren drei Gegenstandsbereichen beruhen auf ausschnitthaften Schwerpunktsetzungen. Sie alle haben in der Musikrezeption als komplexem Vorgang musikalischer Aneignung und Sinngebung ihre Mitte. Musik, die nicht gehört wird, nimmt nicht teil am Kreislauf musikalischer Handlungen und verfehlt damit das Ziel einer wie auch immer gearteten musikalischen Kommunikation.

Theorie musikalischer Rezeption

Musikhören vollzieht sich in einem Wirkungsgefüge, das analog zu den drei Gegenstandsbereichen der wissenschaftlichen Auseinandersetzung mit Musik aus drei Determinantenbereichen besteht. Einen ersten Bereich bildet der musikalische Reiz, das Musikprodukt. Ein zweiter Bereich betrifft die Person, die das musikalische Produkt wahrnimmt. Als drittes schließlich üben die Umstände, unter denen Rezeption erfolgt, einen Einfluß aus. Sie sind nachhaltig gesellschaftlich geprägt und kennzeichnend für eine bestimmte

Rezeptionssituation. Die drei Bereiche leiten sich aus den Fragen her: Wer rezipiert, was wird rezipiert und in welcher Situation (wo, wann, warum) wird rezipiert (Abbildung 1).

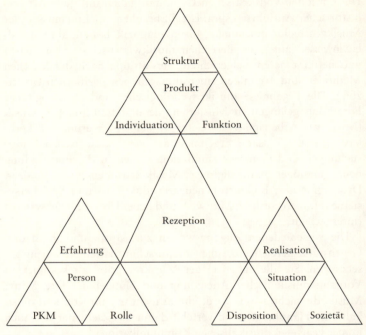

Abb. 1: Das Determinantenmodell und Bedingungsgefüge der musikalischen Rezeption nach Peter Ross (1983, S. 401)

Der Bereich *Produkt* umfaßt die Teilgebiete Struktur, Individuation und Funktion. Unter Struktur sind die Merkmale zu verstehen, die sich auf die musikalische Materialebene beziehen. Ein Bezug des Produkts zum Hörer ergibt sich aus der Funktion des Produkts, d. h. seinem gesellschaftlich oder individuell akzeptierten Stellenwert. Am deutlichsten wird das bei handlungsbegleitender Musik, etwa bei Kirchenmusik zum Gottesdienst, Musik im Film, zum Tanz oder bei der Arbeit. Das dritte Teilgebiet betrifft die Abhängigkeit des musikalischen Objekts vom Komponisten bzw. Musiker und Produzenten. Angesprochen sind damit Merkmale der Individuation, die zwischen Personalstil und Zeitstil changieren.

In ähnlicher Weise fächert sich der Bereich *Person* in mindestens drei Teilgebiete auf. Hier beeinflussen vor allem Merkmale der Persönlichkeit (Gen-Ausstattung, Veranlagung, Sozialisation) und der Konstitution (Hörtyp) den Rezeptionsvorgang und damit die Wirkungen, die Musik auf den Hörer ausüben kann. Das Teilgebiet ist in der Abbildung unter der Bezeichnung PKM (Persönlichkeit und Konstitutionsmerkmale) zusammengefaßt. Ein zweites Teilgebiet spiegelt die Beziehung der Person zum Produktbereich wider und spricht deren Vertrautheit mit musikalischen Produkten unter dem Aspekt der Erfahrung an. Übung und Training am Instrument im engeren Sinn und musikalische Vorbildung durch Schule, Konzertbesuch, Radiohören usw. im weiteren Sinn sind hier von Bedeutung bei der Schaffung eines musikbezogenen Erfahrungsinventars, das jeden Hörvorgang nachhaltig modelliert. Als dritter Aspekt ist die Rolle zu berücksichtigen, die eine Person in bestimmten Situationen musikalischer Darbietung bzw. Aktion übernimmt. Mit dem Rollenwechsel vom privaten Musikhören zum Hören in der Gruppe oder gar als Musikkritiker geht eine Verlagerung der Aufmerksamkeit, des Rezeptionsinteresses und der Wahrnehmung einher.

Der Determinantenbereich *Situation* umfaßt die Teilbereiche Sozietät, Realisation und Disposition. Mit dem Begriff Sozietät wird angedeutet, daß Musikrezeption immer in eine Situation eingebettet ist, die durch übergreifende gesellschaftliche Faktoren und Figurationen bestimmt wird. Der Teilbereich Realisation bezieht sich auf die Reproduktion oder Darbietungsform von Musik. Darunter fällt sowohl die Art der technischen Vermittlung als auch die Live-Wiedergabe. Disposition meint die situationsbedingte psychische Gestimmtheit des Rezipienten (Konzertbesuch nach einem streßreichen Arbeitstag, Musikhören als Ausdruck innerer Freude). Auf diese Weise wird eine Brücke vom Bereich der Situation zur Person geschlagen, ähnlich wie die persönliche Erfahrung auf den Produktbereich und die Funktion wiederum auf den Situationsbereich abzielt. So ist angedeutet, daß zwischen den drei Hauptbereichen Person, Produkt, Situation und ihren Teilgebieten ein komplexes

Netz gegenseitiger Beziehungen besteht. Sie alle entscheiden letztlich darüber, welche Bedeutung eine Person der gehörten Musik in einer aktuellen Situation zuordnen kann oder will.

Was dieses Rezeptionsmodell für die wissenschaftliche Beschäftigung mit Musik zu leisten vermag, sei am Beispiel des Musikhörens beim Autofahren erläutert. Als Verkehrsteilnehmer ist die Person zu einem Rezeptionsverhalten gezwungen, das mit der Rolle als Fahrer nur zu vereinen ist, wenn auf volle Aufmerksamkeitszuwendung gegenüber der Musik verzichtet wird. Folglich wird eine Musik gewählt, die dem Stil nach bekannt ist. Ihr Bekanntheitsgrad als Ergebnis von musikalischer Sozialisation fördert die positive Stimmung, gleichgültig, ob es sich um eine Sinfonie von Brahms, um Rhythm and Blues-Oldies, Klaviermusik in der Interpretation von Glenn Gould oder um Mainstream-Pop handelt. Die Situation erfordert eine bestimmte, nämlich die technisch vermittelte Darbietungsform. Die Wahl der Musik ist zudem von der Realisationsform abhängig. Sie wird nicht nur eingeschränkt durch das Angebot an Programmen im Autoradio oder die gerade auf Kassette bzw. CD mitgenommenen Stücke. Sie ist auch beeinflußt durch meist hohe Fahrgeräusche. Musik mit größeren Lautstärkeunterschieden oder sehr leise Musik eignen sich darum nicht sonderlich als musikalische Produkte für die Situation des Autofahrens. Die Struktur des Produkts muß diesbezüglich gewissen Mindestanforderungen der klanglichen Konstanz genügen. Angesichts der Funktion als Nebenbeihörmusik wird ein verantwortungsbewußter Verkehrsteilnehmer zudem die Lautstärke drosseln. Bei größerer Müdigkeit dagegen ließe sich die Musik lauter hören. Ihre Funktion wäre dann mehr die einer aktivierenden Substanz als die des Zeitvertreibs.

Die weitverbreitete Auffassung, mit einer derartigen (in einem weiteren Arbeitsgang empirisch zu überprüfenden) modellhaften Bestandsaufnahme sei über die Musik selbst so gut wie nichts ausgesagt, beruht auf einem zu engen Musikbegriff. Denn eine Analyse der formalen und strukturellen Gegebenheiten von Musik, die zum Nebenbeihören beim Autofahren taugt, macht erst dann ihren Sinn, wenn die Bedeutung des musikalischen Objekts gemäß dem Determinantenmodell der Rezeption nach allen Haupt- und Teilbereichen erkannt und benannt worden ist. Lediglich bei Musik, die nachweislich um ihrer selbst willen gehört wird, gewinnt die Strukturanalyse gegenüber den situativen und personbezogenen Faktoren einen immer größeren Stellenwert – vor allem dann, wenn es darum geht, das musikalische Konzept eines Werks und die Intentionen des Komponisten näher zu erläutern.

Für die wissenschaftliche Auseinandersetzung mit Musik ist darüber hinaus die Reflexion über den eigenen Standort und die Multifunktionalität einer jeden musikalischen Wahrnehmungsleistung ein wichtiger erster Schritt auf dem Weg zur Formulierung von Fragestellungen, Arbeitshypothesen und Untersuchungsstrategien. Auch hierbei bietet das Determinantenmodell der Musikrezeption Hilfe. Denn es beinhaltet in modellhafter Verdichtung die verschiedenen Zugangsweisen zum Gegenstandsbereich Musik. Zugleich macht es deutlich, daß es bei den Zugangsweisen lediglich um einen Ausschnitt aus der Gesamtheit von Musik als kommunikativer Handlung gehen kann. Musikwissenschaftliches Arbeiten beruht so gut wie immer auf Schwerpunktsetzungen und auf reduktiven Methoden. Darüber sollen die nächsten Abschnitte informieren.

Methoden der Musikwissenschaft: vom Umgang mit historischen Quellen

Methode bedeutet einen zielgerichteten Weg, ein logisch aufgebautes Untersuchungsverfahren, um zu Erkenntnissen zu gelangen. Die Wahl einer bestimmten Methode ist Garant für einen im Hinblick auf ein Forschungsziel bewußt eingeschlagenen, in allen Schritten reflektierten und ständig nachprüfbaren Weg. Ein Forscher wählt sich entsprechend seiner Ausbildung und Interessenlage einen Untersuchungsgegenstand aus. An diesen Untersuchungsgegenstand, also z.B. Musik, stellt er Fragen. Sein Ziel ist deren Beantwortung. Um dies zu leisten, muß er sich für eine oder mehrere Untersuchungsmethoden entscheiden. Jede Methode ist vorerst ein Verfahren zur Gewinnung von Daten. Diese lassen sich interpretieren und bewerten.

Zwischen Forscher, Untersuchungsgegenstand, wissenschaftlicher Zielsetzung und gewählter Methode ergeben sich zwangsläufig Wechselwirkungen. Die Fragen an den Untersuchungsgegenstand werden durch die Wahl einer Methode auf bestimmte Ausschnitte im Sinn der zuvor erläuterten Gegenstandsbereiche gelenkt. Die Hoffnung auf Objektivität bei der Suche nach Erkenntnissen über komplexe kulturwissenschaftliche Untersuchungsgegenstände erweist sich damit als unrealistisch. Durch Sichtweise und Zielsetzung des Forschers und durch die Wahl der Methode wird der Untersuchungsgegenstand seinerseits mitgestaltet. Der Musikwissenschaftler Carl Dahlhaus hat dieses Dilemma lapidar auf den Punkt gebracht: «Jede systematische Untersuchung enthält unentfaltete historische Prämissen und jede historische Studie pauschale systematische Annahmen» (1982, S. 30).

Zentrale Methode der Historischen Musikwissenschaft ist die Philologie. Das Ziel besteht in der Aufdeckung von Sachverhalten der Vergangenheit, selbst dann, wenn es darüber gar keine direkte Darstellung gibt. Ein Historiker befragt sein Material durchaus auch im Hinblick auf Aspekte, deren Beantwortung mit dem Material selbst gar nicht intendiert war. Als Material werden die verschiedensten Quellen bezeichnet. Sie lassen sich unterteilen in absichtlich überlieferte Quellen (z. B. Notenausgaben, Lehrbücher) und unabsichtlich überlieferte Quellen (z. B. das Musikinstrument eines Komponisten, eine Bestallungsurkunde oder Gehaltsabrechnung). Die Beschäftigung mit musikalischem Quellenmaterial setzt das Sammeln und Ordnen von Quellen voraus. Zu den primären Musikquellen (Musikalien) gehören vor allem Autographe des Komponisten (eigenhändige Notenaufzeichnungen) nebst ihren Vorstufen wie Skizzen, Entwürfe, partikulare Niederschriften. Abschriften von Kopisten und Erstdrucke sowie Folgeauflagen runden das Bild ab. Mit Beginn des 20. Jahrhunderts ist der Tonträger als musikalische Primärquelle immer bedeutsamer geworden. Der Stellenwert der klingenden Dokumente muß allerdings sehr genau reflektiert werden. Gerade aus der Frühzeit der Feldforschung existieren viele Aufnahmen, die nur sehr bedingt wiedergeben, was wirklich erklang.

Biographische Quellen (Briefe, Urkunden, Akten) und Berichte über Musiker, ihr Werk und Arbeitsumfeld (in Lexika, Zeitschriften) fungieren als Sekundärquellen. Bei älteren Quellen kann die Erkundung von Schreibern, Provenienzen, Papierbeschaffenheit,

Wasserzeichen, Bucheinband entscheidende Aufschlüsse etwa im Hinblick auf eine genauere Datierung erbringen. Je weiter zurück der Untersuchungsgegenstand in der Geschichte liegt, desto dürftiger wird meist die Quellenlage und um so schwieriger deren richtige Einschätzung: Der Fundus an verlorengegangenen Selbstverständlichkeiten nimmt zu. Vor einer naiven Interpretation von geschichtlichen Quellen muß jedoch generell gewarnt werden. Der Inhalt einer Quelle erschließt sich immer erst dann, wenn man sie als Dokument der Zeit interpretiert, in der sie entstanden ist. Das gilt auch für Quellen aus unserem Jahrhundert, und hier besonders für alle jene Dokumente, die mittlerweile im Rahmen einer Oral-History-Forschung (Zeitzeugen-Interviews) angesammelt worden sind. Die philologische Methode setzt immer eine umfassende Kenntnis der jeweiligen historischen Zeit – von der Sprache mit ihren Formulierungsnuancen bis hin zu den Diskurspraktiken in Abhängigkeit vom Zeitgeist – voraus.

Entscheidend ist und bleibt ein kritischer Umgang mit den Quellen: Quellenfetischismus allein führt zum Verlust von Perspektiven, und schon gar nicht taugt er als Ersatz für das Denken. Editionen und Dokumentationen von Quellen sind Vorstufen wissenschaftlicher Arbeit, nicht schon die wissenschaftliche Arbeit selbst. Die faktische Kraft von Quellen kann sich erst aus ihrer Interpretation ergeben, und jede Interpretation hinterläßt einen Freiraum für Neudeutungen. Im Extremfall wird z. B. in einem Bericht gar nicht erzählt, was wahr ist, sondern was den Beteiligten seinerzeit wichtig oder taktisch geboten zu sein schien. Und in gängigen Notenausgaben, selbst Gesamtausgaben, sind so manche Schreibweisen nicht am Autograph orientiert, sondern an der Willkür eines Lektors oder den Gegebenheiten am Markt. Das kann bis hin zu jenem Verwirrspiel immer wieder neuer und vom Komponisten sogar genehmigter Werkfassungen führen wie im Fall von Anton Bruckner, der seine Symphonien je nach Aufführungsgegebenheiten und Dirigentenwünschen wiederholt überarbeitet hat.

Die Überlieferung und der Fund von Quellen sind gebunden an eine Fülle von Unwägbarkeiten und Zufällen. So kann es durchaus geschehen, daß es von einem Musikkodex aus dem Mittelalter zwar viele Abschriften aus späterer Zeit gibt, nicht aber das Original. Abschriften sind häufig weder vollständig, noch entsprechen sie dem Original. Das braucht nicht einmal die Folge von Fehlern zu sein. Bei handschriftlichen Kopien für den Eigengebrauch, etwa für das Spiel auf der Laute, wurden Vorlagen bewußt gemäß den eigenen instrumentalen Fertigkeiten oder neueren klangästhetischen Vorstellungen abgeändert. Häufig auch wurden Gesangsstücke z. B. für Orgel oder Laute umgeschrieben, d. h. in Tabulatur (instrumentenbezogene Buchstaben-/Zahlennotation) gesetzt. Von dem englischen Lautenvirtuosen John Dowland (1563–1626) existieren Abschriften seiner Stücke in vielen Handschriften für den Musikgebrauch am Hof, ohne daß die Stücke schon im Druck erschienen waren. Unklar bleibt, auf welchen handschriftlichen Vorlagen die einige Zeit später in Sammlungen gedruckten Werke basieren. Auf der Suche nach der ursprünglichsten und somit wohl authentischen Fassung beginnt die philologische Rekonstruktionsarbeit. Alle vorliegenden handschriftlichen Quellen und alle Drucke müssen auf ihr Alter hin bestimmt werden. Auf diese Weise erhält man einen Stammbaum der Quellen. Da üblicherweise einige Zwischenglieder fehlen, also etwa Quelle C und D auf einer unbekannten Quelle B beruhen, kann das Original A nur hypothetisch rekonstruiert werden, sofern C und D nicht identisch sind. Die vielen Probleme, die hier auftauchen, weil die Quellenlage meist viel verworrener ist als in dem hier skizzierten Beispiel, erfordern eine große Sachkenntnis. Sie lassen sich bei historisch-kritischen Werkausgaben dem wissenschaftlichen Kommentar zum edierten Notentext entnehmen. Derartige Kommentare sind ein Beleg dafür, daß der seit dem 19. Jahrhundert so sehr in den Vordergrund gerückte Werkgedanke häufig auf einer Editionsarbeit beruht, die vor allem das Ergebnis eines minutiös durchgeführten philologischen Rekonstruktionsversuchs ist.

Notationskunde

Notenschriftkenntnisse gehören zu den unabdingbaren Voraussetzungen für einen sachgerechten Umgang mit Musikalien (dazu im Überblick: Möller 1997). Notationssysteme übertragen das reale Klanggeschehen in ein visuelles Feld. Das führt zwangsweise zu Akzentuierungen, Verkürzungen, Abstraktionen. Folglich lassen

Notentexte im Bezug zur Vielschichtigkeit von Musik verschiedene Lesarten zu und provozieren unterschiedliche Interpretationen. Aber erst musikalische Notation erlaubt auch eine rationale Durchdringung von Musik bis ins Detail. Sie ist, ihrer Funktion nach, Gedächtnisstütze und Kommunikationselement in einem. Mehrstimmigkeit, Arbeitsteilung zwischen Komponist und ausführenden Musikern, kurz, die musikalische Sonderentwicklung in Europa seit dem Mittelalter wäre ohne Notation kaum möglich gewesen. Bei allen Notationsformen ist der Zusammenhang zwischen Entstehung und Verwendung, Anlaß und Funktion, kulturellen Rahmenbedingungen und Gebrauchskontext zu beachten. Das Lesen und Verstehen von Notentexten ist gebunden an das Wissen um die kulturellen Gegebenheiten und musikalischen Praktiken zur Zeit ihrer Entstehung.

Musiknotation gab es bereits in der Antike. Auch nicht-westliche Notationsformen (China, Japan, Korea, Tibet, Indien, Indonesien) sind bekannt. Nirgendwo aber hat Notenschrift eine vergleichbar zentrale Rolle für die Herstellung und Aufführung von Musik erhalten wie in Europa. Seit dem frühen 8. Jahrhundert wurden Neumen (neuma: Wink) zur Aufzeichnung von Musik verwendet. Sie sind aus Akzent und Apostroph hervorgegangen und geben die Verlaufsform melodischer Konturen einschließlich ihrer rhythmischen Struktur wieder. Es gibt adiastematische Neumen (ohne genaue Angabe der Intervallschritte: Deutschland, Italien) und diastematische Neumen (exakte Festlegung der Intervalle: Südfrankreich). Seit dem 11. Jahrhundert ging man dazu über, Neumen in ein Liniensystem einzufügen. Aus der Neumennotation gingen die römische Quadratnotation und die gotische Hufnagelschrift hervor. Hierbei handelt es sich um verschiedene Formen von Modalnotation im Vier-Linien-System. Die Zeitgestalt der reich verzierten Partien früher mehrstimmiger Musik werden durch Ligaturen (Verbindungen mehrerer Noten) auf der Grundlage von sechs gebräuchlichen rhythmischen Schemata (Modi) notiert. Ab Mitte des 13. Jahrhunderts wurde die Modalnotation von der Mensuralnotation abgelöst. Ihr Grundprinzip besteht darin, die relative Zeitdauer der einzelnen Töne im perfekten (dreiteiligen) und imperfekten (zweiteiligen) Tempus (Zeitmaß) anzuzeigen. Zeitgleich mit der Mensuralnotation wurden Tabulaturen (Spielnotationen) für besonders häufig gespielte Instrumente geschaffen: für Tasteninstrumente (Orgel, Klavier) und für Saiteninstrumente (Laute, Gitarre).

Tiefgreifende Veränderungen in der Musik des späten 16. und beginnenden 17. Jahrhunderts bewirkten den Niedergang der Mensuralnotation. Die Mensur- und Proportionszeichen wurden zu Taktzeichen (gerade, ungerade Takte) umgedeutet. Zudem beginnen Aufführungsanweisungen durch Zusatzzeichen (Crescendo – Decrescendo, Legato – Staccato) und verbale Beschriftungen (Tempo- und Satzangaben) die Notenschrift zunehmend zu bereichern. Im 20. Jahrhundert schließlich kommen zur traditionellen westlichen Notenschrift graphische Notation und musikalische Graphik als neue Varianten hinzu.

Instrumentenkunde

Auch Musikinstrumente haben für musikwissenschaftliche Forschung den Rang von Quellen. Schließlich wird mit ihnen und mit der menschlichen Stimme Musik zum Erklingen gebracht. Zwischen den verfügbaren Musikinstrumenten einer Kultur und der praktizierten Musik bestehen direkte Wechselwirkungen: Musik wird für bestimmte Musikinstrumente bzw. Ensembles komponiert, und Musikinstrumente werden gebaut, um die von Komponisten und Musikern erdachten Klänge zu verwirklichen. Aufgabe der Instrumentenkunde ist es, diese Wechselwirkungen in Vergangenheit und Gegenwart zu untersuchen.

Erhaltene Musikinstrumente datieren vor allem aus der Neuzeit (ab 1500); aus Antike und Mittelalter ist nur noch ein Bruchteil an Instrumenten vorhanden. Untersucht werden Bauart (Organologie), Spielweise und Klangcharakteristik. So ist es z.B. möglich, eine echte von einer gefälschten Stradivarius-Geige zu unterscheiden. Außerdem bieten die Baupläne und Materialbeschreibungen eine Grundlage für die Rekonstruktion bzw. den Neubau alter Instrumente. Will man etwas über die Verbreitung eines Instrumententyps erfahren, dann können etymologische Forschungen über die Instrumentennamen hilfreich sein. Ebenso vermitteln bildnerische Darstellungen mit Musikern und ihren Instrumenten wichtige

Hinweise, vor allem dann, wenn originale Musikinstrumente und Noten nicht zur Verfügung stehen. So versuchte z. B. der Musikethnologe und Instrumentenkundler Curt Sachs eine Rekonstruktion der Musik der Assyrer im 3. Jahrtausend v. u. Z. anhand der auf Steinreliefs überlieferten Darstellung mit harfenspielenden Musikern zu leisten. Bei der Nutzung ikonographischer Quellen stellt die mehr oder weniger große Darstellungsgenauigkeit immer einen Unsicherheitsfaktor dar. Der Symbolgehalt rangiert häufig vor dem Realitätsgehalt. Dennoch geben Bilder bisweilen besser als schriftliche Quellen Aufschluß über aufführungspraktische Gegebenheiten, also etwa über die Zusammensetzung und Anordnung von Ensembles und Orchestern im Raum. Und auch manche Details lassen sich ihnen entnehmen. Durch Bilder wird z. B. belegt, daß der Stachel beim Cellospiel erst gegen 1780 in Gebrauch gekommen und auch 100 Jahre später noch nicht zwingend gewesen ist.

Soziale Zusammenhänge, spirituelle Auffassungen, technische Voraussetzungen und akustisches Wissen, Handhabung, Spielmöglichkeiten und Aufführungsorte (Raumakustik) bedingen die Auswahl und Vorliebe für bestimmte Instrumentengruppen und -typen: z. B. für Selbstklinger (Gegenschlag-Idiophone) auf Java und Bali, für Streichinstrumente in der westlichen Welt seit dem 16. Jahrhundert oder für Flöten bei den indianischen Einwohnern Amerikas. Besonders aufschlußreich sind in diesem Kontext die in verschiedenen Kulturen vorgenommenen Klassifikationen von Musikinstrumenten (im Überblick: Margaret Kartomi, 1990). In ihnen werden die speziellen Merkmale einer Musikkultur in modellhafter Art abgebildet. Seit der Antike sind Klassifikationen von Musikinstrumenten bekannt. Es gibt Einteilungen nach der Art der Klangerzeugung, nach der Herkunft der Instrumente, nach ihrer Bauweise und Verwendung in konkreten Aufführungssituationen, nach weltanschaulichen Gesichtspunkten und nach den verwendeten Materialien. Als außerordentlich elaboriert erweist sich das chinesische System. Die Musikinstrumente werden nach acht Materialien unterschieden: Metall, Stein, Fell, Kürbis, Bambus, Holz, Seide und Ton. Diese Materialien stehen mit Klangtypen, Windrichtungen, Jahreszeiten und Elementen in Verbindung und sind somit in ein weltanschaulich-ganzheitliches System integriert.

Idiophone	Schlagidiophone	unmittelbar geschlagen
		mittelbar geschlagen
	Zupfidiophone	Maultrommel
		Spieldosen
	Streich-Idiophone	Streichstabspiele
		Streichglockenspiele
	Blas-Idiophone	
Membranophone	Schlagtrommeln	unmittelbar geschlagen
		mittelbar geschlagen
	Reibtrommeln	
	Mirlitons	
Chordophone	einfache Chordophone	Stabzithern
		Brettzithern
	zusammengesetzte Chordophone	Trumscheit
		Leier
		Lauteninstrumente
		Harfe
Aerophone	Trompeteninstrumente	Hörner
		Trompeten und Posaunen
	Flöten	Längsflöten
		Querflöten
	Rohrblattinstrumente	Oboeninstrumente (Doppelrohrblatt)
		Klarinetteninstrumente
		Sackpfeifen
	die Orgel und ihre Verwandten	Orgel
		Harmonium

Abb. 2: Systematik der Musikinstrumente nach Erich M. v. Hornbostel und Curt Sachs (in Sachs 1930)

Moderne Systematiken basieren auf der Arbeit von C.-Ch. Mahillon, Kurator für Musikinstrumente am Konservatorium für Musik in Brüssel. Allgemein durchgesetzt hat sich die erstmals 1914 publizierte Systematik der Musikinstrumente von Erich M. v. Hornbostel und Curt Sachs. Idiophone (Selbstklinger) und Membranophone (Fellinstrumente) werden nach der Schwingungserzeugung unterteilt (schlagen, zupfen, streichen, blasen, reiben), Chordophone (Saiteninstrumente) nach ihrer Bauart (einfach, zusammengesetzt) und Aerophone (Blasinstrumente) nach dem akustischen Vorgang der Schwingungserregung (vgl. Abbildung 2). Bei dieser Systematik handelt es sich um ein offenes System, das weitere Differenzierungen je nach Bedarf erlaubt. Hinzuzufügen sind mittlerweile als fünfte Hauptgruppe die Elektrophone (elektroakustische und elektronische Musikinstrumente). Sie haben vor allem die Entwicklung der populären Musik ab der Mitte des 20. Jahrhunderts geprägt. Für die europäische Musikkultur scheint eine Verfeinerung der Chordophone (Lauteninstrumente – Familie der Geigen; Brettzither – Tasteninstrumente Cembalo, Klavichord, Flügel) dringend geboten.

Gerade auch im Hinblick auf die ethno-organologische Vielfalt in allen Bereichen von Volksmusik und volkstümlicher Musik wird inzwischen anstelle einer Systematik von oben eine Systematik von unten diskutiert. Hier lassen sich Bauweise, Materialien, akustische Gegebenheiten, Spieltechnik und Symbolik vom Einzelfall aus betrachten und klassifizieren. Auch die Beschreibung von Ensembles und Orchestern einschließlich der klanglichen Intentionen (Spaltklang, Verschmelzungsklang, Klangsymbolik) gehört dazu.

Hermeneutik: die Lehre von der Auslegung

Seit der Antike ist Hermeneutik als die Lehre der Auslegung durch die Übertragung eines Sinnzusammenhangs in einen anderen bekannt. Um die verschlüsselten Inhalte in mythischen Texten, Träumen, Bildwelten und Musik zu deuten, waren schöpferische Gaben und Charisma gefragt. Mit der Neuzeit begann die Verstehens- und Auslegungsarbeit mit dem Verstand statt durch Intuition. Seit dem Zeitalter der Aufklärung gilt die Ratio als höchste Instanz beim Begreifen und Verstehen des Verschlüsselten. Neben theologischer, philologischer und juristischer Hermeneutik war für die musikalische Hermeneutik das Konzept des Theologen und Philosophen Friedrich Ernst Daniel Schleiermacher (1768–1834) von großer Bedeutung. Ihm zufolge soll durch vergleichende und nachfühlende

Auslegung der Sinn einer sprachlichen Mitteilung erfaßt werden, und zwar mindestens ebensogut wie von ihrem Urheber – wenn nicht sogar besser. Der Philosoph und Literaturwissenschaftler Wilhelm Dilthey (1855–1911) entwickelte auf dieser Grundlage eine psychologische Hermeneutik. Was sich in Dichtung und Poesie ausdrücke, sei in der affektiven Gemütsverfassung des Dichters begründet. Insgesamt gebe es sechs elementare Gefühlskreise, durch die künstlerisches Schaffen geprägt wird:
- Gefühle wie Lust und Schmerz, die unmittelbar von physiologischen Vorgängen ausgelöst werden,
- Gefühle wie Farb- und Tonempfindung, die aus Sinnesempfindungen hervorgehen,
- Gefühle, die durch Beziehungen von Sinnesinhalten zueinander (Proportion, Symmetrie) hervorgerufen werden,
- Gefühle, die der denkenden Verknüpfung von Vorstellungen entspringen,
- Gefühle, die durch elementare Triebe und Leidenschaft entstehen,
- Gefühle, die entstehen, weil der Wahrnehmende der allgemeinen Eigenschaften von Willensregungen inne wird und ihren Wert erfährt.

Über diese Gefühlskreise als Instanzen der Verschlüsselung vollzieht sich nach Dilthey die Metamorphose des Wirklichen im Kunstwerk. Das höchste Ziel von hermeneutischer Interpretation besteht darin, die verschlüsselte, einem Kunstwerk immanente Idee wieder bewußtzumachen. Diese Idee kann seinen objektiv gegebenen Strukturen entnommen werden.

Der Dirigent und Musikhistoriker Hermann Kretzschmar (1848–1924) hat dieses Verfahren der hermeneutischen Interpretation im Sinne einer «Dolmetsch-Kunst» auf Musik – vor allem Instrumentalmusik – übertragen. Denn gerade sie verlange danach, daß man hinter Zeichen und Formen die Ideen sieht. Musik sei mehr als nur tönend bewegte Form, wie das der Wiener Musikkritiker Eduard Hanslick in seiner Streitschrift *Vom Musikalisch-Schönen* 1854 postuliert hatte. In dem seinerzeit höchst populären *Führer durch den Concertsaal* verbindet Kretzschmar das systematische Anliegen der hermeneutischen Vorgehensweise durch die Konstruktion eines Wörterbuchs der musikalischen Bedeutungen mit einem starken pädagogischen Aspekt: mit der Anleitung zum richtigen Hören von Musik. Häufig kommt dabei allerdings – ganz im Trend der poetischen Musikausdeutung des 19. Jahrhunderts – kaum mehr als eine schlechte Metapher über die Musik heraus. So etwa, wenn er zur Erläuterung des langsamen Beginns der 2. Sinfonie von Ludwig van Beethoven ein Bild aus der Sternenwelt bemüht, das dann «sehr wolkig und ernst» wird, bevor mit dem Allegro con brio ein «gemütlich humorvolles» erstes und ein «triumphierendes» zweites Thema erklingen (Kretzschmar 1898, S. 135).

Einen durchaus differenzierteren Weg hat nur wenig später der Musikwissenschaftler Arnold Schering (1877–1941) aufgezeigt. Musik existiere als tönendes und in Schriftzeichen kodiertes Objekt. Für das Bewußtsein stehe sie aber zudem in einem Zusammenhang, der durch historisches, biographisches, philosophisches und literarisches Wissen geprägt werde. Gemäß dieser Annahme entwickelt Schering eine Symbolkunde, die über die rein musikstrukturell-formalen Gegebenheiten weit hinausweist. Für ihn bilden Gefühls- und Vorstellungssymbolik jene Schichten des musikalischen Kunstwerks, die es zu entschlüsseln gilt. Schering hat das vornehmlich an der Instrumentalmusik von Ludwig van Beethoven exemplifiziert, bis hin zu der Suche nach verschwiegenen Programmen in den Sinfonien (s. Schering 1914 u. 1941).

Die Fragestellungen und Methoden Arnold Scherings wurden seit den 1970er Jahren von dem Musikhistoriker Constantin Floros aufgegriffen und zu dem Konzept einer «musikalischen Exegetik» ausgebaut (1975; 1977–1985). Das Ziel dieser Methode besteht darin, die objektivierbaren Inhalte von Instrumentalmusik zu ermitteln. Dazu werden auch außermusikalische Zusammenhänge der Werke, namentlich Daten aus der Biographie des jeweiligen Komponisten, aus der zeitgenössischen Literatur und Philosophie sowie aus Gesellschaft und Politik einbezogen. So konnte Floros neue Deutungsvorschläge zur Musik von Beethoven über Brahms und Mahler bis zu Ligeti vorlegen.

Ein umfassendes Modell musikalischer Hermeneutik, in dem die musikästhetisch orientierte Hermeneutikdiskussion der jüngsten Jahrzehnte ihre Berücksichtigung findet, ist unlängst von dem Pianisten und Musikwissenschaftler Siegfried Mauser (1994) vorgelegt worden. Die horizontale Bewegungsrichtung innerhalb des Modells (Abbildung 3) soll andeuten, wie der Objektcharakter von Musik (Ebene des Faktischen) durch Intentionalität (verschlüsselte Botschaft) und Aktualisierung (Aufführung) in einer bestimmten Zeit (Geschichtlichkeit) modelliert wird. In der Vertikalen sind die verschiedenen Stationen vom Komponisten (Autor) und der von ihm geschaffenen Musik (Text) über Aufführung und Klangereignis bis zur Rezeption durch den Hörer aufgelistet. Zwischen den Stationen in der Vertikalen und den Ebenen in der Horizontalen ergeben sich vielfältige Rückkoppelungsprozesse, die von Fall zu Fall konkret zu benennen sind. Für improvisierte Musik bilden Autor, Text, Aufführung und Klangereignis eine Einheit, die weitere Auffächerung in Autoren-, Text-, Aufführungsintentionalität bleibt jedoch erhalten. Mit diesem Modell wird nicht nur das musikalische Objekt in seiner komplexen wirkungsgeschichtlichen Zirkulation dargestellt. Es erlaubt zugleich die Klärung der Frage, in welchem Teilbereich einer «hermeneutischen Operation» (Mauser 1994, S. 51) eine Untersuchung jeweils stattfindet.

Durch Kretzschmar und Schering ist musikalische Hermeneutik als Lehre von der Auslegung verschlüsselter Botschaften verstärkt in den musikwissenschaftlichen Diskurs gelangt. Dabei hat sich in zunehmenden Maß eine Zweiteilung ergeben. Das musikalisch Verschlüsselte mag zwar intuitiv erfaßt und vom Musikwissenschaftler als Experten verstanden werden, es bleibt aber so lange spekulativ, wie es nicht rational überprüfbar ist. Dies geschieht einerseits durch Analyse, andererseits durch semantische Deutung. Hermeneutik bedarf dieser beiden Methoden als objektivierender Instanzen.

Musikalische Analyse und Semantik

Generell bedeutet Analyse, ein Objekt auf alle in ihm enthaltenen Bestandteile hin zu untersuchen. Musikalische Analyse dient der exakten Beschreibung von Musik. Ein Musikstück setzt sich aus einer Vielzahl von strukturellen Komponenten zusammen. Zu ihnen gehören formaler Ablauf, Melodie, Harmonie, Rhythmus und Klangfarbe. Diese Komponenten sind nach Kriterien zu betrachten, die in Kompositionslehren und musiktheoretischen Schriften

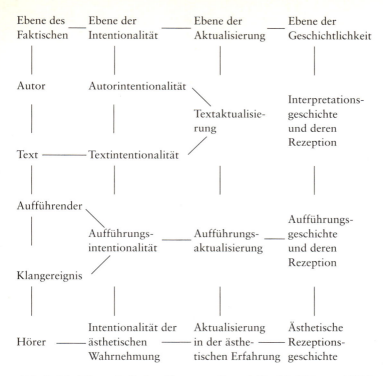

Abb. 3: Modell musikalischer Hermeneutik nach Siegfried Mauser (1994, S. 52)

festgehalten worden sind, und vor allem nach Aspekten von kompositorischer Praxis in einer bestimmten historischen Zeit. Über Jahrhunderte hinweg hat sich musikalische Analyse so gut wie ausschließlich mit Notentexten befaßt. Neuerdings wird in zunehmendem Maß auch das soziale und materielle Umfeld, in dem Musik entstanden, aufgeführt und gehört worden ist bzw. gehört wird, in die analytische Arbeit einbezogen. Nach Auffassung des Musikers und Musikpsychologen Herbert Bruhn (1998) gehören die folgenden Fragestellungen zur Analyse von Musik:
• Wie ist das Musikstück komponiert worden (struktureller Aspekt)?
• In welcher Form ist es überliefert worden (Quellenlage)?

- In welchem sozialen Zusammenhang ist es entstanden (ökonomischer Aspekt, Auftraggeber, Anlaß der Aufführung)?
- Wie war der Komponist motivational bzw. emotional gestimmt (biographische Komponente)?
- In welchem Umfeld fand die Erstaufführung statt (Kirche, Opernhaus, Konzertsaal: situativer Aspekt)?
- Welche Beziehung kann ein Hörer zu der Musik haben (musikästhetische Vorbildung – alltagsästhetisches Allgemeinwissen; Musik für Kenner – Musik für den täglichen Gebrauch: rezeptionspsychologischer Aspekt)?
- In welchem Zusammenhang stehen Form und Inhalt (Botschaft der Musik: semantische Komponente)?

Die rationale Analyse von Musik nach strukturellen Gegebenheiten ist eine abendländische Besonderheit. Sie beginnt mit der Aufstellung von Kompositionsregeln für die Mehrstimmigkeit, die sich mit schriftlicher Planung und Notation ab dem 9. Jahrhundert entwickelt. Die geltenden Regeln wurden in Kompositionslehren niedergeschrieben. Kompositionslehre meint zunächst die Lehre vom Zusammenklang (Kontrapunkt), dann seit dem 15. Jahrhundert die Instrumentalmusiklehre, ab dem Ende des 17. Jahrhunderts die Generalbaßlehre. Hier sei vor allem auf den französischen Komponisten Jean Philippe Rameau mit seinem *Traité de l'Harmonie* von 1722 hingewiesen. Aus der Generalbaßlehre ist im weiteren Verlauf der Geschichte die Harmonielehre hervorgegangen. Jüngeren Datums ist zudem die Formenlehre, deren Grundlagen in dem *Versuch einer Anleitung zur Composition* (1782–1793) von Heinrich Christoph Koch gelegt wurden.

Nach Jahrhunderten einer eher stetig zu nennenden Entwicklung erfolgte mit der Kunstmusik des 20. Jahrhunderts ein deutlicher Wechsel in der Kompositionslehre. Erweiterte Tonalität, Atonalität, Zwölftontechnik, Serialismus, Aleatorik, elektronische Musik und schließlich computerprogrammierte Musik haben zu völlig neuen Kompositionskriterien und -regeln geführt (im Überblick: Frobenius 1998). Entsprechend hat sich auch das Handwerk der musikalischen Analyse geändert, zumindest, soweit es die Beschreibung struktureller Gegebenheiten von zeitgenössischen Kompositionen betrifft.

Ging es in der Kontrapunktlehre vom Mittelalter bis zur Renaissance primär um Regeln zur horizontalen Stimmführung im Notegegen-Note-Satz und zur Konstruktion von Schlußwendungen (Kadenzen, Klauseln), so sind Generalbaß und Harmonielehre Konzepte zur Regelung von Akkorden und Akkordfolgen. Wegweisend für harmonische Analysen wurde die Funktionstheorie von Hugo Riemann (1849–1919). Hauptfunktionen sind Tonika (1. Stufe), Dominante (5. Stufe) und Subdominante (4. Stufe). Durch sie wird die Tonart eines Musikstücks definiert. Hinzu kommen sogenannte Vertreterakkorde. Der Wirkungsgrad der Funktionstheorie ist jedoch begrenzt. Wie der Theorielehrer und Komponist Diether de la Motte in seiner grundlegenden Harmonielehre von 1976 betont hat, läßt sich Riemanns Theorie vor Beginn der Generalbaßzeit allenfalls in Ansätzen und in den Stilen der Kunstmusik nach Claude Debussy gar nicht mehr anwenden. Vergleichbares gilt allerdings auch für die Fundamenttheorie des Bruckner-Lehrers Simon Sechter (ihr zufolge hängt die harmonische Funktion der Tonartstufen von den Grundtönen der jeweiligen Akkordfolge ab), für die energetische Theorie von Ernst Kurth (ab 1913) und die Theorie einer Quint-Urlinie von Heinrich Schenker (1935).

Eine Formenlehre mit der systematischen Darstellung musikalischer Formen entsteht im 18. Jahrhundert (Fuge – Sonatenhauptsatzform – Liedform – Rondo). Das Benennen der Gestalt von Musik nach formalen Prototypen macht allerdings nur dann Sinn, wenn die jeweiligen historischen, stilistischen und gattungsspezifischen Gegebenheiten in die Betrachtung einbezogen werden. Eine gute Einführung bietet hier die Formenlehre von Clemens Kühn (1987); den Zusammenhang von Form und Melodie hat Diether de la Motte in einer Melodielehre (1993) anhand von vielen Beispielen aus der Kunstmusik erörtert.

Instrumentationslehren schließlich datieren aus der Zeit seit Hector Berlioz. Seine wegweisende Instrumentationslehre von 1843 wurde 1905 in erweiterter Form von Richard Strauss wieder publiziert. Eine Rhythmuslehre gibt es bislang noch nicht, weil nach wie vor eine verbindliche Rhythmustheorie für die abendländische Kunstmusik aussteht. Wenn musikalische Analyse aber tatsächlich eine umfassende Methode zum Verstehen von Musik sein soll, dann darf eine fundierte analytische Auseinandersetzung mit der rhythmischen Dimension nicht fehlen. Denn schließlich korrelieren Rhythmus und musikalische Form auf vielfache Weise miteinander (Petersen 1999a u. b).

Musikalische Semantik ist ein Ableger der Zeichentheorie (Semiotik). Ein Kommunikationssystem wie die Sprache funktioniert in einem dreidimensionalen Beziehungsgefüge. Die einzelnen Worte von Sprache stehen zueinander in einer grammatikalischen Verbindung (Syntax), sie besitzen eine Bedeutung (Semantik) und haben im täglichen Gebrauch eine Verständigungsfunktion (Pragmatik). Der Amerikaner Charles S. Peirce (1839–1914) legte gegen Ende des 19. Jahrhunderts eine allgemeine Lehre von den Zeichen vor, die an Logik und Erkenntnistheorie als Gegenstandsbereichen der Philosophie seit Plato und Aristoteles anknüpft. In seiner Schrift *Logic as Semiotic: The Theory of Signs* (1897) vertiefte Peirce die Typologie der Zeichen, indem er die Dynamik ihrer Bedeutungsprägung im gesellschaftlichen Umfeld zu erfassen suchte. Etwa zur gleichen Zeit legte der Schweizer Linguist Ferdinand de Saussure (1857–1913) eine Wissenschaft der Zeichen als Semiologie vor. Demzufolge erhalten Zeichen ihren Sinn durch ein internes syntaktisches und ein externes semantisches Gewebe von Beziehungen. Jedes linguistische Zeichen besteht zudem aus dem Bezeichnenden (dem Lautbild bzw. seiner graphischen Entsprechung: Signifikant) und dem Bezeichneten (einer Vorstellung oder Bedeutung: Signifikat). Das Bezeichnete ist nicht das Ding selbst, sondern nur eine Vorstellung von ihm, und das Bezeichnende stellt lediglich einen Code sprachlicher Vereinbarung zwischen verschiedenen Menschen dar. Das sprachliche Zeichen steht somit in einem willkürlichen Verhältnis zu dem, was es bezeichnet.

Semiotik ist in der Wissenschaft bis hin zu den Schriften von Umberto Eco (z. B. *Semiotik. Entwurf einer Theorie der Zeichen*, 1972) in einer Vielzahl von unterschiedlichen und terminologisch eher verwirrenden statt klärenden Modellen weiterverfolgt worden (vgl. dazu Nattiez 1990, und Monelle 1992). Obwohl mittlerweile klargestellt wurde, daß Musik mit Sprache nur eingeschränkt verglichen werden kann, hat sich für die Theorie musikalischer Zeichensysteme aber doch eine Unterscheidung in drei Qualitätstypen von Zeichen als hilfreich erwiesen. Ikonische Zeichen geben ein in zumindest einer Darstellungsdimension direktes Abbild von dem Bezeichneten (z. B. Tonmalerei, Schallfotografie: Vogelgesang,

Sturm- und Gewitterschilderungen, Herzpochen), indexikale Zeichen zeigen die Beziehung zum Bezeichneten durch eine Korrelierungskonvention an (z. B. musikalische Figurenlehre: Trauer- oder Seufzermotive in Anlehnung an Formen der Rhetorik), und symbolische Zeichen stehen stellvertretend für das Bezeichnete (z. B. Marschmusik als Symbol für Militär, Lautstärke für Gewalt, Volksmusik für Natürlichkeit).

Die drei Repräsentationsmodi musikalischer Zeichen sind stets aufeinander bezogen. Vor allem bei dem Symbol handelt es sich um ein gemischtes Zeichen: Es geht aus ikonischem und indexikalem Zeichentyp hervor und ist in der Musik vorherrschend. Einen Überblick über musikalische Zeichen und ihre Bedeutung (das Bezeichnete) im Verlauf der Geschichte von der griechisch-römischen Antike bis zur Gegenwart hat unlängst der Berliner Musikwissenschaftler Christian Kaden vorgelegt (1998). Erste Hinweise lassen sich oft schon den Stück- oder Gattungsbezeichnungen (Fanfare, Walzer, Ballade, Nachtstück) entnehmen. In neuerer Musik sind die Zeichen in zunehmendem Maß auf das Symptomhafte von menschlichen Ausdrucksgebärden und Emotionen bezogen. Häufig sind sie allerdings auch sehr allgemein, etwa dann, wenn der Rockmusik der 1970er bis 1980er Jahre grundsätzlich ein protesthaftes Potential zugesprochen wird.

Beispiele einer semantischen Interpretation von Ursituationen, magischen Gesten und Archetypen in der Musik verdanken wir dem Musikwissenschaftler Vladimir Karbusicky (1986). Seine Forschung macht deutlich, daß musikalisch-symbolische Zeichen immer einen größeren Bedeutungshof haben. Die konnotativen Interpretationsspielräume sind – nicht zuletzt in Abhängigkeit von historischer Zeit und gesellschaftlichen Faktoren – erheblich. Zwar gibt es «viele Möglichkeiten, wie ein musikalisches Zeichen so zu gestalten ist, daß es wenigstens andeutend verstanden wird. Doch die zeichenhafte Verschwommenheit bleibt der grundlegende, funktionell begründete Vorteil von Musik» (1992, S. 291). Die Methode der musikalischen Semantik verweist somit auf Analyse und Hermeneutik. Alle drei Methoden im Verbund scheinen am besten geeignet zu sein, wenn es um die Interpretation von Botschaften geht, die in musikalischen Texten in verschlüsselter Form enthalten sind (s. a. Floros 1989).

Musikästhetik

So gut wie alle Methoden, die sich der Deutung der in Musik verschlüsselten und in musikalischen Quellen festgehaltenen Botschaften annehmen, sind aus einer philosophischen Annäherung an Musik hervorgegangen. Dazu gehört auch die ästhetische Betrachtung von Musik. Ästhetik als ein Zweig der Philosophie wurde von Alexander Gottlieb Baumgarten 1750 in den philosophischen Diskurs eingebracht. In seiner Schrift *Aesthetica* (1750–1758) gebraucht er den Begriff, um zwischen rationalem Begreifen und dem sinnlichen Erfassen und Gestalten von Zusammenhängen in der Kunst zu unterscheiden. Die Frage, was die Schönheit von Kunst ausmache und was Schönheit überhaupt sei, wird von ihm explizit auf die sinnliche Erfahrung bezogen. Als Metaphysik des Musikalisch-Schönen trägt Ästhetik in der *Kritik der Urteilskraft* von Immanuel Kant (1790, § 49) dazu bei, das Begrifflich-Unbestimmte von Musik nicht nur als Nachteil, sondern auch als Vorteil gegenüber der Sprache zu erkennen.

Die im Verlauf ihrer Geschichte vertretenen Leitsätze musikalischer Ästhetik bis hin zur psychologischen Ästhetik eines Hermann von Helmholtz (*Die Lehre von den Tonempfindungen als physiologische Grundlage für die Theorie der Musik*, Braunschweig 1863) und Gustav Theodor Fechner (*Vorschule der Ästhetik*, 2 Bände Leipzig 1876) betreffen im wesentlichen fünf Fragenkomplexe: 1. die Gemeinsamkeit der Künste (die Ästhetik der einen ist die der anderen Kunst); 2. Formen des ästhetischen Wohlgefallens, hervorgerufen durch Kunst, aber auch durch unmittelbare Anschauung von Natur und Leben und deren Beziehungen zur Kunst; 3. eine Theorie der sinnlichen Wahrnehmung, die zum Erfassen von Sinngehalten führt; 4. den guten Geschmack, ausgerichtet an Erscheinungsformen des Schönen; 5. den Werkbegriff als zentrale Größe für die Erklärung ästhetischer Wahrnehmung.

Allerdings war Ästhetik bei ihren Begründern Baumgarten, Herder und Kant keineswegs primär auf die Werkgestalt konzentriert. Vielmehr ging es hier erst einmal um eine eigene Verhaltenskategorie – in Abgrenzung zu rationalem Denken und praktischem Handeln. Doch zeigt sich im Verlauf der Geschichte der Musikästhetik in Klassik, Romantik und Deutschem Idealismus sehr bald eine Fokussierung auf den Werkbegriff. Diese weist – gerade auch in Verbindung mit dem Gedanken der Autonomie der Künste und der Musik – zunehmend dogmatischere Züge auf und verwirklicht sich im Fällen von ästhetischen Werturteilen. Nur allzu gern pflegen ästhetische Werturteile mit einem Absolutheitsanspruch aufzutreten, der in deutlichem Widerspruch zu ihrer historischen, sozialen und kulturellen Bedingtheit steht. Über den schnellen Wandel von Bewertungskategorien in Abhängigkeit von musikalischen Stilen und Epochen gibt der Musikhistoriker Werner Braun in seinem Buch *Musikkritik. Versuch einer historisch-kritischen Standortbestimmung* (Köln 1972) einen guten Überblick. Begriffspaare wie schön – unschön, richtig – falsch, zusammenhängend – gestückelt, lebendig – starr, neu – veraltet, bedeutend – unbedeutend werden hier als zeitabhängige Bewertungsmaßstäbe ästhetischer Beurteilung beschrieben. Spätestens der Sturz des Hegelianismus im ausgehenden 19. Jahrhundert bedeutete den Verlust des Universalitätsgedankens in Philosophie und Ästhetik. Musikästhetik wird damit zunehmend zur Historiographie ihrer selbst. Ästhetische Werturteile, genauer: die Auseinandersetzung mit den rivalisierenden Entwürfen von Kant bis Adorno, werden zum Untersuchungsgegenstand einer wissenschaftlichen Musikästhetik (im Überblick: Nowak 1997).

Ende des 19. Jahrhunderts vollzog sich im Kontext einer neuen wissenschaftlichen Herangehensweise an Phänomene der Lebenswirklichkeit im geisteswissenschaftlich-kulturellen wie naturwissenschaftlichen Bereich ein grundlegender Paradigmenwechsel. Fragen der Ästhetik und Musikästhetik wurden zunehmend von Einzelwissenschaften aufgegriffen. Mit neuen, vor allem empirischen und experimentellen Methoden beginnt man sich der Erforschung der menschlichen Wahrnehmung anzunehmen. Philosophische Ästhetik ist durch Psychologie und Geschichtsschreibung inzwischen weitgehend ersetzt worden. Sie bleibt allerdings dort unverzichtbar, wo das Bedürfnis besteht, das empirisch Erfaßte oder historisch Dargelegte auf seine übergeordneten Prinzipien und verschlüsselten Botschaften hin zu befragen.

Einen Versuch, allgemeine Prinzipien der musikalischen Formung zu benennen, hat der deutsche Musikpädagoge und Komponist Hermann Erpf (1891–1969) unternommen. Nach ihm ist die Einheit einer Komposition das Ergebnis aufeinander bezogener

Wechselwirkungen von «Wiederholung», «Variante» und «Kontrast». Erpf ist überzeugt, daß es in der Musik «konstitutive Formgesetze» gibt. So fordere jede Wiederholung den Kontrast und umgekehrt jeder Kontrast die Wiederholung. Prinzipiell hätten Wiederholungen trennende und schließende Wirkung, während Kontraste (je nach Stellung in der Einheit) verbinden oder öffnen (1967, S. 214). Die Bedeutung dieser und ähnlicher formaler Ästhetiken ist allerdings auf das dahinter stehende Ideal des einheitlichen, sich im Gleichgewicht befindlichen Werks eingeschränkt. Außerdem müßten die angeblichen ‹Gesetze› erst noch durch Versuchsreihen empirisch erhärtet werden.

Empirie und Experiment

In der Systematischen Musikwissenschaft sind eine Fülle von Methoden gebräuchlich, die nicht primär auf dem Umgang mit musikalischen Quellen beruhen. Das Material, das es zu analysieren und interpretieren gilt, wird erst in einem besonderen Arbeitsgang aufbereitet. Als Material dienen Daten, die sich empirischer Forschung verdanken. Empirie umfaßt alles, was man an Sinneserfahrungen haben und benennen kann; empirische Methoden werden eingesetzt, um alles erfassen zu können, was erfahrbar ist: Erfahrung wird als Quelle für Erkenntnis genutzt. Natürlich beruht auch der Umgang mit historischen musikalischen Quellen auf Erfahrung. Nicht aber ist diese selbst Gegenstand und Material für historisch-philologische Forschung, sondern nur insoweit von Bedeutung, als sie die Analyse und Interpretation von musikalischen Quellen erleichtert. Bei empirischer Forschung dagegen bilden die Erfahrungen vieler Menschen, die im Zusammenhang mit Musik gemacht und geäußert werden, das Ausgangsmaterial der Analyse.

Die Methode der musikalischen *Feldforschung* stellt eine Art Bindeglied zwischen Quellenforschung und empirischer Forschung dar. Sie wurde aktuell, nachdem die technischen Voraussetzungen zur Aufnahme und Speicherung von Musik gegeben waren. Zwar war es auch zuvor schon möglich gewesen, sich auf Expeditionen in ferne Länder Musik der dortigen Bewohner anzuhören und schnelle Transkriptionsskizzen nach dem Gehör zu fertigen. Darüber hinaus konnte man die Aufführungsgegebenheiten beobachten, sich von Gewährspersonen etwas über die Musik, ihre Geschichte, die Musikinstrumente, Aufführungspraktiken und Funktionen erzählen lassen und das alles – aus dem Gedächtnis – in Protokollform niederschreiben (im Sinne einer Erhebung und Dokumentation empirischer Daten). Aber erst durch die Aufnahme der Musik vor Ort ließen sich im nachhinein zu Hause und nach wiederholtem Abhören detailgenaue Transkriptionen anfertigen. Diesbezüglich berühmt geworden sind die notenschriftlichen Übertragungen ungarischer Volkslieder von Béla Bartók und die frühen Analysen japanischer, indischer, türkischer, indianischer und tunesischer Musik nach Edison-Walzen, die Erich Moritz von Hornbostel und Otto Abraham ab 1903 im Psychologischen Institut der Berliner Universität (später Berliner-Phonogramm-Archiv) durchgeführt haben.

Das Sammeln, Transkribieren, Analysieren und Interpretieren fremder Feldaufnahmen erwies sich jedoch als problematisch. Wer nicht durch eigene Beobachtung die Musik der anderen Kulturen kennengelernt hat, kann eine Feldaufnahme nur sehr bedingt auswerten. Denn schließlich stellt die aufgenommene Musik lediglich ein kleines Segment aus einem komplexen soziokulturellen Zusammenhang dar, in den die Musik gehört und ohne dessen Kenntnis sie sich nicht richtig verstehen läßt. Eurozentristische Fehldeutung war nicht selten die Folge. Die Protokollierung aller Begleitumstände beim Musikmachen, möglichst belegt durch Fotos oder Videoaufnahmen, zählt heute zur musikalischen Feldforschung hinzu. Dabei gilt es aber, die Balance zu halten zwischen dem apparativen Aufwand und der Darbietungssituation. Allein schon die Tatsache, daß fremdes Interesse an Musik sichtbar wird, kann bei Gebrauchs- und Umgangsmusik mit stark funktionaler Einbettung zu Veränderungen der Musikdarbietung führen. Diese Gefahr wird um so größer, je mehr der normale situative Aufführungsrahmen gestört, abgewandelt, verfälscht wird durch zu viele Fremdteilnehmer und zu viele Gerätschaften. Am besten funktioniert Feldforschung, wenn mit kleinen, tragbaren, möglichst unauffälligen Aufnahmegeräten gearbeitet wird.

Das Schwergewicht musikethnologischer Feldforschung war zu Anfang des 20. Jahrhunderts darauf ausgerichtet, übergreifende Gemeinsamkeiten in der Gestaltung von Musik bei verschiedenen

Völkern und Kulturen zu erfassen. Das betraf vor allem vergleichende Untersuchungen zu Tonsystem und Tonleiter, Tonräumlichkeit und Mikrointervallik, zu Gestaltungskriterien der Melodik (Konsonanz- und Dissonanzprinzip, sprach- und bewegungsorientierte melodische Muster, modusgeprägte bzw. modale Melodik), zur Rhythmik (additiv-quantifizierend, divisiv-taktgebunden) und zur Form (Wiederholung, Variation, Reihung). Die Methode des Vergleichs musikalischer Strukturen ist aus der um die Wende zum 20. Jahrhundert höchst aktuellen Kulturkreislehre hervorgegangen (dazu Schneider 1976) und hat an der Universität Wien zur Einrichtung des Fachs Vergleichende Musikwissenschaft geführt. Die Hoffnung aber, durch den Vergleich musikalische Universalien und weltweite Areale mit Musik, die ähnliche Strukturen aufweist, dingfest machen zu können, ist nur zum Teil in Erfüllung gegangen. Die ethnologischen Feldforschungen seit den 50er Jahren haben zunehmend deutlich werden lassen, daß die Musik fremder Kulturen letztlich nur auf Grundlage der innerhalb einer Kultur entwickelten Konzepte angemessen beschreibbar ist. Die Suche nach Universalien wurde in Anlehnung an kulturanthropologische Forschungsstrategien («cultural studies») immer mehr durch die Erforschung von kulturspezifischen Musikgeschichten abgelöst. Um fremde Musik als eine von mehreren einander bedingenden kulturellen Komponenten zu verstehen, bedarf es in der Regel eines jahrelangen Trainings zur Dekonditionierung eigener und Neukonditionierung fremder Hörweisen. Diese Forderung gilt natürlich auch für die unbekannten Flecken der eigenen Musikkultur. Wer aus einer Klassik-Musiksozialisation heraus rockmusikalische Phänomene zu differenzieren und deuten lernen will, muß sich ebenso von etlichen Selbstverständlichkeiten im Umgang mit klassischer Musik freimachen wie umgekehrt der Popmusik-Spezialist, wenn er sich mit Free Jazz oder Klassik auseinanderzusetzen gedenkt.

Feldforschung ist keineswegs eine ausschließliche Domäne der Musikethnologie. Sie kann mit viel Gewinn im heutigen urbanen Kontext direkt vor Ort betrieben werden. Populäre Musik zu Straßen- und Volksfesten (Love-Parade, Karnevalsumzug, Schützenfest), in Clubs und Kneipen, auf dem Land oder in der Stadt, in den Minoritäten-Enklaven ausländischer Mitbürger (Diaspora-Forschung) seien hier genannt. Selbst Gesänge im Fußballstadion lassen sich auf diese Weise untersuchen, wie die Studie der Musikpsychologen Reinhard Kopiez und Guido Brink von der Musikhochschule Hannover zeigt (*Fußball-Fangesänge. Eine kleine FANomenologie*, Würzburg 1998).

Gerade in Verbindung mit Feldforschung hat sich die Methode der Verhaltensbeobachtung als wichtig erwiesen, wenn es darum geht, die kontextuellen Bedingungen zu beschreiben, in denen Musik zu hören ist. Dabei kann man von der Arbeitshypothese ausgehen, daß jede Art von sichtbarem und hörbarem Verhalten das Ergebnis eines vielgestaltigen interaktiven Systems von hierarchisch-zielgerichteten Handlungen im zeitlichen Ablauf ist. Diese Handlungsverläufe gilt es durch Beobachtung zu erfassen. Das kann als teilnehmende Beobachtung (Mitakteur) oder aus der Fremdperspektive mit größerer Distanz zum Handlungsvollzug geschehen. In dem einen wie anderen Fall sind vorab Beobachtungskriterien aufzustellen, an die sich die Beobachter zu halten haben. Denn nur dann ist eine Vergleichbarkeit der gewonnenen Daten bei der Auswertung sichergestellt.

Verhaltensbeobachtung kann z. B. interessante Aufschlüsse über konzertbezogene Verhaltensrituale und über musikalisches Rezeptionsverhalten erbringen. Während einer Konzertdarbietung lassen sich je nach Musikrichtung deutliche Unterschiede konstatieren. Jede Teilnahme an einem Konzert setzt das Beherrschen eines Repertoires an Verhaltensregeln voraus. Individuen, die sich diesen Regeln nicht fügen, werden vom Publikum üblicherweise gemaßregelt. Im klassischen Konzertbereich können sie niedergezischt, im Rockkonzert als Außenseiter abgestraft werden. Bei klassischer Musik läßt die konzentrierte, durch starke Triebreduktion gekennzeichnete Teilnahme am Konzert keine Störung durch Geräusche und Bewegungen zu. Erst im Applaus erfolgt die emotionale Befreiung aus dem Darbietungsbann. Beim Rockkonzert dagegen ist es ein Anliegen der Musiker, das Publikum von Anfang an zum Mitmachen zu animieren. Dazu gehören u. a. Mitklatschen, Mitsingen der Refrains, Schaukeln, Tanzen, rhythmisches Heben der Hände. Die Beschreibung derartiger Verhaltensabläufe kann zur idealtypischen Benennung von verschiedenen Verhaltensritualen im Konzertsaal führen (siehe Rösing und Barber-Kersovan in Bruhn u. a. 1993), und sie kann Aufschluß zu der Frage geben, ob ein Konzert mit «den 3 Tenören» wirklich noch als klassisches Konzert zu bezeichnen und GEMA-mäßig abzurechnen ist oder nicht.

Alle empirischen und experimentellen Untersuchungsmethoden sind nicht genuin musikwissenschaftliche Methoden. Sie wurden in Sozialwissenschaften und Psychologie entwickelt und von dort auf die Untersuchungsbereiche Musik und Gesellschaft sowie Musik und Person übertragen. Das Problem empirischer Methodik besteht darin, für die praxisbezogene, pragmatische und für die inhaltsbezogene, semantische Dimension von Musik ein System für die Datengewinnung zu finden, das dem Gegenstandsbereich der Untersuchung angemessen ist und sich zwecks Datenauswertung in ein numerisches System übertragen läßt. Um das zu leisten, ist eine klare Modellbildung erforderlich. Die wesentlichen Größen, die im Forschungsprozeß zu berücksichtigen sind, müssen in einer brauchbaren Modellrelation zusammengefaßt werden (Abbildung 4).

Dazu ein Beispiel aus dem musikalischen Alltag. Wiederholt neigen Musiklehrer dazu, aus dem unsauberen Singen eines Schülers darauf zu schließen, daß der Schüler unmusikalisch sei und deshalb kein Musikinstrument spielen lernen sollte. Ein Empiriker kann sich mit einer derartigen Folgerung nicht zufriedengeben. Er wird die Urteile möglichst mehrerer Lehrer über Schüler mit Singschwäche sammeln und am besten auch gleich die betroffenen Schüler selbst befragen. Die Lehrerurteile und Schülerstellungnahmen wird er jedoch nicht für sich sprechen lassen. Statt dessen sucht er nach gemeinsamen Strukturen, die diesen Daten zugrunde liegen. Um das zu leisten, bildet er Arbeitshypothesen (etwa: Zwischen schlechtem Singen in der Schule und Unmusikalität besteht kein Zusammenhang – Schlechtes Singen in der Schule ist eine Folge von Demotivation) und nutzt numerische Systeme zur Überprüfung (Verifizierung oder Falsifikation) seiner Hypothesen. Mit statistischen Hilfsmitteln kann er sein Datenmaterial auf Häufigkeitsverteilungen, Mittelwerte und Korrelationen hin untersuchen. Die mathematisch-statistischen Operationen führen zu rechnerischen Ergebnissen, die abschließend in bezug auf den untersuchten Gegenstandsbereich interpretiert werden müssen. Die Interpretation bedeutet die Transformation der Zahlenwerte in Aussagen, die in möglichst eindeutiger Relation zu den Zahlen stehen sollten. Hinsichtlich des Beispiels könnte dabei tatsächlich herauskommen,

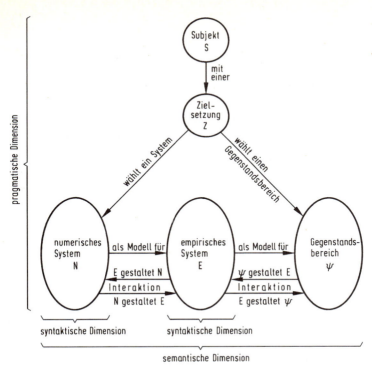

Abb. 4: Der empirische Forschungsprozeß als Modellrelation mit 5 Größen nach Gerd Gigerenzer (1981, S. 31)

daß Schüler häufig nicht schlecht singen, weil sie unmusikalisch sind, sondern weil ihre Motivation zum gemeinsamen Singen ungeliebter Lieder im Klassenverband äußerst gering ist. Und zudem könnte sich zeigen, daß die meisten Musiklehrer klug genug sind, das auch schon erkannt zu haben.

Methoden der Datenerhebung

Umfangreiche Datensammlungen entstehen, wenn Personen frei zu Musik assoziieren oder über Musik reden dürfen. Bereits um die Jahrhundertwende baten amerikanische Forscher ausgewählte Versuchspersonen ins Studio. Hier wurde ihnen Musik, meist aus dem klassischen Repertoire, im Original oder in Bearbeitungen vorgespielt. Im Sinn einer freien Befragung wurden die Personen aufgefordert, ihre Eindrücke, Empfindungen, Stimmungen während der Musikdarbietung schriftlich festzuhalten. Durch den Vergleich der Hörprotokolle erhoffte man sich interindividuellen Aufschluß über die Wirkungen von Musik. Sehr bald begann man das Verfahren zu präzisieren. Aus der offenen wurde eine gelenkte Befragung: Der Versuchsleiter stellt Fragen, die es zu beantworten gilt.

Jede Lenkung beinhaltet jedoch die Gefahr einer unzulässigen Abgrenzung. Darum wurde in den Sozialwissenschaften als Alternative zum frageleiteten das erzählende Gespräch («narratives Interview») zur Methode erhoben (Witzel 1982) und verfeinert (z. B. Kleining 1995: qualitativ-entdeckende Sozialforschung). Der Gesprächspartner wird angeregt, zu einem Themenkomplex – etwa über seine Lieblingsmusik und die Frage, wie es dazu kam – frei zu berichten. Die Gesprächsführung bleibt nondirektiv. Allenfalls in einem zweiten Gespräch bzw. einer zweiten Gesprächsphase werden vertiefende Nachfragen gestellt – meist zu dem, was der Gesprächspartner zuvor in der ersten Phase geäußert hat. Das Problem narrativer Interviews besteht in dem erheblichen Zeitaufwand (ein Gespräch dauert selten kürzer als eine Stunde) und den großen Datenmengen, die es nach dem Gespräch zu sichten, vergleichen und deuten gilt. Außerdem läßt sich die Repräsentativität der Gruppe der Befragten kaum erreichen. Selbst wenn man es mit einer klar umgrenzten Zielgruppe (etwa Studenten zwischen 20 und 30 Jahren, die wenigstens ein Musikinstrument spielen) zu tun hat, müßte man weit mehr Personen, als vom Zeitaufwand her realisierbar ist, zu einem Interview bitten, um die demographische Struktur der Zielgruppe im Sample einigermaßen nachzustellen.

Ein Leitfaden-Interview bedeutet hier nicht nur eine Begrenzung der zu erwartenden Datenmenge, sondern vor allem eine bessere Vergleichbarkeit der Aussagen der verschiedenen Gesprächspartner. Die polnische Wissenschaftlerin Maria Manturzewska (1995) hat nach dieser Methode umfangreiche Daten zu musikalischen Werdegängen von Berufsmusikern erhoben und ausgewertet. Eine noch weitere Eingrenzung erlaubt das strukturierte Interview. Hier ist nicht nur jede Frage von vornherein genau ausformuliert, sie muß auch nach bestimmten Kriterien (im Extremfall nur mit ja oder nein) beantwortet werden. Derartige standardisierte Formen der Datenerhebung (bis hin zum Telefoninterview) werden bevorzugt bei marktwirtschaftlich ausgerichteten Untersuchungen angewendet – etwa den Präferenzstudien und Hörertypologien von Plattenindustrie, Rundfunk und Fernsehanstalten.

Von hier ist der Weg zur Fragebogen-Untersuchung nicht weit. In Musikpsychologie und -soziologie hat bislang die Fragebogen-Methode gegenüber den freieren Interviewtechniken eindeutig dominiert. Eine Fragebogenaktion kann ein repräsentatives Sample an Befragten umfassen. Vor allem erlaubt diese Methode eine Auswertung der auf dem Fragebogen angekreuzten Antwortfelder bzw. – seltener – der frei formulierten Angaben nach allen Regeln mathematisch-statistischer Auswertungskunst (dazu Bortz 1984). Die wissenschaftliche Brauchbarkeit von Fragebögen steht und fällt mit der Formulierung der Fragen und der Vorgabe von Möglichkeiten ihrer Beantwortung. Suggestivfragen sind verboten, allzu einengende Antwortfelder verpönt. Wissenschaftlichen Kriterien genügende Fragebögen sind meist recht umfangreich. Sie enthalten in der Regel ein Feld mit demoskopischen Fragen (zur Person: Geschlecht, Alter, Ausbildung, Beruf, Wohnort), ein Feld mit allgemeinen Fragen zum Musikverhalten (Hörhäufigkeit, Angaben zu Tonträgerkauf, musikbezogener Mediennutzung, zu Hörvorlieben und -abneigungen) und ein Feld mit speziellen Fragen zum eigentlich zu untersuchenden Themenkomplex (etwa über Qualität und Wirkung von Musik im Kaufhaus, über Erwartungen und Eindrücke in Verbindung mit einem Konzertbesuch, über die Bewertung unterschiedlicher Musikstile). Die Fragenformulierung setzt nicht nur umfassendes – meist in Form von Hypothesen verdinglichtes – Vorwissen zu dem jeweiligen Themengebiet voraus, sie muß auch dem Sprachwissen der Befragten (jugendliche Schüler – Erwachsene; Laien – Experten) angemessen sein. Die Rücklaufquote von Fragebögen läßt, selbst bei hochgradig motivierten Personenkreisen wie Konzertgängern, Chormitgliedern, Musikliebhabern meist zu wünschen übrig. Wenn Fragebögen nicht sofort (unter Aufsicht) ausgefüllt und abgegeben werden können, dann sind Rücklaufquoten um die zehn Prozent herum schon ein durchaus gut zu nennendes Ergebnis. Neuerdings gibt es zunehmende

Bestrebungen, Befragungen mit Computerhilfe und über Internet durchzuführen. Mit Computerhilfe können z. B. kontinuierlich Daten zum Verlauf von musikalischen Handlungen oder zum Erleben von Musik erhoben werden. Online-Messungen haben zudem den Vorteil, daß sich die Daten nicht nur gleichzeitig von mehreren Versuchspersonen speichern lassen, sondern auch berechnet werden können. EDV-gestützte Datenerhebungsmethoden müssen in die Musikwissenschaft erst noch eingeführt werden. Ein Überblick über die vielen neuen Möglichkeiten findet sich bei William L. Berz und Judith Bowman (1995).

Strukturierte Interviews und Fragebogen-Untersuchungen werden als quantitative, freies Gespräch und Leitfaden-Interview als qualitative Methoden bezeichnet. Beide Verfahren können sich auf gute Weise ergänzen und stützen. Mit quantitativen Methoden lassen sich vor allem allgemeinere Trends im Umgang mit Musik zahlenmäßig gut erfassen, mit qualitativen Methoden die individuellen Differenzierungen. Beide jedoch geben kein 1:1-Abbild von musikalischer Wirklichkeit, sondern nur einen Ausschnitt, der allein schon durch die Übertragung von Eindrücken, Assoziationen, Gefühlen in das Medium Sprache bedingt ist. Zudem muß man sich darüber klar sein, daß jede punktuelle Befragung immer nur einen Ist-Zustand zum Zeitpunkt der Befragung erfaßt. Alterseffekte (persönliche Entwicklung), Zeiteffekte (z. B. modische Trends im Bereich der populären Musik) und Generationseffekte (Abgrenzung einer Peer-group von anderen Gruppierungen) bedingen ständige Veränderungsprozesse. Derartige Prozesse lassen sich nur mit Langzeituntersuchungen an ein und derselben Personengruppe (Kohorte) dokumentieren – mit erheblichem Aufwand und ungewissem Ausgang angesichts der heutzutage üblichen großen Mobilität.

Weitere spezielle Methoden der Datenerhebung mit experimentellem Zuschnitt haben – in Anlehnung an das Methodenarsenal in der Psychologie – auch in der Musikpsychologie Anwendung gefunden. Schon früh wurde der klingende Fragebogen mit mehr oder weniger langen Ausschnitten aus Musikstücken zu einem bevorzugten Befragungsinstrument. In der amerikanischen empirischen Forschung ab den 30er Jahren erwies sich die Beschränkung auf kurze, höchstens einminütige Musikausschnitte als sinnvoll, um einzelne Dimensionen des musikalischen Geschehens wie Melodie,

Harmonie, Tempo, Rhythmus systematisch variieren zu können. Aus dem Vergleich der Stellungnahmen zu den unterschiedlichen Fassungen erhoffte man sich Aufschluß über die Wirkung der einzelnen musikalischen Dimensionen. Hier hat sich vor allem die amerikanische Forscherin Kate Hevner[-Mueller] (1936) profiliert. Für ihre experimentellen Untersuchungen über Ausdruckselemente in der Musik verwendete sie Adjektivlisten mit mehr als 60 Begriffen. Aufgabe der Versuchspersonen ist es anzugeben, welche Adjektive auf ein gerade gehörtes Beispiel zutreffen und welche nicht.

Eine in der deutschen Musikwissenschaft der 1960er und 1970er Jahre bevorzugt herangezogene Untersuchungsmethode war die Befragung mit dem semantischen Differential. Hier werden möglichst viele, meist adjektivische Gegensatzpaare (z. B. schnell – langsam, ernst – verspielt, fein – grob, verträumt – nüchtern) in einem Profil zusammengestellt und durch eine mehrstufige Ratingskala miteinander verbunden. Den Versuchspersonen kommt die Aufgabe zu, kurze Musikbeispiele oder auch abstrakte Musikbegriffe wie Harmonie, Klang, Atonalität, Lärm durch Ankreuzen auf der Ratingskala des Polaritätsprofils zu charakterisieren. Als Schätzskala erlauben die Stellungnahmen möglichst vieler Versuchspersonen eine schnelle Mittelwertsbeurteilung von musikbezogenen Sachverhalten jeder Art, als Eindrucksskala eignen sie sich gut zur überschlägigen Beurteilung ästhetischer Wahrnehmung (ausführliche Beschreibung der Methode bei Böttcher u. Kerner 1978). Besondere Bedeutung hatten und haben die in den 1960er und 1970er Jahren nach der standardisierten Methode des semantischen Differentials durchgeführten musikpsychologischen Arbeiten aus der Schule von Peter R. Hofstätter und Hans-Peter Reinecke in Hamburg. Neuerdings werden anstelle von Polaritäten unipolare Begriffslisten mit fünf- bis siebenstufiger Ratingskala pro Begriff bevorzugt. Auch greift man nicht mehr, wie beim Polaritätsprofil, auf vorgegebene Begriffe zurück, sondern ermittelt diese in einem auf die Fragestellung abgestimmten Pretest.

In der ersten Hälfte des 20. Jahrhunderts hat sich, ebenfalls von den USA ausgehend, die Testpsychologie entwickelt. Zur Überprüfung von Musikalität gab es recht bald standardisierte Tests mit einer Fülle von Hör- und Musikaufgaben. Der von dem amerikanischen Musikpsychologen Carl Emil Seashore 1919 erstmals vorgelegte «Seashore-Test» hebt ganz auf die sensorischen Fähigkeiten des Hörens ab. In sechs Testreihen wird im Paarvergleich abgefragt, ob die Tonhöhen, Lautstärken, Tonlängen und Klangfarben von je zwei synthetisch erzeugten Stimuli voneinander abweichen oder nicht. Gleiches geschieht mit 3- bis 5-Ton-Folgen («Melodiegedächtnis») und mit kurztaktigen Rhythmusfolgen. Neben mehreren von der Grundkonzeption her vergleichbaren standardisierten Tests zur Früherkennung von musikalischer Begabung (z. B. Bentley-Test) hat in den 60er/70er Jahren vor allem Edwin E. Gordon einige speziellere Begabungs- und Leistungstests vorgelegt. Die Erstellung von zuverlässigen Individualdiagnosen und -prognosen ist aber auch durch sie nicht wesentlich verbessert worden. Angesichts der Vieldimensionalität und soziokulturellen Relativität des Begabungs- und Musikalitätsbegriffs ist das weiter nicht verwunderlich. Denn Musikalität meint in jedem Fall mehr als allein die Leistungsfähigkeit des Gehörs bei der Wahrnehmung kleinster Unterschiedsschwellen und die Fähigkeit des Gehirns zur Speicherung und zum direkten Vergleich kurzer Ton- und Rhythmusfolgen.

Alle bisher beschriebenen offenen und gelenkten, freien oder standardisierten Befragungsmethoden zur Datengewinnung setzen einen bewußten und nahezu immer sprachabhängigen Umgang mit dem Untersuchungsgegenstand voraus. Das ist bei physiologischen Messungen und Messungen von Körperfunktionen nicht der Fall. Die experimentelle Erforschung der Beeinflussung von unbewußten körperlichen Vorgängen durch Musik gründet auf dem Konzept der von dem Psychologen Wilhelm Wundt Ende des 19. Jahrhunderts vertretenen Elementenpsychologie. Bereits 1880 legte J. Dogiel eine psychographische Untersuchung mit dem Titel *Über den Einfluß der Musik auf den Blutkreislauf* vor. Er konstatierte bei seinen Versuchspersonen Blutdruckerhöhung, Atembeschleunigung und einen verstärkten Muskeltonus beim Musikhören. Nach einer längeren Zeit der Stagnation wurden – auf der Grundlage verfeinerter Meßmethoden – aufsehenerregende Forschungen in der Salzburger Herbert von Karajan-Stiftung um den Mediziner Gerhard Harrer und den Psychologen Wilhelm Josef Revers (Harrer 1982) durchgeführt. Im Zentrum der Methoden zur Datenerhebung standen Hautleitfähigkeit (Elektromyogramm), Atemfrequenz und Pulsschlag (Elektrokardiogramm).

Auch Herbert von Karajan zählte zu den Versuchspersonen. Ab den 80er Jahren rückten Gehirnstrommessungen (Elektroenzephalogramm), Computertomogramm (Positronen-Emissionstomographie) und die Messung evozierter Gehirnpotentiale (EVP) beim Musikhören und Musikmachen in den Vordergrund. Die vielen Untersuchungsergebnisse liefern zwar immer mehr Aufschluß über vegetative Veränderungen und kortikale Verarbeitungsmechanismen (z.B. über Lernvorgänge beim Musikhören), lassen sich aber kaum im Hinblick auf das Musikerleben interpretieren. Denn Art und Intensität der bewußtseinsunabhängigen körperlichen Reaktionen geben nur Aufschluß über unterschiedliche Aktivierungsgrade, nicht aber über emotionale und kognitive Qualitäten beim Umgang mit Musik.

Mit den Anfängen der Kognitionswissenschaft hat sich auch in der musikwissenschaftlichen psychoakustischen Grundlagenforschung seit Ende der 1960er Jahre ein tiefgreifender Wandel vollzogen. Kognition und Computer ergänzen sich bei dem Bestreben, eine gestellte Frage – etwa zur Wahrnehmung von Musik – derart in einen Rechneralgorithmus zu überführen, daß eine modellhafte Nachstellung (Simulation) der tatsächlich ablaufenden akustischen, physiologischen und psychologischen Prozesse am Computer möglich wird. Einen guten Überblick über neueste Forschungsergebnisse bietet der von dem belgischen Musik- und Kognitionswissenschaftler Marc Leman herausgegebene Sammelband *Music, Gestalt and Computing* (Berlin 1997).

Methoden der Datenauswertung

Eine erfolgversprechende Auswertung empirisch ermittelter Daten und Texte steht und fällt mit der intelligenten Anwendung mathematisch-statistischer Methoden (zu den Grundlagen: Bortz 1984). Dabei bilden deskriptive (beschreibende) Statistiken den Ausgangspunkt. Die Berechnung absoluter oder relativer Häufigkeiten (Prozentangaben) und die Mittelwerte von Daten lassen sich anschaulich in graphischer Form darstellen. Weil Mittelwerte aber eine eher grobe Vereinheitlichung von Einzelaussagen sind, sollten Standardabweichung (mittlere allgemeine Abweichung) und Varianz (Quadrat der Standardabweichung) immer mit berücksichtigt werden.

Für die Auswertung großer Textmengen (narrative Interviews) bietet sich eine Inhaltsanalyse an. Durch Überprüfung der Daten auf Gemeinsamkeiten erfolgt eine Reduktion des Materials: Die Aussagen werden nach Identitäten und Gleichheiten bzw. Nicht-Identitäten und Ungleichheiten im Sinn dialektischer Kontradiktion sortiert und kategorisiert. Auch die Analyse der Erzählstruktur im Zeitverlauf, die Häufigkeit, mit der ein Begriff verwendet wird, und die Typik der Aussagen (ironisch, bewertend, beschreibend) sollten in die Analyse einfließen. Die den Texten entnommenen übergeordneten Aussagen haben auf einer höheren Abstraktionsebene nur dann Beweiskraft, wenn ihnen in keinem der Statements widersprochen wird (Null-Prozent-Regel). Im Unterschied zu statistischen Verfahren, bei denen Aussagen auch dann noch signifikant (überzufällig) sind, wenn es Abweichungen gibt (die unter ein Prozent liegen sollten), sind die Regeln zur Irrtumswahrscheinlichkeit bei der Inhaltsanalyse schärfer. Damit läßt sich der Makel kompensieren, der angeblich darin besteht, daß es sich hier nur um ‹weiche› Daten mit großem semantischem Bedeutungshof handelt – im Gegensatz zu den ‹harten› Daten standardisierter Befragungsmethoden.

Seit den 1970er Jahren hat sich die mehrdimensionale Skalierung (MDS) in der empirischen musikwissenschaftlichen Forschung eingebürgert. Mit ihr lassen sich Ordinalbeziehungen in eine räumliche Beziehung übertragen: Nähe, Ähnlichkeit oder Unähnlichkeit werden im mehrdimensionalen Raum dargestellt. Auf diese Weise konnten z. B. in psychoakustischen Untersuchungen die Affinität zwischen Tonart, Tonalität und Harmonieempfinden nachgewiesen, die mentale Abbildung (Repräsentation) von Hörvorgängen aufgezeigt und die Mechanismen des musikalischen Gedächtnisses modellhaft überprüft werden.

Korrelative Verfahren finden immer dann Anwendung, wenn Beziehungen zwischen zwei oder mehreren Variablen zu errechnen sind. Völlige Übereinstimmung besteht, wenn der Wert +1 beträgt, ein völliger Gegensatz, wenn er bei –1 liegt; mit Null wird ausgesagt, daß es keine Beziehung zwischen den korrelierten Variablen gibt. Die Faktorenanalyse, die vor allem in Verbindung mit der Methode des semantischen Differentials zur Errechnung von übergeordneten, in mehreren Variablen enthaltenen Größen herangezogen wurde, ist eine Art zweifacher Korrelationsberechnung. Durch sie wird es möglich, aus meist noch wenig überschaubaren Datenmengen Dimensionen herauszufiltern, die graphisch dargestellt und inhaltlich beschrieben werden können. So ergab eine von Hans-Peter Reinecke (1967) durchgeführte Faktorenanalyse musikalischer Stereotype drei Dimensionen (F1, F2 und F3), die sich mit den Begriffen Ordnung, Vertrautheit, Schönheit (F1), drängend, aufregend, fremd (F2) und Beliebtheit (F3) umschreiben ließen. Atonale Musik und klassische Musik (alte Musik, Konzertmusik) nehmen innerhalb dieser Dimensionen recht unterschiedliche und durchaus typisch zu nennende Plätze ein (Abbildung 5).

In vergleichbare Richtung zielt auch die Clusteranalyse. Sie ist ein einordnendes Verfahren. Personen, die bei Befragungen Gleiches oder Ähnliches geäußert haben, werden zu Gruppen (Clustern) zusammengefaßt. Auf welcher Ebene der Datenzusammenführung zwischen Rohdaten und Gesamtmittelwerten eine sinnvolle Clustergestaltung liegt, hängt von der Fragestellung und dem Erkenntnisinteresse des Forschenden ab. Eine Beschreibung der Vorzüge und Nachteile von Clusteranalysen findet sich in der großangelegten Untersuchung über Hörertypologien Jugendlicher von Klaus-Ernst Behne (1986). Gutes Anschauungsmaterial zu verschiedenen Methoden der Datenauswertung im Hinblick auf Hörverhalten und Musikvorlieben von Konzertbesuchern ist dem Buch *Demoskopie im Konzertsaal* des Autorenteams Rainer Dollase, Michael Rüsenberg und Hans J. Stollenwerk (Mainz 1986) zu entnehmen. Hier werden Funktion und Bedeutung des Musikhörens, das ästhetische Urteilsverhalten und sogar die politische Orientierung der Konzertgänger anhand der empirischen Daten zur Diskussion gestellt.

Die Entwicklung der Prozeßrechner in den letzten Jahren hat nochmals völlig neue Dimensionen der Datenauswertung eröffnet. Mit Programmen wie SPSS ist es inzwischen möglich, statistisch-mathematische Auswertung nicht mehr in universitären Großrechenzentren, sondern im eigenen Arbeitszimmer durchzuführen. Häufig kann dabei sogar die Datenauswertung parallel zur Datenerhebung vorgenommen werden. Noch wichtiger ist der Prozeßrechner allerdings, wenn es um die Simulation von Theoriemodellen geht. Hier

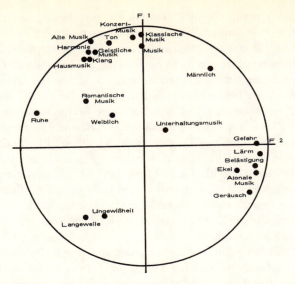

Abb. 5: Faktorenanalyse musikalischer Stereotype: Darstellung der drei Dimensionen F1, F2 und F3 auf der Grundlage von 22 Korrelationen (Hans-Peter Reinecke 1967, S. 37f).

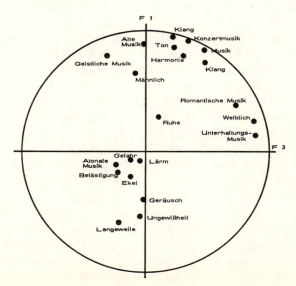

werden die aus Experimenten gewonnenen Daten genutzt, um die Übereinstimmung zwischen tatsächlich nachweisbaren mentalen Abläufen bei Versuchspersonen und dem entwickelten Modell zu überprüfen. Über den aktuellen Forschungsstand informiert der bereits erwähnte Sammelband von Marc Leman (1997).

Für jede empirische Forschung gibt es Gütekriterien, nach deren Einhaltung letztlich die Qualität der Ergebnisse bemessen wird. Eine Untersuchung sollte vor allem *reliabel*, d.h. zuverlässig sein. Zuverlässigkeit ist gegeben, wenn bei erneuter Durchführung der Untersuchung in geringem zeitlichem Abstand gleiche Ergebnisse erzielt werden. Sie gilt zudem als *valide* (gültig), wenn durch Außenurteile – z.B. von Experten – bestätigt wird, daß zwischen den ermittelten Ergebnissen und dem untersuchten Fragenkomplex ein signifikanter, also nicht nur rein zufälliger Bezug besteht. Vor allem muß der Nachweis erbracht werden, daß mit einer Methode der Datenauswertung auch wirklich das gemessen wird, was die Methode zu messen vorgibt. Denn leider kommt es immer wieder vor, daß die Ergebnisse kaum mehr sind als Artefakte der Methode oder, kraß ausgedrückt, Datenmüll.

Für qualitative Verfahren wie narratives Interview oder Verhaltensbeobachtung stellt der Validitätsfaktor allerdings ein erhebliches Problem dar. Denn häufig existieren keine verbindlichen Außenkriterien. Theorien, Hypothesen und Modelle werden erst aus dem Datenmaterial selbst entwickelt, wie das Barney G. Glaser und Anselm Strauss in ihrem erstmals 1967 vorgestellten Konzept der «Grounded Theory» beschrieben haben.

Besonders wichtig ist schließlich das Kriterium der *Objektivität*. Es besagt, daß jeder Untersuchungsschritt bewußt vorgenommen und genau dokumentiert werden muß. Nur so bleibt gewährleistet, daß die Ergebnisse weitgehend unabhängig von individuellen Persönlichkeitsmerkmalen des Forschers zustande gekommen sind. Dennoch dürfte klar sein (vgl. Abbildung 4, S. 141), daß sich die persönliche Komponente niemals völlig aus einer Untersuchung heraushalten läßt. Das muß so lange kein Schaden sein, wie sich der Untersuchende dessen voll bewußt ist.

Die Fülle an unterschiedlichen, höchst entwickelten philologisch-historischen und empirisch-experimentellen Methoden, die in der Musikwissenschaft mit Gewinn angewendet werden können, erfordert nachgerade zwangsläufig eine Spezialisierung in die eine oder andere Richtung. Dennoch sollte bei musikwissenschaftlichen Forschungen häufiger als bislang üblich Methodenpluralismus zum Zuge kommen. Dafür bietet sich die Zusammenarbeit von Historikern und Systematikern unter den Musikwissenschaftlern im Team an.

Literatur

Behne, Klaus-Ernst (1986). Hörertypologien. Zur Psychologie des jugendlichen Musikgeschmacks. Regensburg: Bosse.

Berlioz, Hector u. Strauss, Richard (1905). Instrumentationslehre. Erweiterte Fassung von Hector Berlioz (1843). Mainz: Schott.

Berz, William L. u. Bowman, Judith (1995). A historical perspective on research cycles in music computer-based technology. Council for Research in Music Education, Bulletin No. 126, S. 15–28.

Bortz, Jürgen (1984). Lehrbuch der empirischen Forschung für Sozialwissenschaftler. Berlin: Springer.

Böttcher, Hermann F. u. Kerner, Uwe (1978). Methoden in der Musikpsychologie. Leipzig: Peters.

Bruhn, Herbert (1998). Analyse. In: Bruhn, Herbert u. Rösing, Helmut (Hg.): Musikwissenschaft. Ein Grundkurs (S. 493–507). Reinbek: Rowohlt.

Bruhn, Herbert, Oerter, Rolf u. Rösing, Helmut (Hg.) (1997). Musikpsychologie. Ein Handbuch. Reinbek: Rowohlt (3. Aufl.).

Dahlhaus, Carl (1982). Musikwissenschaft und Systematische Musikwissenschaft. In: Dahlhaus, Carl u. Motte-Haber, Helga de la (Hg.): Systematische Musikwissenschaft (S. 25–48). Laaber: Laaber (Neues Handbuch der Musikwissenschaft 10).

Erpf, Hermann (1967). Form und Struktur in der Musik. Mainz: Schott.

Floros, Constantin (1975). Das esoterische Programm der Lyrischen Suite von Alban Berg. Eine semantische Analyse. Hamburger Jahrbuch für Musikwissenschaft Bd. 1, S. 101–145.

Floros, Constantin (1977–85). Gustav Mahler. 3 Bände. Wiesbaden: Breitkopf & Härtel.

Floros, Constantin (1989). Musik als Botschaft. Wiesbaden: Breitkopf & Härtel.

Frobenius, Wolf (1998). Abendländische Kompositionslehre. In: Bruhn, Herbert u. Rösing, Helmut (Hg.): Musikwissenschaft. Ein Grundkurs (S. 269–288). Reinbek: Rowohlt.

Gigerenzer, Gerd (1981). Messung und Modellbildung in der Psychologie. München: Reinhardt.

Glaser, Barney G. u. Strauss, Anselm (1967). The discovery of Grounded Theory. Strategies for qualitative research. New York: Aldine (10. Aufl. 1979).

Harrer, Gerhard (1982). Grundlagen der Musiktherapie und Musikpsychologie. Stuttgart: Fischer (2. Aufl.).

Hevner, Kate (1936). Experimental studies of the elements of expression of music. American Journal of Psychology 48, S. 246–268 (dt. in Rösing, Helmut, Rezeptionsforschung in der Musikwissenschaft, Darmstadt 1983, S. 77–104).

Kaden, Christian (1998). Zeichen. In: Finscher, Ludwig (Hg.): Die Musik in Geschichte und Gegenwart, Neue Auflage Sachteil Band 9 (Sp. 2149–2220). Kassel–Stuttgart: Bärenreiter–Metzler.

Karbusicky, Vladimir (1986). Grundriß der musikalischen Semantik. Darmstadt: Wissenschaftliche Buchgesellschaft.

Karbusicky, Vladimir (1992). Gestalt und Bedeutung in der Musik. In: Bayerische Akademie der Schönen Künste (Hg.): Jahrbuch 6 (S. 275–304). Schaftlach: Oreos.

Kartomi, Margaret (1990). On concepts and classifications of musical instruments. Chicago: University of Chicago Press.

Kleining, Gerhard (1995). Lehrbuch Entdeckende Sozialforschung Bd. 1. Weinheim: Beltz–Psychologie Verlags Union.

Kretzschmar, Hermann (1898). Führer durch den Konzertsaal. Leipzig: Breitkopf & Härtel (3. Aufl.).

Kühn, Clemens (1987). Formenlehre der Musik. München–Kassel: dtv–Bärenreiter.

Kurth, Ernst (1913). Die Voraussetzungen der theoretischen Harmonik und der tonalen Darstellungssysteme. Bern: Haupt.

Manturzewska, Maria (1995). Unterschiedliche Verläufe musikalischer Werdegänge im Licht biographischer Interviews mit zeitgenössischen polnischen Musikern. In: Gembris, Heiner, Kraemer, Rudolf-Dieter u. Maas, Georg (Hg.): Musikpädagogische Forschungsberichte (S. 23–39). Augsburg: Wißner.

Mauser, Siegfried (1994). Entwurf einer Grundlegung musikalischer Hermeneutik. In: Gruber, Gernot u. Mauser, Siegfried (Hg.): Musikalische Hermeneutik im Entwurf (S. 47–54). Laaber: Laaber.

Möller, Hartmut (1997). Notation: Einteilung – Zeichenaspekte – Funktionen – Bewertungen. In: Finscher, Ludwig (Hg.): Die Musik in Geschichte und Gegenwart, Neue Ausgabe Sachteil Bd. 7 (Sp. 176–282). Kassel–Stuttgart: Bärenreiter–Metzler.

Monelle, Raymond (1992). Linguistics and semiotics in music. Chur: Harwood.

Motte, Diether de la (1976). Harmonielehre. Kassel: Bärenreiter (2. Aufl. 1985).

Motte, Diether da la (1993). Melodie. Ein Lese- und Arbeitsbuch. München–Kassel: dtv–Bärenreiter.

Nattiez, Jean-Jacques (1990). Music and discourse. Toward a semiology of music. Princeton: Princeton University Press.

Nowak, Adolf (1997). Musikästhetik. In: Finscher, Ludwig (Hg.): Die Musik in Geschichte und Gegenwart, Neue Auflage, Sachteil Band 6 (Sp. 968–998). Kassel–Stuttgart: Bärenreiter–Metzler.

Papousek, Mechthild (1994). Vom ersten Schrei zum ersten Wort. Anfänge der Sprachentwicklung in der vorsprachlichen Kommunikation. Bern: Huber.

Petersen, Peter (1999a). Rhythmische Komplexität in der Instrumentalmusik von Johannes Brahms. In: Krummacher, Friedhelm u. Struck, Michael in Verbindung mit Floros, Constantin u. Petersen, Peter (Hg.): Johannes Brahms. Quellen – Text – Rezeption – Interpretation. Internationaler Brahms-Kongreß Hamburg 1997 (S. 143–158). München: Henle.

Petersen, Peter (1999b). Die «Rhythmuspartitur». Über eine neue Methode zur rhythmisch-metrischen Analyse pulsgebundener Musik. In: Petersen, Peter u. Rösing, Helmut (Hg.): 50 Jahre Musikwissenschaftliches Institut in Hamburg. Bestandsaufnahme – aktuelle Forschung – Ausblick (= Hamburger Jahrbuch für Musikwissenschaft Bd. 16) (S. 83–110). Frankfurt am Main: Lang.

Reinecke, Hans-Peter (1967). Über Allgemein-Vorstellungen in der Musik. In: Finscher, Ludwig u. Mahling, Christoph-Hellmut (Hg.): Festschrift für Walter Wiora (S. 31–40). Kassel: Bärenreiter.

Ross, Peter (1983). Grundlagen einer musikalischen Rezeptionsforschung. In: Rösing, Helmut (Hg.). Rezeptionsforschung in der Musikwissenschaft (S. 377–481). Darmstadt: Wissenschaftliche Buchgesellschaft.

Sachs, Curt (1930). Handbuch der Musikinstrumentenkunde. Leipzig: Breitkopf & Härtel (2. Aufl.).

Schenker, Heinrich (1935). Der freie Satz. Wien: Universaledition (2. Aufl. 1956).

Schering, Arnold (1914). Zur Grundlegung der musikalischen Hermeneutik. Zeitschrift für Ästhetik und allgemeine Kunstwissenschaft 9, S. 168–175.

Schering, Arnold (1941). Das Symbol in der Musik. Leipzig: Koehler & Amelang.

Schneider, Albrecht (1976). Musikwissenschaft und Kulturkreislehre. Zur Methodik und Geschichte der Vergleichenden Musikwissenschaft. Bonn: Orpheus.

Stern, Daniel N. (1994). Die Lebenserfahrung des Säuglings. Stuttgart: Klett-Cotta (4. Aufl.).

Witzel, Andreas (1982). Verfahren der qualitativen Sozialforschung: Überblick und Alternativen. Frankfurt am Main: Campus.

6. Musikwissenschaftliche Berufsfelder

Nach einer Prognose des Ifo-Instituts München aus dem Jahr 1998 gibt es für die Musikwirtschaft durchaus günstige Entwicklungsperspektiven. Dazu zählen Komponisten, Arrangeure und Musiker als kreativ Schaffende im eigentlichen Sinn, aber auch diejenigen, die auf mittelbare Weise mit Musik zu tun haben: im Musikinstrumentenbau und -fachhandel (vor allem E-Instrumentarium), bei der Planung, Organisation und Durchführung von Musikveranstaltungen (Musikmanagement), in Tonträgerproduktion und -vertrieb, bei Musikverlagen und im Musikalienhandel, in den Printmedien (Tageszeitungen, Wochen- und Fachzeitschriften, Programmhefte), bei Musiksendungen in Hörfunk und Fernsehen, bei der musikbezogenen Arbeit in Museen, Bibliotheken und Archiven sowie – seit neuestem – in den Bereichen Musikinformation und Musikdistribution via Internet.

Ob allerdings auch studierte Musikwissenschaftler an der vorausgesagten günstigen Entwicklung werden teilhaben können, muß eine offene Frage bleiben. Denn musikwissenschaftliche Ausbildung ist – anders als die musikalische Ausbildung an Musikhochschulen und in den Lehramtsstudiengängen für das Schulfach Musik mit jeweils nur begrenzten musikwissenschaftlichen Ausbildungsanteilen – weder berufsbezogen noch direkt praxisorientiert. Musikwissenschaft kann zu den Kernbereichen der Musikwirtschaft zwar viel inhaltlich wichtige musikbezogene Kompetenz beisteuern, geht aber nicht in dem einen oder anderen der genannten Arbeitsbereiche auf.

Gerade darin liegt, wenn man so will, die Stärke von Musikwissenschaft als einem kulturwissenschaftlichen universitären Ausbildungsfach. Denn die musikbezogenen Arbeitsbereiche und die mit ihnen verbundenen Aufgabenfelder sind einem ständigen Wandel unterworfen. Durch die Bereitstellung neuer Technologien und Medien macht sich dies in der Gegenwart auf geradezu dramatische Weise bemerkbar. Die Produktion von Musik, der Vertrieb von Noten und Tonträgern, die Gestaltung und Nutzung von Datenbanken und deren Musikprogrammen sowie Urheberrecht und Leistungsschutz sind durch diesen Wandel zur Zeit besonders stark betroffen.

Weniger berührt ist davon jedoch der Grundbestand an musikalischem und musikbezogenem Wissen. So kann, wie es im jüngsten Memorandum der Gesellschaft für Musikforschung heißt (1999, S. 1), Musikwissenschaft mit ihren systematischen, historischen, psychologischen, soziologischen und ethnologischen Teilgebieten nach wie vor fundierte «Aussagen über Konsumgewohnheiten von Musik, über ihre vielfältigen gesellschaftlichen Funktionen sowie über die Globalisierung und Vernetzung von Musikkulturen machen und auf diese Weise Ergebnisse von unmittelbarem volkswirtschaftlichen Nutzen erbringen».

Mit einem musikwissenschaftlichen Studium ist ein bestimmter beruflicher Werdegang keineswegs vorgezeichnet. Wohl aber gibt es berufliche Optionen, die je nach eigener Neigung und Interessenlage, nach Studienschwerpunkten im Hauptfach und einer intelligenten Kombination mit Nebenfächern (nicht nur aus den sprach-, geschichts-, kultur- und geisteswissenschaftlichen Bereichen, sondern sehr wohl auch aus Bereichen der Informatik, Physik, Medizin, Wirtschaftswissenschaft, Soziologie oder Rechtswissenschaft) mehr oder weniger gut zum Tragen kommen können. Entscheidend sind letztlich die eigene Motivation und die Fähigkeit, die erworbenen Kenntnisse in unterschiedliche berufliche Arbeitsfelder einzubringen. Je weiter entfernt sich die berufliche Praxis von den zentralen Fragestellungen und Inhalten musikwissenschaftlicher Ausbildung befindet, desto größer allerdings ist die Forderung nach Offenheit, Flexibilität und kreativer Transferleistung. Und weil ein typischer Berufsweg für Musikwissenschaftler nicht existiert, spielen Zufall und Glück eine kaum zu unterschätzende Rolle beim Übergang vom Studium in das Berufsleben. Es gilt vor allem, Angebote aus der Praxis auch dann als Chance zu erkennen und zu nutzen, wenn sie sich nicht gleich optimal in die eigene Lebensplanung einzufügen scheinen.

Im folgenden werden einige der möglichen Berufsfelder für Musikwissenschaftler skizziert. Dabei geht die Beschreibung von Berufen mit hohem musikwissenschaftlichen Anteil über zur Kurzcharakterisierung von Berufen mit nur geringen Anteilen an geforderter musikwissenschaftlicher Kompetenz.

Fraglos am stärksten an der Ausbildung orientiert ist die zukünftige Arbeit in *Lehre und Forschung*. Der Weg bis zu einer festen Stelle muß hier jedoch als ebenso lang wie ungewiß bezeichnet werden. Zu den formalen Voraussetzungen zählen in der Regel ein besonders qualifizierter Studienabschluß mit dem Magister Artium (M.A.) und eine überdurchschnittliche Promotionsleistung (Dr. phil.). Danach ist ein Abstecher in die berufliche Praxis durchaus empfehlenswert, ohne daß deswegen die Nähe zur Universität aufgegeben werden sollte. Das kann z.B. über Lehraufträge geschehen, die zwar mäßig bezahlt werden, jedoch eine wichtige Voraussetzung für die Habilitation darstellen. Vielleicht ergibt sich auch die Möglichkeit, eine wissenschaftliche Assistentenstelle zu bekommen. Hierbei handelt es sich um eine auf maximal sechs Jahre befristete Stelle als Beamter auf Zeit. Ein Assistent hat vier Semesterwochenstunden Lehre zu erteilen und organisatorische wie inhaltlich-projektbezogene Arbeit am Institut zu übernehmen; die Hälfte seiner Arbeitszeit steht ihm für eigene Forschung zur Verfügung.

Ständige Forschungsarbeit ist nicht nur die Grundlage für jede Form von Lehre, sofern sie über die im Grundlagenbereich der Propädeutika (Musiktheorie, Satzlehre, Notenkunde, musikalische Akustik) vermittelten Inhalte hinausweist. Eigene Forschung ist auch die Voraussetzung für die Abfassung einer Habilitationsschrift, die spätestens mit Abschluß der Assistentenzeit bei der Fakultät bzw. dem Fachbereich vorgelegt werden sollte. Nach erfolgreicher Habilitation befindet sich der Bewerber im Status eines Privatdozenten. Dieser Status verpflichtet zu zwei Semesterwochenstunden Lehre und umfaßt zudem die Bereitschaft zur Betreuung und Begutachtung von Magisterarbeiten und Dissertationsschriften. Ein Privatdozent arbeitet im wesentlichen ohne Bezahlung. Ein zusätzlicher Geldberuf bleibt also so lange unabdingbar, wie nicht – nach häufig langwierigem Auswahlverfahren – der Ruf auf eine Professur ergangen ist.

Neben der rein wissenschaftlichen Qualifikation ist in den letzten Jahren die didaktische Komponente in der Lehre (neue Formen des forschenden Lernens) und die Bereitschaft zur Mitarbeit in der universitären Selbstverwaltung (Personalführung, organisatorische Fähigkeiten) immer wichtiger geworden. Gerade hier helfen Erfahrungen aus außeruniversitärer Betätigung (z. B. Archiv- und Editionsarbeit, Festivalorganisation, Journalismus, Kulturpolitik, mediale Musikvermittlung u. a. m.).

Für die Arbeit in *Forschungsinstituten* und *Archiven*, bei der Edition von *Gesamtausgaben* oder in *wissenschaftlichen Bibliotheken* ist keine Habilitation, sehr wohl aber eine Promotion erforderlich. Sehr zu empfehlen ist eine inhaltliche Schwerpunktsetzung schon während des Studiums. Um es an einem Extrembeispiel zu verdeutlichen: Wer eine Dissertation zur Musik im Umfeld von J. S. Bach geschrieben hat, mag zwar beim Bach-Institut in Leipzig gute Chancen haben, nicht aber dann, wenn es um die Besetzung einer Stelle an einem Institut zur Erforschung von populärer Musik geht. Hier ist Themenaffinität angesagt, und wer beabsichtigt, später einmal in einem Forschungsinstitut oder Archiv seinen Lebensunterhalt zu verdienen, sollte sich rechtzeitig mit den entsprechenden Institutionen und ihren Aufgabenfeldern vertraut machen. Die Adressen findet man – zumindest für Deutschland – in dem vom Deutschen Musikrat im Zweijahresturnus herausgegebenen Musik-Almanach. Hier sind neben den Instituten und Archiven auch alle jene Vereine in freier Trägerschaft verzeichnet, die sich mit Fragen zur Musik, z. B. zu einzelnen Musikerpersönlichkeiten, zu bestimmten Musikgattungen oder zur Geschichte einzelner Musikinstrumente befassen. Feste Stellen sind in derartigen Vereinen, Arbeitskreisen, Gesellschaften leider selten, meist wird ehrenamtlich gearbeitet. Allenfalls die Geschäftsführung mag als bezahlte Position ausgewiesen sein; doch gerade hier ist die Arbeit nur noch bedingt inhaltsbezogen. Musikalisches Fachwissen stellt meist kaum mehr als eine erste Voraussetzung für Mitgliederbetreuung, Tagungsorganisation, redaktionelle Überwachung von Veröffentlichungen und Fund-Raising dar.

Editionsarbeit umfaßt die Herausgabe musikalischer Werke ebenso wie die Publikation von Komponisten- oder Musikerbriefen und -schriften. Bei einigen der von Bund, Ländern und Gemeinden finanzierten Instituten stehen feste Stellen (z. T. zeitlich befristet) zur Verfügung. Die Editionsarbeit bei (Musik-)Verlagen dagegen wird in zunehmendem Maß nur noch projektbezogen durchgeführt. Voraussetzung für jede Art von Editionsarbeit ist der versierte Umgang mit Quellen wie Notentexten und Aufführungsmaterialien, mit Korrespondenzen und Urkunden, Verlags- und Werkverzeichnissen. Hier sollte unbedingt, über die rein fachliche Qualifikation hinaus, die Freude am Umgang mit Quellen und an deren gewissenhafter Auswertung (die durchaus den Charakter von Detektivarbeit annehmen kann) gegeben sein.

Für den Dienst als Musikbibliothekar – etwa im Bereich der öffentlichen Bibliotheken – hat Musikwissenschaft den Rang einer Zusatzausbildung. Die Kernausbildung zum Diplombibliothekar erfolgt an der Fachhochschule für Bibliothekswesen in Stuttgart. Nur für die Laufbahn des wissenschaftlichen Bibliothekars bildet ein mit Promotion abgeschlossenes Universitätsstudium die formale Voraussetzung. Nach Vorbereitungsdienst und Referendariat (beide zusammen dauern zwei Jahre) kann man die Qualifikation als Fachreferent an Staats- und Universitätsbibliotheken erwerben, und zwar für das Aufgabengebiet, in dem die wissenschaftliche Ausbildung erfolgte.

In zunehmendem Umfang werden in den letzten Jahren von einzelnen Professoren oder Instituten größere Forschungsprojekte durchgeführt, die über Drittmittel finanziert sind. Das heißt, Sach- und Personalmittel kommen für die Laufzeit des Projekts von Stiftungen (z. B. Deutsche Forschungsgemeinschaft, Stiftung VW, Thyssen-Stiftung), die Realisation erfolgt an der Universität. Durch die Teilnahme an derartigen Projekten besteht die Möglichkeit einer Weiterqualifikation für eine wie auch immer geartete wissenschaftliche Laufbahn.

Generell sollte man sich aber darüber im klaren sein, daß die Zahl der Arbeitsplätze in allen direkt der musikwissenschaftlichen Betätigung zuzurechnenden Berufen recht begrenzt ist. Zur Zeit sind gerade in Bereichen der Geistes- und Kulturwissenschaften schmerzhafte Stellenstreichungen angesagt. Es empfiehlt sich darum in jedem Fall eine Doppelstrategie: Man sollte möglichst immer Kontakte zu praxisnahen Arbeitsbereichen pflegen, um eine berufliche Alternative zu haben.

Die Zahl der Tätigkeitsgebiete mit musikvermittelnden Aufgaben für die Öffentlichkeit ist groß. Zu nennen sind hier vor allem

Musikdramaturgie, Verlagsarbeit, Musikjournalismus, Neue Medien und *Musikmanagement*. In diesen Bereichen steht nicht so sehr die Erarbeitung, Überprüfung bzw. Korrektur musikwissenschaftlicher Forschungsergebnisse im Vordergrund, sondern vielmehr deren Umsetzung und Einbeziehung in zielgruppenorientierte, auf den Konsumenten bezogene Aufgabenfelder. Pointiert gesagt geht es um Musik als Produkt und um Produkte rund um die Musik, die ihre Abnehmer finden müssen.

Noch relativ nah an musikwissenschaftlichen Inhalten und Fragestellungen ausgerichtet ist die Arbeit in der Musikdramaturgie an Opernhäusern und Musicalbühnen. Der Musikdramaturg gehört zur Führungsebene der Intendanz. Dennoch hat er letztlich keine Entscheidungskompetenz, sondern immer nur beratende Funktion. Er steht als Mittler zwischen Werk, Regisseur und Publikum. Werkinterpretation, Rezeptions- und Aufführungsgeschichte geben die sachliche Grundlage für ein Aufführungskonzept. Dessen akustische und visuelle Realisation liegt jedoch in den Händen von Dirigent, Regisseur und Bühnenbildner. Zu den vordringlichen Aufgaben eines Dramaturgen gehört auch die redaktionelle Arbeit. Sie reicht vom Korrekturlesen der Spielpläne bis zur verantwortlichen Gestaltung von Programmheften und zu verschiedenen Formen der Öffentlichkeitsarbeit (z.B. Planung und Leitung von Einführungsveranstaltungen und Publikumsdiskussionen, Formulierung von Vorabinformationen für Presse, Funk und Fernsehen). Dramaturgenstellen sind gelegentlich auch größeren Sinfonieorchestern (A-Orchestern) zugeordnet.

Durchaus umfassend und abwechslungsreich kann die Tätigkeit als Lektor in einem Musikverlag sein. Der Einkauf von Rechten an Musikstücken und ihre Vermarktung in Notenform, auf Tonträgern und im Zusammenhang mit anderen Medien (im Film, in der Werbung) erfordert neben fundierten Repertoirekenntnissen, gutem Gespür für neue Trends auf dem Musikmarkt und viel Geschick bei Verhandlungen mit Komponisten, Musikern, Produzenten darüber hinaus juristische Kenntnisse beim Abschluß von Verträgen und im Umgang mit Vertragsverletzungen und Urheberrechtsproblemen. Bei der Buchproduktion gilt es, inhaltliche Ambitionen mit verlagstechnischen und marktstrategischen Gegebenheiten in Einklang zu bringen. Ein neuer Arbeitsbereich verspricht die multimediale Produktion auf CD-ROM zu werden. Musikerbiographien, Lehr- und Sachbücher über Musik und auch die multimediale Präsentation einzelner Musikwerke können hier durch die gleichzeitige Nutzung von Text, Bild und Hörbeispielen verdichtet und effektiver als beim traditionellen Buch gestaltet werden.

Die Betreuung von musikwissenschaftlichen Fachbüchern, Kongreßberichten, Festschriften, themengebundenen Sammelbänden ist mittlerweile nur noch in seltenen Fällen (z. B. bei großen Lexikonprojekten wie MGG oder Grove's) mit einer festen Lektoratsstelle am Verlag verankert. Die neuen Herstellungsmöglichkeiten mit EDV – vom Manuskript bis zum fertigen Buch – haben dazu geführt, daß im Verlag neben der merkantilen Seite (Auflagenhöhe, Werbung, Vertrieb) meistens nur noch die Schlußphase der Produktion (Layout, Umschlaggestaltung) vorgenommen wird.

Ähnlich wie im Verlag sieht die Tätigkeit in den Redaktionen von Tonträgerproduzenten aus. Die Palette reicht von der Einrichtung und Betreuung neuer Reihen (z. B. Musik des Mittelalters, Rock 'n' Roll-Sampler, Best Off- und Greatest Hits-Serien) bis hin zur Formulierung von Texten für die Presse und für CD-Booklets.

Musikjournalismus zählt zu den klassischen Arbeitsbereichen für Musikwissenschaftler. Dabei muß unterschieden werden zwischen der Arbeit für die Printmedien, für Funk und Fernsehen und für die neuen Medien (Internet). In den Printmedien nimmt die Berichterstattung über Musik und das aktuelle Musikleben durchaus einen größeren Raum ein. Konzertkritiken, Buch- und Tonträgerbesprechungen gehören zum festen Bestandteil des Feuilletons von so gut wie jeder Tageszeitung. In Fachzeitschriften (Jazzpodium, Spex, Neue Zeitschrift für Musik) und Zeitschriften mit Kulturseiten (Focus, Spiegel, Stern) werden in unterschiedlicher Häufigkeit und inhaltlicher Dichte musikkulturelle Erscheinungen und Trends von der populären Musik bis zur Musik der Avantgarde thematisiert. Jede Zeitschrift für sich genommen befaßt sich aber in der Regel nur mit einem mehr oder weniger speziellen Segment aus dem Musikleben. Damit wendet sie sich an eine jeweils durch Alter, Ausbildung, Musikvorlieben klar umrissene Leserschaft. Die sprachliche und inhaltliche Anpassung an ein bestehendes Konzept ist hier eine entscheidende Voraussetzung für die erfolgreiche Tätigkeit als freier Mitarbeiter. Erst als festangestellter Redakteur besteht auch die Möglichkeit einer konzeptuellen Mitgestaltung. Das betrifft vor allem die Auswahl und den Umfang, aber auch die Darbietungsweise der Informationen über und Bewertungen von Musik. Dennoch sind die inhaltsfremden Sachzwänge, vor allem die verkaufte Auflage und das Anzeigenvolumen als Indikator für Erfolg, sehr groß. Im Extremfall kann das dazu führen, daß Tonträgerkritik nur noch durch die Vergabe von Sternchen – wie bei der Klassifikation von Hotelstandards – erfolgt. Die (seltene) Festanstellung in einer Zeitungs- oder Zeitschriftenredaktion setzt neben fachlicher Qualifikation (möglichst neben Musik auch in Literatur und bildender Kunst) Wendigkeit und Vielseitigkeit voraus. Wer als freier Mitarbeiter für Musikkritik an einer Tageszeitung beginnt, sollte darum sich bietende berufliche Chancen selbst dann nutzen, wenn sie sich in der Lokalredaktion oder im Wirtschaftsressort statt im Kulturteil bieten.

Eine weitere Domäne für Musikwissenschaftler waren und sind die Musikredaktionen der öffentlich-rechtlichen Rundfunk- und Fernsehanstalten. Programmplanung und Musikmoderation in den Abteilungen für Ernste Musik, Volksmusik, Jazz und Unterhaltungsmusik bieten hier ebenso vielfältige Möglichkeiten wie die Betreuung von Musikproduktionen (Sinfoniekonzerte, Kammermusik, Choraufnahmen, Bigband-Einspielungen) und die Arbeit im Schallarchiv. Auch hier gilt jedoch wie bei den Printmedien, daß es mehr Möglichkeiten für freie Mitarbeit als feste Planstellen gibt. Mit dem Aufkommen der privaten Radio- und Fernsehstationen (duales Rundfunksystem) hat sich die Situation seit Mitte der 80er Jahre nachhaltig geändert. Der Anteil von Kulturprogrammen am Sendeaufkommen ist deutlich geschrumpft. Der Kampf um Einschaltquoten hat zum Konzept der formatgeprägten Servicewellen (FFN, Klassik-Radio, R.S.H.) und Fernsehprogramme (MTV, VIVA) geführt. Hier wird Programmgestaltung zunehmend nach marktstrategischen Gesichtspunkten (Chartstitel in Heavy Rotation) und nach computertauglichen Kriterien vorgenommen. Statt einer sach- und inhaltsbezogenen Musikdarbietung steht die Brauchbarkeit als musikalisches Rahmenprogramm für Werbung häufig im Mittelpunkt: Kontinuierliche hausinterne Hörerforschung und Überprüfung der Einschaltquoten engen den Handlungsspielraum ein.

Weitere, zur Zeit noch nicht in allen Konturen absehbare Veränderungen der Medienlandschaft wird die Digitalisierung von Hörfunk und Fernsehen mit sich bringen (audio/video on demand). Als besonders erfolgversprechend erweist sich zur Zeit der Einstieg ins Internet. Die Fülle der Musikangebote und der Informationen über Musik ist unüberschaubar geworden. Hier besteht die Notwendigkeit, kommerzielle von privaten und seriöse von unseriösen Angeboten zu trennen. Um das zu leisten, müssen intelligente, auf die Bedürfnisse, Vorlieben, Fragestellungen der Internetbenutzer ausgerichtete Suchsysteme entwickelt werden. Neben technischen und ökonomischen Aspekten sind hier gute Sachkenntnisse gefragt, wie ehemals im Musikalienhandel, im Plattengeschäft, im Musikbuch-Antiquariat oder im Fachgeschäft für Musikinstrumente. Wer sich nicht in verschiedenen Musikszenen – vor allem denen der populären Musik – auskennt, wer nicht zwischen Produktionen von Major- und Independent-Labels zu unterscheiden weiß, wer nicht mit dem neuen elektronischen und digitalen Musikinstrumentarium vertraut ist und wer nicht bereits musiksoziologisch-empirisch gearbeitet hat, der dürfte es schwer haben, hier Fuß zu fassen.

Immer bedeutsamer ist in den letzten Jahren das Musikmanagement als Spezialform des Kulturmanagements geworden. Management beinhaltet Leitungs-, Steuerungs- und Gestaltungsfunktionen. Orchester- und Musiker-, Konzert- und Festivalmanagement gehören ebenso zu den Aufgabenbereichen wie die Arbeit für Musikinstitutionen, in Kulturämtern, Behörden, Stiftungen, privaten Musikschulen. Überall geht es um die Entwicklung und Durchführung von inhaltlichen Zielsetzungen. Planung, Terminierung, Organisation, Verwaltung und Vertragsabschlüsse mit den Musikern erfordern ebenso wie Marketing, Werbung und Öffentlichkeitsarbeit Sachkompetenz und Kostenkontrolle unter dem Gesichtspunkt von Effektivität und Wirtschaftlichkeit. Bei Projekten, die von sich aus nicht kostendeckend sein können (etwa ein Festival mit zeitgenössischer Musik), gehört die Einwerbung von Drittmitteln durch öffentliche und private Geldgeber bzw. über Sponsoring zu den vordringlichsten Aufgaben. Das setzt viel Überzeugungskraft für die Sache und eine gute Kenntnis der politischen und wirtschaftlichen Strukturen in einer Region voraus. Musikmanagement entfaltet sich also immer im Spannungsfeld von Kultur, Politik und Wirtschaft.

Schließlich seien einige Tätigkeiten erwähnt, bei denen eine musikwissenschaftliche Ausbildung wenn nicht erforderlich, so doch durchaus sinnvoll ist (Musikwissenschaft als Nebenfach). Vor allem beim *Musikunterricht* an allgemeinbildenden Schulen, aber auch in der Instrumental- und Gesangspädagogik (Unterricht an Musikschulen, Privatunterricht) hilft eine fundierte Kenntnis der musikalischen Stile und Gattungen, wenn es um die Vermittlung authentischer Spielweisen und -praktiken geht (historische Aufführungspraxis, freie Improvisation, Groove in populärer Musik). – Die Reflexion über die historische Dimension von Musik und ihre gesellschaftlich geprägten Erscheinungsformen wie auch Funktionen (z. B. Musik in der Kirche, Tafelmusik, Musik gegen Krieg) ist sicherlich für jede Art von *Komposition* von Vorteil. Das betrifft selbst noch die verschiedenen Sparten der funktionellen Musik wie Filmmusik, Musik in der Werbung oder gar den neuen Aufgabenbereich des Sounddesigns (Musik für Telefonwarteschleifen und Anrufbeantworter, Soundgestaltung von Weckersignalen, Spieluhren u. a. m.). – In vielen Bereichen der angewandten Musikpsychologie, vor allem den verschiedenen Formen der rezeptiven und aktiven *Musiktherapie* ist musikwissenschaftliches Grundlagenwissen von großem Nutzen. Das vor allem dann, wenn es nicht um einen einseitig doktrinären Musikgebrauch zur Heilung geht (etwa gemäß dem Motto: Nur Musik von Bach kann helfen), sondern um den gezielten, auf den situativen und psychischen Kontext abgestimmten Musikeinsatz (von Geräuschfolgen und freier Improvisation über Barock und Klassik bis zu populärer Musik und Weltmusik).

Faßt man die beruflichen Möglichkeiten zusammen, die ein erfolgreicher Abschluß des musikwissenschaftlichen Studiums eröffnet, so läßt sich abschließend sagen: Für jede Art der fachwissenschaftlichen Betätigung an Hochschulen und Universitäten, in Forschungsinstituten, Archiven und wissenschaftlichen Bibliotheken ist trotz häufig gegenteiligen Beteuerungen in der Ausbildungsberatung die Promotion zum Dr. phil. Voraussetzung für den weiteren beruflichen Werdegang. Doch die Stellen für rein wissenschaftliche Arbeit sind rar. Viele Studierende verlassen darum nach dem ersten qualifizierenden Abschluß im Hauptfach Musikwissenschaft (M. A.) die Universität und versuchen erst einmal, in einem der *musikbezogenen Praxisfelder* Fuß zu fassen, obwohl sie eigentlich die Promotion anstreben. Die Option zum Promovieren bleibt ihnen ohne zeitliche Begrenzung erhalten; die Lebensläufe führen aber aus vielerlei privaten und beruflichen Gründen häufig in andere Richtungen. Doch wie dem auch sei: Angesichts der Knappheit rein fachwissenschaftlicher Stellen ist eine frühzeitige Öffnung für zwar musiknahe, nicht aber fachwissenschaftlich ausgerichtete Berufsfelder in jedem Fall angesagt. Dabei sollte das persönliche Interesse auf der Grundlage zusätzlicher Fähigkeiten und Fertigkeiten den Ausschlag geben. Ohne nachhaltige Motivation, kontinuierlichen Einsatz und großes Engagement sind die Aussichten, beruflich in den verschiedenen musikbezogenen Praxisfeldern erfolgreich zu sein, als eher mäßig einzustufen (s. dazu auch die spärliche Literatur zum Thema).

Eine jüngst im Rahmen des Seminars «Musikwissenschaft und musikalische Praxis» in Hamburg durchgeführte Befragung bei Vertretern von Konzertagenturen und Musikwirtschaft sowie bei Mitarbeitern verschiedener Medienbereiche und in der Musikproduktion hat unmißverständlich ergeben, daß hier die Berufsaussichten nur bedingt von dem akademischen Abschluß in Musikwissenschaft abhängen. Gefordert werden systematisches Denken, kompetentes und zuverlässiges Lösen von Fragestellungen – und dies nicht allein nach inhaltlich-sachlichen, sondern auch nach pragmatischen Gesichtspunkten –, die effektive und innovative Strukturierung von Arbeitsabläufen, große Kommunikationsbereitschaft und viel Überzeugungskraft. Mithin besteht also vor allem Interesse an Mitarbeiterinnen und Mitarbeitern, die Selbstbewußtsein und Sachkompetenz mit Offenheit und Neugier für immer wieder neue Aufgaben und Fragestellungen in Einklang bringen können. Allerdings gibt es hier Grenzen. Die Transferleistung aus dem musikwissenschaftlichen Seminar in die musikalische bzw. musikbezogene Praxis muß bestimmt sein von der Verpflichtung zur Wahrheit in der Sache und vom Verantwortungsbewußtsein für die Inhalte, die es zu vertreten gilt.

Literatur

Ehrmann-Herfort, Sabine (Hg.) (1996). Musikwissenschaft und Berufspraxis. Darmstadt: Wissenschaftliche Buchgesellschaft.

Gesellschaft für Musikforschung (Hg.) (1999). Memorandum zur Situation der Musikwissenschaft in der Bundesrepublik Deutschland. Die Musikforschung 52, S. 1–2.

Moser, Rolf u. Scheuermann, Andreas (Hg.) (1997). Handbuch der Musikwirtschaft. Starnberg–München: Keller.

Rohlfs, Eckart (Hg.) (1988). Handbuch der Musikberufe. Studium und Berufsbilder. Regensburg: Bosse.

Rohlfs, Eckart (1997). Musikberufe: Ausbildung, Nachwuchs, Arbeitsmarkt. In: Jakoby, Richard (Hg.): Musikszene Deutschland – Konzertwesen, Kulturpolitik, Wirtschaft, Berufe (S. 46–59). Kassel: Bärenreiter.

7. Ausblick

Musik hat es immer gegeben und wird es immer geben. Ein Ausblick in die Zukunft verheißt eher zu viel Musik (im Sinne einer allgegenwärtigen Klangkulisse), als daß sie einmal verschwände. Um die Musikwissenschaft indessen muß man sich Sorgen machen. Sollte sich der Trend fortsetzen, daß immer größere Bereiche des Kulturlebens dem freien Markt überantwortet werden und sich die öffentliche Hand sukzessive aus der Förderung der Wissenschaften zurückzieht, dann sieht es schlecht aus um die Universitäten – besonders hinsichtlich der kulturwissenschaftlichen Fächer. Mit Musikwissenschaft kann man – rein wirtschaftlich gesehen – nur ins Minus geraten. Profit läßt sich mit musikwissenschaftlicher Forschung (im Gegensatz zur Vermarktung von Musik) kaum machen. Der Gewinn, den die Gesellschaft aus kultureller Forschungsarbeit zieht, kommt keinem Etat zugute. Er gehört in den Bereich des mentalen Luxus. Freilich wäre zu bedenken, ob in einer Kulturnation, als die sich Deutschland ja nach wie vor begreift, das geistige Wohl der Allgemeinheit nicht so hoch zu veranschlagen ist, daß die öffentliche Förderung von Kultur und Wissenschaft für immer außer Frage stehen sollten.

Daß es neben der Musik überhaupt das Fach Musik*wissenschaft* gibt, ist letztlich eine Folge der europäischen Aufklärung (engl. enlightenment, franz. rationalisme, ital. illuminismo). Diese uns heute noch bestimmende Kultur- und Geistesbewegung erwuchs im 17. und 18. Jahrhundert aus dem neu erwachten Bedürfnis des Menschen nach Befreiung «aus seiner selbstverschuldeten Unmündigkeit» (Kant). Neben der politischen Form der Unmündigkeit, die in der bürgerlichen Revolution von 1789 überwunden werden sollte, bestand auch eine geistige Form der Unmündigkeit, die in der Verfolgung frei denkender Gelehrter durch die Kirche zum Ausdruck kam (der Tod des Philosophen Giordano Bruno auf dem Scheiterhaufen in Rom 1600 und der erzwungene Widerruf des

Mathematikers Galileo Galilei in Rom 1633 sind zwei von vielen Beispielen). Aufklärung bedeutete also auch, Licht in das Dunkel der verordneten Unwissenheit zu bringen. Ein neuzeitliches Konzept von Wissenschaft war die Folge. Alles erklären zu können, was erklärbar ist, kann als der bis heute nicht gestillte Antrieb des wissenschaftlichen Denkens angesehen werden. Kein Bereich der Wirklichkeit wurde ausgenommen. Auf der Suche nach der Natur des Menschen stieß man auf seine Kultur. In ihr erkannte man eine prägende Bedingung der menschlichen Existenz und zugleich den Ausdruck des kreativen Vermögens der Menschen. Die Kulturwissenschaften entwickelten sich, und mit ihnen die Musikwissenschaft.

Was Aufklärung in bezug auf Musik bedeuten kann, mag am Beispiel der deutschen Nationalhymne veranschaulicht werden. Das Lied hat eine lange Geschichte, in deren Verlauf ihm immer problematischere Inhalte zugewachsen sind. Am Anfang stand die Melodie, die Joseph Haydn zu Beginn des Jahres 1797 komponierte und als österreichische Gegenhymne zur französischen Marseillaise (mit der die napoleonischen Truppen auf Wien vorrückten) bestimmt hatte. Den Text zu Haydns Melodie, «Gott erhalte Franz den Kaiser ...», dichtete Lorenz Leopold Haschka im offiziellen staatlichen Auftrag. Mit der Uraufführung des Liedes anläßlich des Geburtstages von Kaiser Franz II. am 12. Februar 1797 am Wiener Hoftheater wurde die Kaiserhymne zur österreichischen Nationalhymne. 1841 verfaßte der preußische Dichter August Heinrich Hoffmann von Fallersleben auf der (zu Großbritannien gehörenden) Insel Helgoland einen neuen Text auf die Melodie. Die drei Strophen mit den Anfangszeilen «Deutschland, Deutschland über alles ...», «Deutsche Frauen, deutsche Treue ...» und «Einigkeit und Recht und Freiheit ...» wurden am 5. Oktober 1841 von der Hamburger Liedertafel auf dem Jungfernstieg in Hamburg erstmals öffentlich gesungen. Als 1890 Helgoland an Deutschland ging, erklang das «Lied der Deutschen» erstmals in offiziellem Kontext. Und bereits um die Jahrhundertwende hatte es die deutsche Kaiserhymne, deren Text «Heil dir im Siegerkranz ...» auf die Melodie der britischen Hymne gesungen wurde, verdrängt. So hatten bis 1918 Österreich und Deutschland Hymnen mit gleicher Melodie, aber verschiedenen Texten. Mit dem Zusammenbruch der beiden Monarchien wollte man zunächst von der alten Melodie nichts mehr wissen. 1922 erklärte der sozialdemokratische Reichspräsident dann aber doch das Deutschlandlied zur Nationalhymne, unter Betonung des Inhalts der 3. Strophe. Für die Nazis, die 1933 an die Macht kamen, rückte dagegen die 1. Strophe in den Mittelpunkt. Am 19. Mai 1933 verfügte Hitler, daß ab sofort das «Horst-Wessel-Lied» – ein nationalsozialistisches Kampflied von 1927 mit dem Anfangstext «Die Fahne hoch, die Reihen fest geschlossen ...» – dem Deutschlandlied angefügt und in jedem Fall als neue Doppelhymne gesungen werden müsse. Mit dem «Anschluß» Österreichs an das «Dritte Reich» kehrte Haydns Melodie 1938 in textlich und musikalisch entfremdeter Form zu den Österreichern zurück. Während diese nach der Befreiung vom Faschismus die verdorbene Hymne ablehnten und auf das alte «Bundeslied» mit einer Melodie Mozarts (jetzt mit neuem Text) zurückgriffen, hielt sich das Deutschlandlied in den westlichen Besatzungszonen bzw. in der 1949 gegründeten BRD beharrlich. In der DDR wurde dagegen das Lied «Auferstanden aus Ruinen ...» mit einer Melodie von Hanns Eisler zur Nationalhymne erklärt. Auf Betreiben des Bundeskanzlers Konrad Adenauer und gegen die Bedenken des damaligen Bundespräsidenten Theodor Heuss galt seit 1952 wieder das Deutschlandlied als Nationalhymne. Nach der Vereinigung der beiden deutschen Staaten, in deren Folge das Eisler-Lied entfiel, wurde in einem Briefwechsel zwischen Bundespräsident Richard von Weizsäcker und Bundeskanzler Kohl von 1991 förmlich festgelegt, daß die deutsche Nationalhymne nur noch eine Strophe haben solle: «Einigkeit und Recht und Freiheit ...» Bis dahin waren die beiden ersten chauvinistischen Strophen nicht verboten gewesen, wenngleich bei offiziellen Anlässen stets nur die 3. Strophe gesungen wurde (Glaner 1997).

Man kann den ganzen Vorgang dahin gehend deuten, daß hier ein *willentlicher* Verbleib in der «selbstverschuldeten Unmündigkeit» angestrebt worden ist. Besonders in den ersten Jahrzehnten nach dem Zweiten Weltkrieg dürfte den Opfern des Nazifaschismus, die überlebt hatten, das Blut in den Adern geronnen sein, wenn sie die 1. Strophe «Deutschland, Deutschland über alles ...» hören mußten. Da Nationalhymnen starke Symbolkraft besitzen und Gefühle von Tradition und Geschichte aktivieren, hätte ein aufgeklärtes Bewußtsein über Werden und Wandel des Deutschlandliedes diese Hymne nach dem Zweiten Weltkrieg eigentlich verhindern müssen, weil durch Melodie und Text eine Kontinuität über die Zäsur von 1945 hinweg ausgedrückt wird, die einem demokratischen Gemeinwesen nicht gut ansteht. Während aus den 1950er Jahren keine Wortmeldungen zu dem Problem der Nationalhymne aus der Musikwissenschaft bekannt sind (was kein Wunder ist, weil die Lehrstühle von aktiven Nazis bzw. von deren Mitläufern besetzt waren), versuchten nach 1989/90 universitäre und gewerkschaftliche Kräfte im Zuge der Diskussion um ein neues Grundgesetz die wahre Geschichte des Deutschlandliedes in Erinnerung zu rufen, um den Weg für eine wirklich demokratische Hymne zu ebnen (Petersen 1990). Doch alle Aufklärung war vergebens. Statt eines Neuanfangs setzte sich die alte schlechte Gewohnheit durch.

Eine ganz andere Form von «selbstverschuldeter Unmündigkeit» liegt vor, wenn Individuen oder Gruppen einer Gesellschaft von Normen und Wertvorstellungen beherrscht werden, ohne sich über diese im Unterbewußtsein wirkenden Kräfte im klaren zu sein. Die Musik in Gegenwart und Geschichte ist voll von Konzertskandalen, die ihren Sprengstoff aus unbewußt wirkenden Ressentiments gegenüber neuen oder fremden Klängen beziehen. «Das ist doch keine Musik mehr!» oder «Man sollte diesen Affenlärm verbieten!» sind dann die letztlich hilflosen Äußerungen von Hörern, die sich von Rockern oder Rappern oder schrillen Avantgarde-Happenings in ihrer Behaglichkeit und in ihrem Weltbild gestört fühlen. Der Musikwissenschaft fällt hier die Pflicht zur Aufklärung zu. Da Vorurteile bekanntlich am besten gedeihen, wenn die Sache, gegen die sie gerichtet sind, nur vom Hörensagen bekannt ist, sollte sie gerade auch das Fremde und Ungewohnte in den Blick nehmen und in seinen Zusammenhängen mit der Lebenswelt, der die betreffende Musik angehört, untersuchen und erläutern. Das setzt eine wertfreie und offene Auseinandersetzung mit der jeweiligen Musik und ihren Funktionen im gesellschaftlichen Zusammenhang voraus – als Bestandsaufnahme und Dokumentation. Erst im Anschluß daran darf eine Bewertung erfolgen. Denn vorgängige Werturteile pflegen allzu schnell den Weg zum Verstehen zu verstellen. Des intensiven Trainings zur «Dekonditionierung eigener und Neukonditionierung fremder Hörweisen» (Brandl u. Rösing 1997,

S. 58) bedarf es nicht nur bei der musikwissenschaftlichen Beschäftigung mit der Musik anderer, nicht-europäischer Kulturen, sondern auch überall dort, wo die am Sonderfall der abendländischen Kunstmusik entwickelten (ästhetischen) Bewertungsnormen nicht greifen.

Kunst und Wissenschaft sind frei, heißt es im Grundgesetz der Bundesrepublik Deutschland so schön – also bitte auch frei von Vorurteilen. Daß die Popularmusik, die in der heutigen Gesellschaft einen mentalitätsprägenden Einfluß ungeahnten Ausmaßes hat, erst so spät als seriöser Forschungszweig anerkannt worden ist, hängt zweifellos mit unreflektierten Vorurteilen im Fach zusammen. Dabei will und kann ja niemand leugnen, daß Kunst- und Popularmusik verschiedene Musikformen sind. Als potentielle Untersuchungsgegenstände der Musikwissenschaft müssen sie aber prinzipiell gleichen Rang haben. Statt die Untersuchung von Popularkulturen oder ethnisch ferneren Musikkulturen an den Rand zu drängen, sollte ein vehementer Ausbau der Musikwissenschaft an den Universitäten stattfinden, um endlich auch diesen Kulturformen eine angemessene wissenschaftliche Begleitung zu ermöglichen.

Literatur

Brandl, Rudolf Maria u. Rösing, Helmut (1997). Musikkulturen im Vergleich. In: Bruhn, Herbert, Oerter, Rolf u. Rösing, Helmut (Hg.): Musikpsychologie. Ein Handbuch (S. 57–74). Reinbek: Rowohlt (3. Aufl.).

Glaner, Birgit (1997). Nationalhymnen. In: Finscher, Ludwig (Hg.): Die Musik in Geschichte und Gegenwart, Neue Auflage Sachteil Bd. 7 (Sp. 16–24). Kassel–Stuttgart: Bärenreiter–Metzler.

Petersen, Peter (1990). Eine neue Hymne braucht das Land. Überlegungen zu einer gesamtdeutschen Nationalhymne. Neue Zeitschrift für Musik 151, H. 9, S. 3–4.

Anhang
Zusammengestellt von Wolfgang Marx

1. Einführungen in das Fach

Musikwissenschaft. Ein Grundkurs. Herbert Bruhn und Helmut Rösing (Hg.), Rowohlt, Reinbek bei Hamburg 1998. Im Gegensatz zu den meisten übrigen Einführungen und Überblicken über das Fach nehmen in diesem aktuellen Band auch die Teilbereiche Systematische Musikwissenschaft und Musikethnologie breiten Raum ein.

Neues Handbuch der Musikwissenschaft. 13 Bände, Carl Dahlhaus und Hermann Danuser (Hg.), Laaber-Verlag, Laaber 1980–1995. Von den 13 Bänden beschäftigen sich sieben mit Musikgeschichte, einer mit Systematischer Musikwissenschaft, einer mit Volks- und Popularmusik in Europa, zwei mit außereuropäischer Musik und einer mit Musikalischer Interpretation; hinzu kommt ein Registerband.

dtv Atlas zur Musik. 2 Bände. Ulrich Michels (Hg.), dtv–Bärenreiter, München 1977/1985. Nicht zuletzt durch die grafischen Darstellungen wird in einem systematischen und einem historischen Teil ein guter Überblick vermittelt; die Erläuterungen und Definitionen sind allerdings häufig so knapp abgefaßt, daß sie eigentlich erst bei vorheriger Kenntnis des Sachverhalts verständlich sind.

Bundesstudienführer Musikwissenschaft. Dachverband der Studierenden der Musikwissenschaft (Hg.), Hamburg 1998. Informationen über Studienpläne, Studienbedingungen und Lehrkörper an rund 50 deutschen musikwissenschaftlichen Instituten und Seminaren. Einsehbar im Internet unter: http://www.dvsm.de

Musikwissenschaftliches Arbeiten. Hilfsmittel – Techniken – Aufgaben. Nicole Schwindt-Gross, Bärenreiter Studienbücher Musik, Kassel 1999. Nach einer kurzen Einführung in die drei Arbeitsbereiche der Musikwissenschaft liegt der Schwerpunkt des Bandes auf der Einführung in wissenschaftliche Arbeitstechniken, speziell die Erschließung von und den Umgang mit schriftlichen Quellen.

Musikwissenschaft und Berufspraxis. Sabine Ehrmann-Herfort (Hg.), Wissenschaftliche Buchgesellschaft, Darmstadt 1996. Die Autoren stellen musikwissenschaftliche Berufsfelder in den Bereichen Forschung und

Lehre, Journalismus, Kultur- und Öffentlichkeitsarbeit sowie Musikwirtschaft vor.

2. Einführungen in Teilbereiche des Fachs

Was ist Musik? Carl Dahlhaus und Hans Heinrich Eggebrecht, Heinrichshofen, Wilhelmshaven 1985. Zwei der bedeutendsten Vertreter der deutschen Historischen Musikwissenschaft gehen teilweise unabhängig, teilweise im Dialog miteinander auf Fragen zum Musikverständnis ein.

Grundlagen der Musikgeschichte. Carl Dahlhaus, Gerig, Köln 1977. Untersucht werden die Methoden und Ziele musikhistorischer Forschung.

Musik im Abendland. Prozesse und Stationen vom Mittelalter bis zur Gegenwart. Hans Heinrich Eggebrecht, Piper, München 1996. Ausführlicher Überblick über die europäische Musikgeschichte, der allerdings stark auf den deutschen Kulturraum fixiert ist und einige Länder und Entwicklungen nur am Rande erwähnt.

Geschichte als Weg zum Musikverständnis. Zur Theorie, Methode und Geschichte der Musikgeschichtsschreibung. Georg Knepler, Reclam, Leipzig 1982. Knepler unternimmt den Versuch, die Funktion und die Methoden der Musikgeschichtsschreibung im Zusammenwirken mit anderen Teilbereichen der Disziplin wie Musikpsychologie, Musiksoziologie, Semiotik und anderen neu zu bestimmen.

Geschichte der Musik. 4 Bände. Michael Raeburn und Alan Kendall (Hg.), Kindler, Schott, München–Zürich 1993.

Music. A Very Short Introduction. Nicholas Cook, Oxford University Press, Oxford–New York 1998. Eine Einführung in das Fachgebiet aus der Sicht der kulturwissenschaftlich ausgerichteten angloamerikanischen «New Musicology».

Geschichte der Musikästhetik. Von der Antike bis zur Gegenwart. Enrico Fubini, Metzler, Stuttgart 1997. Überblick über musikästhetische Positionen von Homer bis in die 1980er Jahre.

Musikphilologie. Georg Feder, Wissenschaftliche Buchgesellschaft, Darmstadt 1987. Einführung in die Erschließung und die Edition von Quellenmaterial.

Reclams Musikinstrumentenführer. Die Instrumente und ihre Akustik. Ermanno Briner, Reclam, Stuttgart 1998.

Semiotik der Musik. Darstellung und Kritik. Reinhard Schneider, Wilhelm Fink, München 1980. Überblick über verschiedene Ansätze der Semiotik in der Linguistik und ihre Übertragungsmöglichkeiten auf die Musik.

Grundriß der musikalischen Semantik. Vladimir Karbusicky, Wissenschaftliche Buchgesellschaft, Darmstadt 1986.

Der musizierende Mensch. Eine Anthropologie der Musik. Wolfgang Suppan, Schott, Mainz 1984. Musikanthropologie ist ein in Deutschland noch kaum präsenter Teilbereich der Musikwissenschaft.

Musikpsychologie. Ein Handbuch. Herbert Bruhn, Rolf Oerter und Helmut Rösing (Hg.), Rowohlt, Reinbek bei Hamburg 1997.

Handbuch der Musikpsychologie. Helga de la Motte-Haber (Hg.), Laaber, Laaber 1996.

The Psychology of Music. Diana Deutsch (Hg.), London, Academic Press 1999. Aktuelle Einführung in alle Teilbereiche musikpsychologischer Forschung.

Lexikon Musiktherapie. Hans-Helmut Decker-Voigt, Paolo J. Knill und Eckard Weymann (Hg.), Hogrefe, Göttingen–Bern–Toronto–Seattle 1996. Ungeachtet des Titels eigentlich ein Handbuch, welches einen Überblick über Musiktherapie als künstlerische Form der Psychotherapie bietet.

Ich singe, was ich nicht sagen kann. Zu einer morphologischen Grundlegung der Musiktherapie. Rosemarie Tüpker, Lit, Münster 1996. Tüpker entwickelt zunächst Grundzüge einer Morphologie der Musiktherapie und stellt dann ein ausführliches Fallbeispiel eines musiktherapeutischen Behandlungsverlaufs vor.

Komponieren für Film und Fernsehen. Ein Handbuch. Norbert Jürgen Schneider, Schott, Mainz 1997. Einführung in Funktion und Bedeutung sowie technische Gegebenheiten der Musik für Film und Fernsehen.

Filmmusik: Stummfilm. Hansjörg Pauli, Klett-Cotta, Stuttgart 1981. Systematischer Überblick über die Funktionen von Filmmusik.

Musiksoziologie. Christian Kaden, Heinrichshofen, Wilhelmshaven 1985. Kaden entwickelt seinen musiksoziologischen Entwurf aus wissenschaftstheoretischer sowie kommunikationstheoretischer Sicht und ergänzt ihn durch Fallstudien.

Musiksoziologie in der Bundesrepublik Deutschland. Eine kritische Bestandsaufnahme. Katharina Inhetveen, Westdeutscher Verlag, Opladen 1997. Überblick über musiksoziologische Forschung von den «Klassikern» bis zur Gegenwart mit besonderer Betonung der letzten 50 Jahre in der Bundesrepublik.

Akustik und musikalische Aufführungspraxis. Leitfaden für Akustiker, Tonmeister, Musiker, Instrumentenbauer und Architekten. Jürgen Meyer, Erwin Bochinsky, Frankfurt am Main 1995.

Musikalische Akustik. Ein Handbuch. Donald E. Hall, Schott, Mainz

1997. Umfassende Einführung in die Schwingungslehre, die Hörwahrnehmung sowie die Akustik der menschlichen Stimme und der Musikinstrumente.

Ethnomusicology. Vol. I Introduction – Vol. 2 Historical and Regional Studies. Helen Myers (Hg.), Macmillan, London 1993. Einführung in Geschichte und Methoden der Musikethnologie sowie in die Musikkulturen der Welt

The Study of Ethnomusicology. Twenty-nine Issues and Concepts. Bruno Nettl, University of Illinois Press, Urbana–Chicago–London 1983. Nettl entwickelt seine Konzeption einer Musikethnologie in 29 Essays, die unterschiedlichen Aspekten des Fachgebiets gewidmet sind.

Handbuch Jugend und Musik. Dieter Baacke (Hg.), Leske und Budrich, Opladen 1998. Jugendszenen, Musikpräferenzen, Rezeptionsverhalten und auch musikpädagogische Ansätze sind Gegenstand dieses Handbuchs.

Stairway to Heaven. Kleine Geschichte der Popmusik von Rock 'n' Roll bis Techno. Wolfgang Rumpf, Beck, München 1996.

Einführung in das Urheberrecht der Musik. Vera Movsessian und Fedor Seifert, Florian Noetzel Verlag, Wilhelmshaven 1995. Nach einem Überblick über die Grundlagen der Materie und die Geschichte des Urheberrechts werden das nationale und das internationale Urheberrecht ausführlich vorgestellt.

Handbuch der Musikwirtschaft. Rolf Moser und Andreas Scheuermann (Hg.), Josef Keller, Starnberg und München 1997. Das Handbuch gibt einen Überblick über die Struktur der deutschen Musikindustrie sowie über deren Verbände und Rechtsprobleme.

Musik-Almanach 1999/2000. Das Musikleben in der Bundesrepublik Deutschland. Deutscher Musikrat (Hg.), Regensburg–Kassel 1986 ff. Der Musik-Almanach wird regelmäßig aktualisiert.

3. Musiklexika

Die Musik in Geschichte und Gegenwart (MGG). Allgemeine Enzyklopädie der Musik. 17 Bände (inklusive 2 Bände Supplement und 1 Band Register). Friedrich Blume (Hg.), Bärenreiter, Kassel–Basel 1949–1986. Im Gegensatz zum *New Grove* setzt die MGG einen Schwerpunkt im deutschsprachigen Raum. Sie enthält vor allem in bezug auf Sachbegriffe weniger, dafür aber in der Regel ausführlichere Artikel mit einem Akzent im Bereich der Begriffsgeschichte. Viele der Artikel des Hauptteils, der zwischen 1949 und 1976 erschien, sind allerdings inzwischen nicht mehr aktuell.

Die Musik in Geschichte und Gegenwart (MGG). Zweite, neubearbeitete Ausgabe; geplant 9 Bände Sachteil und 12 Bände Personenteil. Ludwig Finscher (Hg.), Bärenreiter–Metzler, Kassel–Stuttgart, erscheint seit 1994. Bislang sind der vollständige Sachteil sowie die ersten beiden des Personenteils erschienen. Auch die Neufassung der MGG erhebt enzyklopädischen Anspruch. Leider wurde das leserunfreundliche Layout (z. B. nahezu unlesbare Literatur- und Werkverzeichnisse) beibehalten.

The New Grove Dictionary of Music and Musicians. 20 Bände. Stanley Sadie (Hg.), Macmillan, London 1981. Der *New Grove* ist zur Zeit (Januar 2000) das aktuellste und umfassendste Musiklexikon. Im Unterschied zur (alten) MGG bietet er wesentlich mehr Einträge zu außerdeutschen Personen und Orten sowie eine größere Anzahl von Sachartikeln. Im Herbst soll auch der *Grove* in einer überarbeiteten Fassung neu erscheinen.

Neben dem *Dictionary of Music and Musicians* gibt es eigenständige «Ableger» des *New Grove* zu den Bereichen *Musical Instruments*, *Jazz*, *Opera* und *Woman Composers*.

Riemann Musiklexikon. 5 Bände (2 Bände Personenteil, 2 Ergänzungsbände, 1 Band Sachteil), Willibald Gurlitt und Carl Dahlhaus (Hg.), Schott–Piper, Mainz–München 1959–1975.

Brockhaus Riemann Musiklexikon. 5 Bände. Carl Dahlhaus und Hans Heinrich Eggebrecht (Hg.), Schott–Piper, Mainz–München 1998. Der *Riemann*, die Fortschreibung eines der bedeutendsten Musiklexika aus der Frühzeit der Musikwissenschaft, eignet sich besonders zum schnellen Nachschlagen (speziell bei Sachbegriffen), wenn kein Bedarf nach weiterführenden Informationen besteht.

Meyers Taschenlexikon Musik. 3 Bände. Hans Heinrich Eggebrecht und Gerhard Kwiatkowski (Hg.), Meyer, Mannheim–Wien–Zürich 1984.

Sachwörterbuch der Musik. Eberhard Thiel, Kröner, Stuttgart 1984.

The Guinness Encyclopedia of Popular Music. 6 Bände. Colin Larkin (Hg.), Guinness, Enfield 1995.

Rock-Lexikon. 2 Bände. Barry Graves und Siegfried Schmidt-Joos (Hg.), Rowohlt, Reinbek bei Hamburg 1999.

Encyclopaedia of Rock. Phil Hardy und Dave Laing (Hg.), Faber & Faber, London 1987.

Handbuch der populären Musik. Rock – Pop – Jazz – World Music. Peter Wicke, Kai-Erik und Wieland Ziegenrücker, Atlantis–Schott, Mainz 1997. Eher ein Lexikon als ein Handbuch zum Nachschlagen von Personen und Sachbegriffen.

Lexikon Musikelektronik. Bernd Enders, Atlantis–Schott, Mainz 1997.
Handwörterbuch der musikalischen Terminologie. Hans Heinrich Eggebrecht (Hg.), Franz Steiner Verlag, Stuttgart, 1971 ff. Das Handwörterbuch ist eine Loseblattsammlung, die nach und nach ergänzt wird. Es ist eher als begriffsgeschichtliche Enzyklopädie denn als Sachwörterbuch angelegt und weist bislang noch große Lücken auf.
Pipers Enzyklopädie des Musiktheaters. Oper – Operette – Musical – Ballett. 6 Bände und Registerband. Carl Dahlhaus und das Forschungsinstitut für Musiktheater der Universität Bayreuth unter Leitung von Sieghart Döhring (Hg.), Piper, München–Zürich 1986–1997.
Komponisten der Gegenwart (KdG). Hanns-Werner Heister und Wolfgang Sparrer (Hg.), Loseblatt-Lexikon in bisher vier Ordnern, Edition Text und Kritik, München 1992 ff. Das *KdG* bietet Informationen auch zu weniger bekannten Komponisten der Gegenwart, weist allerdings zur Zeit noch große Lücken auf.

4. Musikbibliographien

Répertoire International des Sources Musicales (RISM). Internationales Quellenlexikon der Musik. Internationale Gesellschaft für Musikwissenschaft und Internationale Vereinigung der Musikbibliotheken (Hg.), Bärenreiter, Kassel, 1971 ff. Im RISM sollen nach und nach alle handschriftlich und gedruckt überlieferten Musikwerke erfaßt werden. Aktueller und zumeist auch schneller als in der Druckfassung ist der Bestand online abrufbar (vgl. Online-Adressen: Datenbanken).
Répertoire International de Littérature Musicale (RILM). Internationales Repertorium der Musikliteratur. International Musicological Society, International Association of Music Libraries, American Council of Learned Societies (Hg.), New York, ab 1969. Diese Sammlung gibt – beginnend mit dem Jahr 1967 – in jedem Band einen Überblick über die innerhalb eines Jahres in Zeitschriften oder als selbständige Veröffentlichungen erschienenen musikwissenschaftlichen Publikationen. Es wertet allerdings nicht alle musikwissenschaftlichen Zeitschriften aus. Auch dieses Verzeichnis ist online schneller und aktueller abrufbar (vgl. Online-Adressen: Datenbanken).
Zeitschriftendienst Musik (ZDM). Deutsches Bibliotheksinstitut (Hg.), Berlin 1966 ff. Nachweis von Aufsätzen aus zur Zeit 75 deutschen und ausländischen Musikzeitschriften.
Popular Music Studies. A selected international bibliography. John

Shepherd et al. (Hg.), Mansell, London 1997. Aktuelle Bibliographie, die auch musikethnologische Literatur umfaßt.

Thematic Catalogues in Music. An annotated Bibliography. Barry S. Brook und Richard Viano, Pendragon, Stuyvesant, New York 1997. Überblick über Werk- und Archivverzeichnisse, geordnet nach Komponisten und Orten (Bibliotheken, Klöster, Theater).

5. Zeitschriften

Acta Musicologica
Analecta Musicologica
Archiv für Musikwissenschaft
Audio
Beiträge zur Musikwissenschaft
Beiträge zur Popularmusikforschung
drums & percussion
Early Music
Ethnomusicology
Fachblatt Musik Magazin
Fono Forum
Jazz Podium
Journal for Ethnomusicology
Journal of the American Musicological Society
The Journal of Musicology
Journal of Music Theory
Journal of the Royal Musical Association
Keyboards
Keys
MELOS
Music & Letters
The Music Review
The Musical Quarterly
MusikExpress / Sounds
Musik & Bildung
Musik und Unterricht
Die Musikforschung
Musikforum
Musikhandel
Das Musikinstrument
Musikpädagogische Forschung
Musikpsychologie
Musik-, Tanz- und Kunsttherapie
Musiktheorie
Neue Musikzeitung
Neue Zeitschrift für Musik
Nuova Rivista Musicale Italiana
Österreichische Musikzeitschrift
Oper und Konzert
Opernwelt
Popular Music
Psychomusicology
Revue de Musicologie
Schweizerische Musikzeitung
Sound Check
Systematische Musikwissenschaft
Üben & Musizieren
The World of Music
Zeitschrift für Musikpädagogik

6. Jahrbücher

Bach-Jahrbuch, Leipzig 1904–1952, Berlin 1953 ff.
Beethoven-Jahrbuch, Bonn 1953/54 ff.
Hamburger Jahrbuch für Musikwissenschaft, Hamburg 1974 ff.
Händel-Jahrbuch, Leipzig 1928–1933, 1955 ff.
Hindemith-Jahrbuch/Annales Hindemith, Frankfurt am Main–Mainz 1971 ff.
Mozart-Jahrbuch, Salzburg 1950 ff.
Musikpsychologie. Jahrbuch der deutschen Gesellschaft für Musikpsychologie, Wilhelmshaven 1984 ff.
Schweizer Jahrbuch für Musikwissenschaft/Annales Suisse de Musicologie, Neue Folge/Nouvelle Série, Bern–Stuttgart 1981 ff.

7. Internet-Adressen (Stand: Januar 2000)

Datenbanken und Linksammlungen werden noch auf absehbare Zeit keine vollständigen oder erschöpfenden Überblicke bieten, ihr Aufbau ist häufig mehr oder weniger vom Zufall gesteuert. Dies gilt im Augenblick selbst noch für Bibliothekskataloge. Man sollte daher stets mehrere Datenbanken befragen und die Online-Recherche nur als Ergänzung, nicht als Ersatz der Recherche in Printmedien ansehen.

Email-Kontakte lassen sich in der Regel über die homepage herstellen. «http://» am Beginn jeder homepage wird hier weggelassen.

Musikwissenschaftliche Verbände und Organisationen

American Musicological Society
neu: www.sas.upenn.edu/music/ams/index.html

Arbeitsgruppe Exilmusik am Musikwissenschaftlichen Institut der Universität Hamburg
www.rrz.uni-hamburg.de/musik/exil/

Arbeitskreis Studium Populärer Musik e.V.
www.uni-giessen.de/~g51029/

Dachverband der Studierenden der Musikwissenschaft e. V. (DVSM)
www.dvsm.de/

Deutsche Gesellschaft für elektroakustische Musik e. V. (DEGEM)
www.kgw.tu-berlin.de/DegeM/

Deutsche Gesellschaft für Musikpsychologie
musicweb.hmt-hannover.de/dgm/

Deutscher Musikrat
www.deutscher-musikrat.de/

Deutsches Rundfunkarchiv
(verwaltet Tondokumente – nicht nur Musik – vom Ende des 19. Jahrhunderts bis heute)
www.dra.de/

ESEM
(Euro-séminaire d'ethnomusicologie – Europäisches Seminar für Ethnomusikologie)
perso.wanadoo.fr/esem/index.htm

Forschungsstelle Musik- und Medientechnologie Osnabrück
bird.musik.uni-osnabrueck.de/

Forschungszentrum Populäre Musik
www2.rz.hu-berlin.de/inside/fpm/

Frau und Musik
music.acu.edu/www/iawm/wimusic/gruppefum.html

Gesellschaft für musikalische Aufführungsrechte (GEMA)
www.gema.de/

Gesellschaft für Musikforschung
gfm.uni-mainz.de/

Gesellschaft für Neue Musik
home.t-online.de/home/MusikTexte/gnm.html

International Association for the Study of Popular Music
www.iaspm.net/

International Musicological Society
Internationale Gesellschaft für Musikforschung
www.ims-online.ch/

Internationales Musikinstitut Darmstadt
(Veranstalter der «Internationalen Ferienkurse für Neue Musik»)
www.darmstadt.de/kultur/musik/imd.html

IRCAM
(Forschungsinstitut für neue Musik in Paris)
www.ircam.fr/index1.html

Kommission für Musikforschung der Österreichischen Akademie der Wissenschaften
www.oeaw.ac.at/mufo/index.html

The International Association of Music Information Centres
www.iamic.ie/about.htm

Westdeutscher Rundfunk
www.wdr.de/

Datenbanken

digitallmusic
(Datenbank für Pop, Jazz und Klassik in Deutschland, Österreich und der Schweiz)
www.db.allmusic.de/indexa.html

People of Jazz Index
www.nwu.edu/WNUR/jazz/artists/

RIdIM
(Répertoire International d'Iconographie Musical)
neu: www.ext.mus.cam.ac.uk/Music_Info/RIdIM.html

RILM World Wide Web Site
(Répertoire International de Littérature Musicale)
www.rilm.org/

RIPM
(Répertoire International de la Presse Musicale)
www.nisc.com/RIPM/

RISM online
(Répertoire International des Sources Musicales)
www.rism.harvard.edu/rism/DB.html

WWW Music Database
(Rock-/Pop-Datenbank)
www.roadkill.com/~burnett/MDB/

Überblick über musikbezogene Mailinglisten

Electronic mailing lists
www.gprep.pvt.k12.md.us/classical/email.html

Bibliotheken

Bibliothèque nationale de France
www.bnf.fr/

COPAC
(Zugang zu den größten Universitätsbibliotheken in Großbritannien und Irland)
copac.ac.uk/copac/

HBZ Deutsche Bibliotheken online
(Bibliotheken mit Internetdiensten, alphabetisch nach Städten geordnet)
www.hbz-nrw.de/hbz/germlst/

HYTELNET
(Weltweite Linksammlung zu Bibliotheken)
www.lights.com/hytelnet/sites1.html

IAML
(International Association of Music Libraries, Archives and Documentation Centers – Internationale Vereinigung der Musikbibliotheken)
www.cilea.it/music/iaml/iamlhome.htm

Library of Congress
lcweb.loc.gov/

The British Library
www.bl.uk/

The World Wide Web Virtual Library Classical Music
www.gprep.pvt.k12.md.us/classical/

Zeitschriften

Computer Music Journal
mitpress.mit.edu/e-journals/Computer-Music-Journal/

Frankfurter Zeitschrift für Musikwissenschaft
www.rz.uni-frankfurt.de/FB/fb09/muwi/FZMw.html

IIMP
(International Index to Music Periodicals)
music.chadwyck.com/

Music Theory online
boethius.music.ucsb.edu/mto/mtohome/html

MusikTexte
home.t-online.de/home/MusikTexte/

nmz neue musikzeitung
www.nmz.de/

Schott Musik International – Zeitschriften
(Themenüberblicke, jedoch keine Onlineversion der folgenden Zeitschriften: Neue Zeitschrift für Musik, Das Orchester, Treffpunkt: Musik, Musik und Bildung, Üben & Musizieren, Musik in der Grundschule, organ – Journal für die Orgel)
www.schott-music.com/zeitschriften/index.htm

Linksammlungen

American Musicological Society
(enthält die wohl weltweit umfassendste musikwissenschaftliche Linksammlung)
www.sas.upenn.edu/music/ams/musicology_www.html

Music Resources
www.siba.fi/Kulttuuripalvelut/music.html

Musikinformationszentrum
(Institutionen und Organisationen des deutschen Musiklebens)
www.miz.org/

Sonances
(Komponistenlexikon, Besprechungen von neu erschienenen Tonträgern und Noten, Links zu Online-Zeitschriften)
www.sonances.qc.ca/english.htm

Sonstige Adressen

Forthcoming Conferences in Music
(weltweiter Überblick über musikwissenschaftliche Tagungen, reicht bis zu zwei Jahre voraus)
www.sun.rhbnc.ac.uk/Music/Conferences/index.html

Music Departments Worldwide
(musikwissenschaftliche Institute in aller Welt)
www.sun.rhnbc.ac.uk/Music/Links/musdepts.html

Musiklehre online
(allgemeine Musiklehre)
www.musica.at/musiklehre/index.htm

Opera Companies
(Links zu Opernhäusern in aller Welt)
rick.stanford.edu/opera/companies.htm

8. Musikwissenschaftliche Institute in Deutschland, Österreich und der Schweiz (Stand: Januar 2000)

«http://» am Beginn jeder Adresse wird hier weggelassen

Deutschland

Stadt	Universität/ Hochschule	Abschlüsse	Postanschrift	Telefon Fax	Homepage
Augsburg	Universität Augsburg	Magister Artium, Promotion	Lehrstuhl für Musikwissenschaft Universitätsstr. 10 86135 Augsburg	+49-821-598-5640 +49-821-598-5651	www.phil.uni-augsburg.de/ phil1/faecher/ musikw.htm
Bamberg	Otto-Friedrich-Universität Bamberg	Magister Artium, Promotion	Lehrstuhl für Historische Musikwissenschaft/Lehrstuhl für Volksmusik Feldkirchenstr. 21 96050 Bamberg	+49-95-863-1936	www.uni-bamberg.de
Bayreuth	Universität Bayreuth	Magister Artium, Promotion	Kulturwissenschaftliche Fakultät – Musikwissenschaft Geschwister-Scholl-Platz 3 95445 Bayreuth	+49-921-55 50 61 –	papers.uni-bayreuth.de/ verwaltung/ studan/studg/ musikw.htm
Berlin	Freie Universität	Magister Artium, Promotion	Musikwissenschaftliches Seminar Grunewaldstr. 35 12165 Berlin	+49-30-838-6610 +49-30-838-3006	www.fu-berlin.de/ einrichtungen/ fachbereiche/ phil-geist/mus/ semus/

Berlin	Freie Universität	Magister Artium, Promotion	Seminar für Vergleichende Musikwissenschaft Grunewaldstr. 35 12165 Berlin	+49-30-838-3537 +49-30-838-6370	www.fu-berlin. de/einrichtungen/ fachbereiche/ phil-geist/mus/ semvgl.mus.html
Berlin[1,3]	Hochschule der Künste	Promotion	FB 8: Musikerziehung und Musikwissenschaft Fasanenstr. 1 b Postfach 126720 10595 Berlin	+49-30-3185-2399 –	www.hdk-berlin.de
Berlin	Humboldt-Universität	Magister Artium, Promotion	Musikwissenschaftliches Seminar Unter den Linden 6 10099 Berlin	+49-30-2093-2917 +49-30-2093-2183	www2.rz.hu-berlin.de/ inside/muwi/
Berlin	Technische Universität	Magister Artium, Promotion	Institut für Kommunikations-, Medien- und Musikwissenschaft Fachgebiet Musikwissenschaft Straße des 17. Juni 135 10623 Berlin	+49-30-22235 +49-30-22235	www.kgw.tu-berlin.de/ MuWi/
Bochum	Ruhr-Universität	Magister Artium, Promotion	Musikwissenschaftliches Institut GA 04 Universitätsstr. 150 44801 Bochum	+49-234-7094-675	www.ruhr-uni-bochum.de/ muwi/
Bonn	Rheinische Friedrich Wilhelms Universität Bonn	Magister Artium, Promotion	Musikwissenschaftliches Seminar Adenauerallee 4–6 53113 Bonn	+49-228-737-581 +49-228-737-464	www.uni-bonn.de
Bremen[1,3]	Universität Bremen	Magister Artium im Nebenfach, Promotion	Fachbereich 9 Kulturwissenschaften Postfach 330440 28334 Bremen	+49-421-218-1 +49-421-218-4265	www.institute. uni-bremen. de/~musik/
Chemnitz	Technische Universität Chemnitz-Zwickau	Magister Artium, Promotion	Philosophische Fakultät Fachgebiet Musik 09107 Chemnitz	+49-371-531-6370, -6338 +49-371-531-6307	www.tu-chemnitz.de/ ~hfe/

Detmold	Hochschule für Musik	Magister Artium, Promotion	Musikwissenschaftliches Seminar Gartenstr. 20 32756 Detmold	+49-5231-975664	www.uni-muenster.de/ Musikhochschule/
Dortmund[1]	Universität Dortmund	Promotion	Institut für Musik und ihre Didaktik Emil-Figge-Str. 50 44227 Dortmund	+49-231-755-2957 +49-231-755	www.uni-dortmund.de/ FB16/musik/ index.html
Dresden	Technische Universität Dresden	Magister Artium, Promotion	Philosophische Fakultät Institut für Kunst- und Musikwissenschaft 01062 Dresden	+49-351-463-5714 +49-351-463-5701	www.tu-dresden.de/phf/ philfak.htm
Düsseldorf[1]	Robert Schumann Musikhochschule	Promotion	Fischerstr. 110 40476 Düsseldorf	+49-211- 49180 +49-211-4911618	nicht im Internet vertreten
Eichstätt	Katholische Universität Eichstätt	Magister Artium, Promotion	Philosophisch-Pädagogische Fakultät Lehrstuhl für Musikwissenschaft Ostenstr. 26–28 85072 Eichstätt	+49-8421-93-1266, -1322 +49-8421-93-1799	www.ku-eichstaett.de/PPF/ Musikwiss
Erlangen	Friedrich-Alexander-Universität Erlangen-Nürnberg	Magister Artium, Promotion	Institut für Musikwissenschaft Bismarckstr. 1 91054 Erlangen	+49-9131-85-22389 +49-9131-85-22403	www.uni-erlangenl.de/ ~p1musik/ index.html
Essen[1]	Folkwang-Hochschule Essen	Promotion	Abtei Werden Klemensborn 39 45239 Essen	+49-201-4903-0 +49-201-4903-288	www.folkwang. uni-essen.de/
Frankfurt/ Main	Johann Wolfgang Goethe-Universität	Magister Artium, Promotion	Musikwiss. Institut Senckenberganlage 24/ Postfach 111932 60054 Frankfurt/Main	+49-69-798-2183 +49-69-798-8580	www.rz.uni-frankfurt.de/ FB/fb09/muwi/
Frankfurt/ Main[1]	Hochschule für Musik und Darstellende Kunst	Promotion	Fachbereich Musikpädagogik und Musikwissenschaft Eschersheimer Landstr. 29–39 60322 Frankfurt/Main	+49-69-154007-330 +49-69-154007-108	www.dsk.de/ rds/11 675.htm

Freiburg/ Breisgau [2]	Albert-Ludwigs-Universität	Magister Artium, Promotion	Musikwiss. Seminar Werthmannplatz, Kg 1, 1. Stock 79098 Freiburg	+49-761-203-3090 +49-761-203-3091	www.uni-freiburg.de/ MuWi
Gießen [3]	Justus Liebig-Universität	Magister Artium, Promotion	Institut für Musikpädagogik und Musikwissenschaft Karl-Glöckner-Str. 21 D 35394 Gießen	+49-641-702-5375, -5378 +49-641-702-5376	www.uni-giessen.de
Göttingen [2]	Georg-August-Universität	Magister Artium, Promotion	Musikwiss. Institut Kurze Geismarstr. 1 37073 Göttingen	+49-551-39-5072 +49-551-39-9353	gwdu66.gwdg. de/~musik/ index.htm
Greifswald [1]	Ernst-Moritz-Arndt-Universität	Magister Artium im Nebenfach, Promotion	Institut für Kirchenmusik und Musikwissenschaft Bahnhofstr. 48/49 17487 Greifswald	+49-3834-863521 +49-3834-594228	www.math.inf. uni-greifsald.de/ ~gelbrich/ikm/ index/html
Halle/Saale	Martin-Luther-Universität Halle-Wittenberg	Magister Artium, Promotion	Institut für Musikwissenschaft Reichardtstr. 4 06114 Halle (Saale)	+49-345-55-24551 +49-345-55-27206	www.musikwiss. uni-halle.de
Hamburg	Universität Hamburg	Magister Artium, Promotion	Musikwiss. Institut, Neue Rabenstr. 13 20354 Hamburg	+49-40-4123-4863 +49-40-4123-5669	www.rrz.uni-hamburg.de/ Wiss/FB/09/ Musik/
Hannover	Hochschule für Musik und Theater	Magister Artium, Promotion	Emmichplatz 1 30175 Hannover	+49-511-3100-1 +49-511-3100-200	www.hmt-hannover.de
Heidelberg [2]	Ruprecht-Karls-Universität	Magister Artium, Promotion	Musikwiss. Seminar Augustinergasse 7 69117 Heidelberg	+49-6221-542782 +49-6221-542787	www.uni-heidel berg.de/institu te/fak7/muwi/
Hildesheim [1, 3]	Universität Hildesheim	Magister Artium im Nebenfach, Promotion	Institut für Musik und Musikwissenschaft Marienburger Platz 22 31141 Hildesheim	+49-5121-883-700 +49-5121-883-701	www.uni-hildesheim.de/ FB/FB2/INST/ MUSIK/insti tut/alt/index. html

Karlsruhe	Universität Fridericiana	Magister Artium, Promotion	Musikwissenschaft Wohlfahrtsweiererstr. 7 76131 Karlsruhe	+49-721-6629-15	www.uni-karlsruhe.de/~musikwiss/
Kiel	Christian-Albrechts-Universität	Magister Artium, Promotion	Musikwiss. Institut Max-Eyth-Str. 2 24118 Kiel	+49-431-880-2201 +49-431-880-7304	www.uni-kiel.de/muwi
Koblenz[3]	Universität Koblenz-Landau	Magister Artium, Promotion	Seminar Musik Rheinau 1 56075 Koblenz	+49-261-9119-204 +49-261-37524	uni-koblenz.de/fb2/musik.htm
Köln	Universität zu Köln	Magister Artium, Promotion	Musikwiss. Institut Albertus-Magnus-Platz 50923 Köln	+49-221-470-2249 +49-221-470-4694	www.uni-koeln.de/phil-fak/muwi/index.html
Köln[1]	Hochschule für Musik	Promotion	Fachbereich 4 (Musikpädagogik/Musikwissenschaft) Dagobertstr. 38 50668 Köln	+49-221-912818-116 +49-221-131204	www.mhs-koeln.de
Leipzig	Universität Leipzig	Magister Artium, Promotion	Institut für Musikwissenschaft Goldschmidtstr. 12 04103 Leipzig	+49-341-9730-450 +49-341-9730-459	www.uni-Leipzig.de
Mainz[2]	Johannes Gutenberg-Universität	Magister Artium, Promotion	Musikwiss. Institut Welferweg 18 55099 Mainz	+49-6131-39-2259 +49-6131-39-2993	www.musikwissenschaft.uni-mainz.de
Marburg	Philipps-Universität	Magister Artium, Promotion	Musikwiss. Institut FB Germanistik Biegenstr. 11 35037 Marburg	+49-6421-28-2267 +49-6421-28-8930	www.uni-marburg.de/FB09/musik/
München	Ludwig-Maximilians-Universität	Magister Artium, Promotion	Institut für Musikwissenschaft Geschwister-Scholl-Platz 1 80539 München	+49-89-2180-2364 +49-89-2180-2371	www.mw.fak09.uni-muenchen.de
Münster[2]	Westfälische Wilhelms-Universität	Magister Artium, Promotion	Musikwiss. Seminar Schloßplatz 6 48149 Münster	+49-210-83-2450 –	www.uni-muenster.de/Musikwissenschaft/
Oldenburg[3]	Carl von Ossietzky Universität	Magister Artium, Promotion	Fachbereich 2 Musik/Auditive Kommunikation Ammerländer Heerstr. 114–118 26111 Oldenburg	+49-441-798-2305 +49-441-798-4016	www.uni-oldenburg.de/musik/

Osnabrück [3]	Universität Osnabrück	Magister Artium, Promotion	Fachbereich 3 Fachgebiet Musik/Musikwissenschaft Neuer Graben, Schloß 49069 Osnabrück	+49-541-969-4147 +49-541-969-4775	www.musik.uni-osnabrueck.de
Potsdam [1, 3]	Universität Potsdam	Magister Artium im Nebenfach, Promotion	Institut für Musik und Musikpädagogik Postfach 601553 14415 Potsdam	+49-331-977-2002 +49-331-977-2054	www.uni-potsdam.de/u/musik/index.htm
Regensburg	Universität Regensburg	Magister Artium, Promotion	Institut für Musikwissenschaft Universitätsstr. 31 93053 Regensburg	+49-941-943-3753 +49-941-943-4408	www.uni-regensburg.de/Fakultaeten/phil_Fak_I/Musikwissenschaft/index.htm
Rostock	Universität Rostock	Magister Artium, Promotion	Institut für Musikwissenschaft St.-Georg-Str. 103 18051 Rostock	+49-381-498-2649 +49-381-498-2646	www.uni-rostock.de/fakult/philfak/fkw/imu/index.htm
Saarbrücken	Universität des Saarlandes	Magister Artium, Promotion	Musikwiss. Institut Postfach 1150 66041 Saarbrücken	+49-881-302-2318 +49-881-302-2851	www.phil.uni-sb.de/FR/Musikwiss/
Siegen [1, 3]	Universität Gesamthochschule Siegen	Promotion	Fachbereich 4: Kunst- und Musikpädagogik Adolf-Reich-wein-Str. 2 57068 Siegen	+49-271-740-4537 +49-271-740-4584	www.uni-siegen.de/dept/fb04/musik/
Tübingen	Eberhard-Karls-Universität	Magister Artium, Promotion	Musikwiss. Institut Schulberg 2 72071 Tübingen	+49-7071-29-72414 +49-7071-29-5404	www.uni-tuebingen.de
Weimar	Hochschule für Musik Franz Liszt	Magister Artium, Promotion	Institut für Musikwissenschaft, Alte Musik und Kirchenmusik Mozartstr. 11 99423 Weimar	+49-3643-555-165 +49-3643-555-165	www.uni-weimar.de/SCC/SEN/hfm.html
Würzburg	Bayerische Julius-Maximilians-Universität	Magister Artium, Promotion	Institut für Musikwissenschaft Residenzplatz 2, Tor A 97070 Würzburg	+49-931-312828 +49-931-312830	www.zv.uni-wuerzburg.de/studentenkanzlei/

Österreich

Stadt	Universität/ Hochschule	Abschlüsse	Postanschrift	Telefon Fax	Homepage
Graz	Karl-Franzens-Universität Graz	Diplom, Doktorat	Musikwissenschaftl. Institut, Mozartgasse 3, A-8010 Graz	+43-316-380-2405, +43-316-380-9755	gewi.kfuni-graz.ac.at/institute/muwi/
Graz	Universität für Musik und darstellende Kunst	Diplom, Doktorat	Leonhardstr. 15, 8010 Graz	+43-316-389-0 +43-316-322504	www.mhsg.ac.at/
Innsbruck	Universität Innsbruck	Diplom, Doktorat	Institut für Musikwissenschaft, Karl-Schoenherr-Str. 3, 6020 Innsbruck	+43-512-507-4310, -4311 +43-512-507-2992	www.uibk.ac.at/c/c6/c619/
Salzburg	Paris-Lodron-Universität Salzburg	Diplom, Doktorat	Institut für Musikwissenschaft, Bergstrasse 10 5020 Salzburg	+43-662-8044-4650 +43-662-8044-4660	www.sbg.ac.at/mus/home.htm
Salzburg [1]	Universität «Mozarteum» Salzburg	Doktorat	Lehrkanzel für «Theorie und Geschichte der Musik», Frohnburgweg 55, A-5020 Salzburg	+43-662-88908-326, +43-662-624867	www.moz.ac.at/german
Wien	Universität Wien	Diplom, Doktorat	Institut für Musikwissenschaft Univeristätscampus AAKH, Hof IX, Spitalgasse 2–4, 1010 Wien	+43-1-4277-41601, -04 +43-1-4277-9416	www.univie.ac.at/Musikwissenschaft/
Wien [1]	Universität für Musik und darstellende Kunst	Doktorat	Anton-von-Webern-Platz 1, 1030 Wien	+43-1-513-7600-29 +43-1-513-7600-42	www.mhsw.ac.at/docs/_parent/vor_parent.htm

Schweiz

Stadt	Universität/ Hochschule	Abschlüsse	Postanschrift	Telefon Fax	Homepage
Basel	Universität Basel	Lizentiat, Doktorat	Musikwissenschaftliches Institut Petersgraben 27, CH – 4051 Basel	+41-61-267 28 00 +41-61-267 28 01	www.uni-bas.ch/mwi/
Bern	Universität Bern	Lizentiat, Doktorat	Musikwissenschaftl. Institut, Hallerstr. 5, 3012 Bern	+41-31-631 83 96 +41-31-631 34 59	www.unibe.ch/

| Fribourg | Universität Fribourg | Lizentiat, Doktorat | Departement für Kunstgeschichte und Musikwissenschaft, Miséricorde, 1700 Fribourg | +41-26-300-7950 +41-26-300-9700 | www.unifr.ch/ |
| Zürich | Universität Zürich | Lizentiat, Doktorat | Musikwissenschaftliches Institut Florhofgasse 11 CH – 8001 Zürich | +41-1 634 47 61 +41-1 634 49 64 | www.unizh.ch/musikw/ |

[1] An diesen Universitäten und Hochschulen wird kein Studiengang zum Magister Artium (bzw. Diplom oder Lizentiat) angeboten. Es ist lediglich nach vorheriger Ablegung eines solchen Abschlusses eine Promotion im Fach Musikwissenschaft möglich.

[2] An diesen Universitäten und Hochschulen ist eine «grundständige Promotion», d.h. eine direkte Promotion ohne vorherigen Erwerb des Magister Artium möglich.

[3] Diese Musikhochschulen und Universitäten weisen einen musikpädagogischen Schwerpunkt aus.

rowohlts enzyklopädie

Orientierung – was sie kann, was sie will

Ansgar Nünning / Andreas H. Jucker
Anglistik / Amerikanistik (55614)

Johannes Bergemann
Archäologie (55612)

Dieter Lenzen
Erziehungswissenschaft (55605)

Ralf Schnell
Germanistik (55609)

Hartmut Böhme / Peter Matussek / Lothar Müller
Kulturwissenschaft (55608)

Manfred Geier
Linguistik (55602)

Helmut Rösing / Peter Petersen
Musikwissenschaft (55619)

Ferdinand Fellmann
Philosophie (55601)

Helmut König
Politikwissenschaft (55611)

Siegfried Grubitzsch / Petra Muckel
Psychologie (55610)

Albert Gier
Romanistik (55607)